官兵心理咨询方法论

GUANBING XINLI ZIXUN FANGFALUN

主　编　谢玉茹　李权超

副主编　胡　艳　王敏　王玫　马俊

·广州·

图书在版编目（CIP）数据

官兵心理咨询方法论/谢玉茹，李权超主编. —广州：华南理工大学出版社，2014.12

ISBN 978-7-5623-4468-1

Ⅰ.①官… Ⅱ.①谢…②李… Ⅲ.①军人-心理咨询 Ⅳ.①E0-051

中国版本图书馆 CIP 数据核字（2014）第 264722 号

官兵心理咨询方法论

谢玉茹　李权超　主编

出 版 人：韩中伟

出版发行：华南理工大学出版社

（广州五山华南理工大学 17 号楼，邮编 510640）

http：//www.scutpress.com.cn　　E-mail：scutc13@scut.edu.cn

营销部电话：020-87113487　87111048（传真）

责任编辑：黄冰莹

印 刷 者：广州市怡升印刷有限公司

开　　本：850mm×1168mm　1/32　**印张**：8.25　**字数**：245 千

版　　次：2014 年 12 月第 1 版　2014 年 12 月第 1 次印刷

定　　价：25.00 元

编 委 会

前　言

心理咨询是指运用心理学的方法，对心理适应方面出现问题并企求解决问题的求询者提供心理援助的过程。需要解决问题并前来寻求帮助者称为来访者或者咨客，提供帮助的咨询专家称为咨询者。来访者就自身存在的心理不适或心理障碍，通过语言文字等交流媒介，向咨询者进行述说、询问与商讨，在其支持和帮助下，通过共同的讨论找出引起心理问题的原因，分析问题的症结，进而寻求摆脱困境解决问题的条件和对策，以便恢复心理平衡、提高对环境的适应能力、增进身心健康。

在实际工作中，我们体验最多的是发展咨询和健康咨询。发展咨询之所以越来越多，是因为官兵为了适应任务挑战和部队管理，重视自身的成长和提高，需要心理咨询师帮助其挖掘自身心理潜力，提高自我认识的能力。发展性心理咨询涉及以下内容：环境适应问题、性心理知识咨询、人际关系问题、独立性和依赖性的矛盾、成就动机与自我实现性问题、择偶与恋爱等。而健康咨询主要针对因为某些心理社会刺激而引起心理状态紧张的人，并且明确体验到躯体或情绪上的困扰者。健康心理咨询涉及以下内容：①各种情绪障碍，如焦虑恐惧、抑郁悲观等；②各种不可控制性的思维、意向、行为、动作的解释；③各类心身疾病，如冠心病、高血压病、支气管哮喘、溃疡病，以及性功能障碍等；④长期慢性躯体疾病，久治不愈，既对治疗不满意、又丧失信心，因而需进行心理上的指导者等。

军人是一个特殊群体，同样也有情感上的需求，渴望被认识、被理解。一些心理服务骨干学习了心理咨询基本方法，但在实际应用中效果不佳。在哪里出错了呢？其实，是安抚心灵的方式不当而造成，安慰一个人的最好方式，就是以空杯子的形态，认同他此时此刻的情绪体验，并且接纳他失魂落魄看上去糟糕透顶的样子。比如说，如果遇到了祥林嫂，该如何安慰她呢？单论痛苦指数，祥林嫂无疑可以定级为“最高级别”。她先死了丈夫，又被婆婆卖给了另一户人家做媳妇。本来日子渐渐好起来了，还生了一个胖娃娃，可惜那男人没几年就被伤寒夺去了性命，之后连孩子也丧命于野兽之口，被吃得尸骨不剩。连番的打击对于祥林嫂来说早已是不堪承受的生命之重，她最常说的一段话便是：“我真傻，真的。我单知道下雪的时候野兽在山坳里没有食吃，会到村里来；我不知道春天也会有……我家阿毛他躺在草窠里，肚里的五脏已经都给吃空了，可怜他手里还紧紧地捏着那只小篮呢。”

该如何安慰这个悲伤的女人呢？以下有八个选项：A. 想开点吧，幸好野兽叼走的不是你。你还活着，还有希望。B. 没事儿，你总会走出来的，时间是最好的良药。C. 算啦，山里发生这样的事情很正常啊！我比你还惨呢，我三个孩子都被野兽叼走了，我现在不还照样活得好好的？D. 这件事发生得太突然，孩子是你唯一的希望，现在你失去了他，一下子没法接受，心里也特别难受吧？E. 人要往前看，老是这样抱怨有什么用啊！你要赶紧振作起来，想想接下来该怎么办。F. 虽然你现在受了好多苦，但上帝是公平的，悲剧过后也许会有好事情发生。你要相信，一切都会好起来的。G. 女人当坚强，失去了丈夫与孩子，你就活不下去了吗？你不能总是为别人而活，你要活出自己的意义来！H. 唉，我特别能理解你的感受。我们都是一样的，生而为人，就是要受苦的。

人类的语言有很多种，但有时“正确”的语言只有一种。海灵格说过，“正确的语言会触动灵魂。”在这八个选项之中，你会选择哪一个来叩开她灵魂的重门?

人本主义心理学之父卡尔·罗杰斯曾经是一个非常孤独的人，他有很强的交往障碍，他的妻子是他真正意义上的第一个朋友。后来，他创建了“以当事人为中心”的心理治疗，并发自肺腑地说出这样一句话：“爱是深深的理解与接受。”他所主张的那些基本咨询技能，包括倾听、共情、无条件的积极关注、真诚、尊重等等，都是对这句话的间接映照。作为人类，我们都有情感上的需求，渴望被认识、被理解。而对于一个悲伤的人来说，他需要的只是你对他的认同，如果你肯定他此时此刻的情绪，并且接纳那个失魂落魄看上去糟糕透顶的家伙，那对于他来说就是莫大的安慰。现在，你该知道哪一个选项才是“正确的语言”了吧？正确的选项就是D。只有D，是完全指向了那个悲伤的人，指向了她“此时此刻”的体验，且没有从自我的角度出发去做出任何指导，也没有下任何轻率的评判。

这是一只空杯子的形态，同时也是最好的安慰方式。反观其他选项：A. 指向未来，否定了她这一刻所遭受的一切不幸。B. 指向未来，做出无意义的承诺。C. 将关注点转向了自己，想当然地以为“既然我可以，她也可以”。E. 指向未来，迫切地做出指导，忽视了她这一刻的体验。F. 指向未来，将希望寄托在虚缈的人物上。G. 给她贴上了“懦弱”的标签，迫切地做出指导。H. 将关注点转向了自己，抹杀了她的独特性。除了D选项，无一例外，都是注入了液体的杯子，而这样的杯子映照出的不是对方的内心，只是我们的自我投射而已。

安抚咨客要用空杯子心态，同样，对于为数众多的神经症患者，疏导的最好建议也是如此，就是建议神经症患者学会接受自己。神经症不是最严重的心理问题，但却是很痛苦的。反倒是最严重的神经症——精神分裂症患者由于丧失了自知力并不觉得痛苦。神经症患者虽然长期生活在痛苦中，却一般不会自杀。神经症患者对自己有很高的期待，无法接受现实的自己，因此内心充满了矛盾和冲突，总是在和自己战斗。告诉来访者，学会接受自己，无条件地接纳自我。不再把自我的价值建立在“表现”和“成就”的基础上。他总觉得：我表现不好，所以我没有价值；我不够优秀，所以我没有价值。必须纠正这些信念。“我在，故我好”，只要你活着，你就是有价值的，你的价值跟你的表现无关，跟你的成就无关。为什么要因为“有缺点、没成就、表现不好、不够优秀”就拒绝接受自己呢？在接受自己的基础上来改善自己、超越自己。接受自己，不等于安于现状，从此不必再努力。接受自己，是承认和接受事实，客观地评价和认识自己，不回避不幻想，不用一个完美的幻象来代替现实中的自己；接受自己，是从根本上重新定义自己的价值，不再把自我价值和自信建立在那些易变、脆弱的外界事物上。接受自己，会活得坦然和自信，不再为自己的表现而焦虑，因为你的表现与你的价值无关。

杨绛先生在《一百岁感言》中写道：“上苍不会让所有幸福集中到某个人身上，得到爱情未必拥有金钱；拥有金钱未必得到快乐；得到快乐未必拥有健康；拥有健康未必一切都会如愿以偿。保持知足常乐的心态才是淬炼心智、净化心灵的最佳途径。一切快乐的享受都属于精神，这种快乐把忍受变为享受，是精神对于物质的胜利，这便是人生哲学。”我觉得这是对自我接纳的最好诠释，读懂其内涵，很多心理疙瘩会迎刃而解。

在处理突发事件中的心理危机时，除了语言之外，还要善用哭泣与拥抱。哭泣是一场洗涤，可以让情绪得到宣泄，也意味着接纳了自己当下的感受。然而，许多社会规范却让人们隐忍眼泪，命令他们必须要坚强，仿佛不坚强者就是有罪的，这实在是一种谬误。无论男人女人，在悲伤时，都有哭泣的权利。而我们可以鼓励这种哭泣，甚至推动它的发生。当基本的共情已经达成，你可以注视着对方，对他说："太难受的话，就哭出来吧。没关系的，我会陪着你。"而拥抱则可以传递出热度与温情。心理学家哈罗用恒河猴实验证明了，同样是"假妈妈"，柔软的"毛巾布母猴"比起冰凉的"金属母猴"更受幼猴喜爱，即使后者那里有更为充足的食物。他将这命名为"接触安慰"。对于一个悲伤的人来说，在那一刻，他不过是一个脆弱的孩子。如果可以的话，给他一个拥抱吧！

我们将本书分为三块内容：上篇——心理咨询必备知识；中篇——官兵常见心理问题解答；下篇——部队心理案例选编。这种编排方式其他类似书籍很少见，之所以如此，是让部队从事心理咨询的一线工作者从理论到实践有个体验过程，尤其书中的问题解答和案例都是精心挑选的，我们认为回答或处理得都很好。

本书的编者都长期从事部队心理服务工作，在某方面都有自己的专长，这本书就是大家共同智慧的结晶。当然，由于各自对心理学理论的偏好不一样，书中出现了个别有待商榷的地方，如果同行在阅读时觉得确是谬误，可直接与我们联系，以便我们改正、提高。

编　者

2014 年 6 月

目　录

上篇　心理咨询必备知识

中篇　官兵常见心理问题解答

下篇　部队心理案例

上篇　心理咨询必备知识

第一章　心理健康与心理障碍

第一节　心理健康内涵

一、心理健康的界定

什么是健康，这是人们普遍关心的一个重要问题。世界卫生组织对健康的定义是：健康不仅仅是指没有疾病，而且是身体上、心理上和社会适应上的完好状态。从这一定义可以看出，健康应包括生物、心理、社会三个层面。只有当个体在这三个层面同时都处于完好状态时，才可以说是健康的。反之，疾病则是指个体在身体上、心理上或社会适应上出现的各种障碍或异常。现代心理学还认为，健康与疾病不是截然对立的，而是同一序列中的两极。健康与不健康只有程度上的不同，而无严格的界线，而且健康不是某种固定的状态，它会因社会、心理、生活等因素的影响而发生变化。

那么，什么是心理健康呢？心理健康是指个体心理在本身及环境条件许可范围内所能达到的最佳状态，而不是指绝对的十全十美。

如何判定个体心理健康或心理障碍？不同的心理学家历来有着不同的标准。美国人本主义心理学家马斯洛通过长期调查分析，提出了正常心理应达到的十项标准。

（1）充分的适应能力；

（2）充分了解自己并对自己能力作适当的估价；

（3）生活的目标能切合实际；

（4）与实际环境保持接触；

（5）能保持人格的完整与和谐；

（6）具有从经验中学习的能力；

（7）能保持良好的人际关系；

（8）适当的情绪发泄与控制；

（9）能做有限度的能力发挥；

（10）在不违背社会规范的情况下，对个人基本要求做出恰当的满足。

近年来，人们认为马斯洛的10项标准虽有参考价值，但是它对人的心理健康评价要求过高。正常人并非毫无瑕疵，多数人不能完全适合以上标准，对于一般人，倘若轻微不合，但能相当完善地适应生活，仍可以视为正常。

（1）智力状态正常。智力是心理活动认知功能的表现。智力主要由观察力、记忆力、思维能力和想象力组成，良好的智力水平是保持个体社会活动的心理基础。

（2）情绪、情感稳定乐观。情绪和情感在心理健康中是一种明显的外部指标。心理健康者能经常保持愉快、开朗、自信、满足的心情，善于从生活中寻求乐趣，对生活充满希望。更为重要的是情绪稳定，具有自制和自控能力，能够保持与周围环境的动态平衡。心理不健康者经常情绪波动，反复无常，对人或物无动于衷、冷漠无情、焦虑忧郁、情感不协调，无法自制、自控。

（3）意志坚定能够自制。意志是指人自觉地明确目标、支配行动、克服困难，实现预定目标的心理过程。一个人良好的意志品质主要表现为对自己的行为有一定的控制能力，能正确认识自己行动的目的和意义，通常有一定的决断能力，做事能持之以恒，对冲动有克制能力，对紧急事件有良好的应变能力。心理不健康者的意志水平表现为两种极端状态，或者是独断专行、我行我素、固执己见，或者是犹豫不决、畏惧退缩、缺乏信心和决心。

（4）人际关系协调和谐。心理健康者在人际关系上应该是：乐于与人交往，有知心朋友；在人际交往中有自知之明，不卑不亢；能客观地评价别人、友好相处、宽厚待人。和谐的人际关系既是心理健康不可缺少的条件，也是获得心理健康的重要途径。

（5）具有适度的反应力。人的基本心理活动是对外部信号接受和反应的过程。由于每个人对事物的反应能力和解决问题的敏捷程度不相同，加之个体的个性特点、思维模式、智力水平和社会适应能力以及心理素质的差异，造成每个人对事物的反应具有某些差异性，应该说是在正常合理的范围之内。但是有的人对事物的反应过于敏感、疑神疑鬼。有的则过于迟钝缓慢，优柔寡断，这些都属于过分的反应，属于不健康的心理反应。

（6）自我悦纳。心理健康者应有正确的自我意识，能正确地认识自己，承认自己的优点和缺点，并不断修正自己的缺点，发扬自己的优点，努力完善自我，对自己的缺点和错误不掩饰不自卑，对自己的长处不自傲，他们的生活观是积极的，不挑剔自己、不厌恶自己，能够以愉快的态度接纳自己。

（7）心理行为符合年龄特征。一般来说，每个人都可以有四种年龄。即实际年龄（指人的自然年龄）、心理年龄（指个体具有心理成熟期与发展阶段的特征）、生理年龄（指生理发育成长的实际情况与实际年龄有差异）和社会年龄（指个体处世待人，适应社会能力的强弱）。对于大多数心理健康者来说，要求他的心理、社会、生理及实际年龄基本一致，既不能是“少年老成”，又不能是“成人幼稚”化。

二、军人心理健康的标准

军人心理健康与一般人的心理健康有联系也有区别。由于军队环境和任务性质的特殊性，对军人心理健康的要求应该比传统意义上的标准要高。军人不仅需要具有良好的体能、智能和军事技能，还要具有适合于军事环境的健康人格，能够较好地适应自然环境、社会环境和战争环境，在军事训练、学习工作和作战中表现出良好的自身状态。军人心理健康的标准除具备一般人群的特征外，还需符合下述条件：

（1）适应艰苦严格的军事生活，对各种军事事件有良好的应变能力；

（2）情绪稳定，行为反应适度，对军营内各种突发事件具有一定的应付能力；

（3）充分了解自己，有自尊心，在军旅生活中制定的各种奋斗目标切合实际；

（4）意志坚定，毅力持久，有自信心，勇于和善于克服困难，有能力解决各种现实问题和复杂问题；

（5）能从经验中学习，军事技能形成快，改造也容易，能适应现代化战争的要求；

（6）心胸开阔，热爱军队集体，有良好的人际关系，能处理好部队内、外部的各种矛盾；

（7）不感情用事，不固执，但有独立见解；

（8）个人需求在符合部队的规范下达到适当的满足。

我们在进行心理健康的判断时，还应该注意以下四个方面：

（1）一个心理健康的人并不意味着完全没有不健康的心理和行为。判断一个人的心理健康状况，不能简单地根据一时一事来下结论。心理健康是较长一段时间内持续的心理状态，一个人偶尔出现一些不健康的心理和行为，并不意味着这个人就一定心理不健康。但不健康的心理和行为要持续多久才是心理不健康（或心理变态），只能根据具体情况而确定。

（2）人的心理健康水平可分为不同的等级，但心理健康与病态之间很难找到确切的界限，因而在有些情况下主要是程度上的差异。

（3）心理健康状态是动态的，始终处于不断的变化之中。我们所做的每一次判断都只能反映一段时间内的心理健康状态，既不代表过去，也不代表将来，但与过去和将来都有一定的联系。所以判断心理健康状况应有发展的眼光。

（4）上述心理健康标准仅仅反映了个体良好地适应社会生活所应有的心理状态的一般要求，而不是最高的境界。每一个人都应追求心理健康和心理发展的更高层次，充分地发挥自身潜能，促进自己的全面发展。

三、心理健康的影响因素及个体差异

1. 价值观念

人是有价值观念的动物，我们许多心理活动或多或少具有价值的成分，所以，心理健康不能不考虑人的观念和价值成分。事实上，无论什么样的人，都是以自己认为合理的理由来行动的。这些理由或多或少具有价值属性。

价值观念是以决定人的活动的性质方式来影响人的心理健康的。一个人如果认为人与人之间是尔虞我诈的关系，没有真诚可言，那么，他在人际交往上必定会存在问题——要么回避，要么冷漠，要么仇恨；一个认为社会是险恶的人，必定会在社会适应性方面有困难；一个认为人生没有什么意思的人，就不会以积极进取的态度去学习、工作、追求成就；一个认为异性是罪恶的人，在性心理、性行为适应方面可能会出现困难。相反，积极、乐观、善良的人，在社会和心理适应方面，就会顺利得多。

2. **身体健康状况**

人的心理是依托于生理结构而存在和作用的。在心情不好的时候，干些体力活，锻炼一下身体，情绪就会好一些。同时，身体不好时，一方面，在心理上就会对身体担心；另一方面，对情绪也有消极影响。所以，身体健康状况是影响心理健康的因素之一。

3. **心理活动的周期节律性**

人的心理活动无论就形式和效率上都有自身的内在节律，一个人的所有心理过程都有周期节律性。一般而言，可以用心理活动的效率做指标去观察这种客观节律的变化。比如，有的人白天工作效率不高，但到了晚上却很有精神，有的人则相反。根据这种周期节律，可以把人分为昼间型和夜间型。而军人常因军事行动的突发性、特殊性而导致心理活动周期性改变，容易发生心理障碍。如果一个人的心理活动的固有节律在常态环境下经常处于紊乱状态，就可以说他的心理健康水平下降了。

4. **情绪**

情绪是心理学的一个基本术语，是个体关于某种事物满足需要方面的主观体验。情绪与其他心理过程或心理现象有着复杂的联系，它既是需要满足与否的标志，也是影响心理、生理机能的中介过程或相伴物。例如高兴，说明事情满足了我们的意愿，而高兴的表现，也伴随了心跳的加快、肌肉的紧张、神经系统兴奋程度的提高，等等。正因为这样，情绪与心理健康也有千丝万缕的联系。例如，正常的情绪是心理健康状况的标志，压抑的人心情低落，无精打采；焦虑的人，心神不定，坐卧不安；等等。同时，不良的情绪，通过影响人的生理过程，对心理健康也会造成损害。

5. 行为方式

人们在处理事情时的风格、方式，往往总有自己的性格和特征，称为行为方式。美国医生弗里德曼和罗斯曼提出了“A 型性格”理论（其实，用“性格”一词来概括不是十分合适的。因为，它们实际上是一种行为习惯、行为方式，是由人的所有心理品性、特征、内容综合决定的，而不仅仅是“性格”）。他们总结为：A 型性格的人通常是事业心强，期望高，办事快捷、认真，奋斗目标不断增加，完成一件工作后，马上设立更高的目标。他们看不惯与他们风格不同的人，容易发怒。与 A 型性格对应的是 B 型性格，其特征是从容安逸、不好争强、知足，等等。弗里德曼和罗斯曼发现，A 型性格和心血管疾病有直接的关系。

近来，有人提出了 C 型行为，主要表现为心情压抑、忧伤、抑郁等。有研究表明，40%～80% 的癌症患者具有这种行为。

6. 对暗示的接受力

受暗示性这种特点在每个人身上都存在，只是水平和程度的差异很大。易受暗示的人，往往容易由于一些无关因素引起情绪波动和思维动摇，其情绪和思维很容易随环境而转移，这样，心理活动就不太稳定。不易受暗示的人，情绪状态和思维活动都比较稳定。所以，受暗示性很强的人，心理健康水平总是低下的，如癔症和其他神经症病人就是这样。

7. 个人的事件应付方式

当我们面对环境事件的压力时，我们自然会采用一定的方法来应付、对待环境压力。我们采取的方式、方法可以称为事件的应付方式。人们在处理压力性事件时采用的应对方式是不同的，同一个人在不同的情况下所用的方法会有差异。一般来讲，随着成长，人们会逐步形成固定化的应对事件的方式，有时也会多种方式同时应用。

应对方式可以分为四种：一是策略控制型，即个体通过发挥自己的主观能力，有计划、有策略地控制、处理事件，消除环境压力；二是随机处理型，即没有准备地、随着压力的出现而纯粹应付性地处理遇到的事件；三是回避型，即对压力事件总是采取逃避、回避的方式来对待；四是依赖寻求型，即在遇到压力性事件时，依靠家人、朋友来处理应付。

一般来讲，策略、随机地应付事件的方式是心理健康的标志，也是保证心理健康的因素。而回避、依赖型的处理方式，是心理不成熟的标志，也会对心理健康产生不利的影响。

8. **心理卷入程度**

同样一件事情或同样一个信息，有的人对其重视，有的人忽略，这是什么原因？除了心理内容的方向性决定因素外，心理卷入程度是一个重要的因素。心理卷入程度指个体在心理上与环境住处的关联强度。例如，在人际关系或人际交往中，有的人因为朋友遇到的问题而忧心忡忡，感觉朋友遇到困难或失误，好像出错的不是朋友，而是自己，并因此而自责，引起自己的心理问题。这就是心理卷入对人的心理健康的影响。

9. **心理康复能力**

指在蒙受精神刺激后心理创伤的复原能力。在军旅生涯中和人的一生中，每个人都不可避免地会蒙受精神刺激，只是程度不同和频度不同而已，但心理创伤却有轻有重。当个体蒙受精神刺激后，可能呈现出情绪的极大波动、心境的急剧变化、行为的暂时改变，甚至出现某些躯体症状。但是，由于人们的认识能力不同，个人经验不同，气质与性格不同，因此需要复原的时间和程度也不同。心理康复能力较好的人，很快能够恢复，并且不留什么痕迹，以后回忆这次创伤时，表现得比较平静，这次创伤对以后的心理及行为并不产生明显的影响。心理康复能力较低的人，却截然相反。所以，心理康复能力也是军人心理健康水平的一项重要标准。

10. **心理自我调节力**

心理自我调节力即自我调节心理异常、心理问题的能力。有人在调查中国人心理调节模式中发现，中国人的心理承受力和心理调节力表现为负相关的关系。这就是说，承受力弱的人，心理调节能力强；承受力强的人，心理调节能力弱。这是因为，心理承受力强的人，能够应付各种各样的压力，表现出心理健康素质高；而承受力弱的人，在遇到不同的压力或心理问题时，要想保持心理健康，只有依靠心理调节能力来使自己适应，因而心理调节能力较强。

在生活中有许多问题是我们不能回避的，要保持心理健康，就必须随时进行心理调节，消除心理疾病诱因。因而，一个人如果具有较高的心理调节能力，就会大大有利于心理健康，心理调节能力直接影响着人的心理健康。

第二节 心理障碍的概念与分类

一、心理障碍的概念

心理障碍也称精神障碍，它是心理学、精神医学以及心理卫生等学科中常用的一个概念性名词，涵义较广，不同的研究及实践领域因其涉及的范畴、目的、方法不同而有不同的涵义和侧重。

心理咨询与治疗领域常常把心理障碍作为一般心理问题与心理疾病之间的中间过渡状态，认为从正常人的心理问题到心理障碍以至心理疾病是一个从量变到质变的发展过程。一般心理问题是指人们在人生的各年龄阶段都会遇到的较为普遍的心理失衡状态，如青少年在社会适应、身心成长、人格发展中产生的学习焦虑、交往障碍、恋爱困扰等心理问题；成年人的婚姻家庭、子女教育、事业、人际关系等方面的问题；老年人的退休适应、身心健康等问题。而心理障碍则首先是指较一般心理问题略为严重的人格的偏离状态，但目前还没有达到病态人格的程度。这种偏离如能矫治，可以防止向病态或变态人格方向发展。其次是指神经症，它的持续时间较长，有强烈的心理冲突并能自知，且想解决自己的症状，有精神上的痛苦感和体验，但没有脑的器质性病变作基础，也没有足以造成大脑功能障碍的躯体疾病，只是在人的整体心理活动各方面的协调性或某些方面出现问题，对环境适应能力明显减弱，情绪波动，人际关系不够和谐，有轻微的精神症状如头痛、睡眠障碍、神经过敏、注意力不集中等。常见的神经症有焦虑症、抑郁症、强迫症、疑病症、神经衰弱等。而心理疾病或精神病症则更为严重，一般不能只靠心理咨询与治疗来解决，应及时到医疗部门精神科进行医治。

心理障碍主要包括以下情况：

1. 一般适应不良反应及行为和人格偏离

包括在日常生活中普遍遇到的心理矛盾与冲突、情绪困扰、心理失衡等引起的心理痛苦和干扰，青少年的问题行为，如怪异行为、敌视权威、吸毒、酗酒、药物依赖、重度吸烟、施虐、违法行为等；还包括轻度人格偏离，即在无智力及精神失常症状下发生的行为异常和人格偏离、人格障碍或病态人格，即明显偏离正常人格并与他人和社会相悖的持久的难以改变的适应不良的情绪和行为反应方式，如反社会人格、偏执型人格、强迫型人格、表演型人格等以及性心理障碍，常见的有恋物癖、异装癖、露阴癖等。

2. 特殊意识状态

（1）催眠或梦境状态下暂时的反常心理变化。催眠或梦境状态结束后，这种异常的心理状态可自行消除，恢复常态。

（2）社会交往剥夺和感觉剥夺状态。如出现注意力涣散、记忆力减退、意志力和自控力受到严重削弱、思维混乱、情绪不稳定、有焦虑或抑郁体验等。

（3）教徒的入化状态。如气功及练功者的“走火入魔”状态。

（4）某些药物如致幻剂等作用下所产生的心理行为的异常表现。

3. 神经症

神经症包括神经衰弱、癔症、强迫性神经症、焦虑性神经症、抑郁性神经症和心因性反应症等。

4. 心身障碍或心理生理障碍

即由心理因素作用下引起躯体疾病或功能障碍，从而发生躯体和心理行为的异常。此类心身疾病有原发性高血压、冠心病、十二指肠溃疡、支气管哮喘、甲亢、肌紧张性头痛、肥胖症、心因性发热等。

5. 大脑或躯体疾病所表现的心理行为异常

（1）精神发育迟滞或大脑发育不全而形成的心理缺陷或智能低下；

（2）大脑器质性病变时出现的异常，因脑外伤、母亲孕期时感染病毒、中毒或代谢障碍、脑部病变等因素引起的心理异常；

（3）躯体的残疾、缺陷、受损伤时所造成的心理异常。

6. 精神疾病

这是严重的心理障碍。此类疾病的心理活动机能及机体机能都严重受损，出现幻想、妄想、思维混乱、行为怪异、情感意识失常等现象，并丧失正常的言语功能和理智的行为反应，不能正常参与社会活动，有明显的人格改变，对自己的处境完全丧失自知能力，不能主动求治，表现为精神分裂症或躁狂抑郁症。

二、常态心理与变态心理的区别

心理活动的正常和异常之间的差别是相对的。心理异常表现受许多因素的影响，包括客观环境条件、主观经验、当时的心理状态以及不同的社会文化背景，等等。人们一般从以下几个角度判别心理活动是否正常。

（一）经验角度的标准

人们可以依据以往的经验来判别心理是否正常。从经验角度出发来判别心理活动正常还是异常有两种意义：其一指患者本人的内心体验，如有的患者表现出注意力分散、情感淡漠、悲观失望、不能控制一些无意义的想法和动作行为，使患者非常痛苦烦恼，自己也感觉到这些心理活动不正常，想从痛苦烦恼中摆脱出来，因而寻求别人的帮助。但也有的患者自我感觉良好，认为自己很正常。其二是指医生根据自己的经验来判别来访者是否有心理疾病。医生根据听取来访者及其陪同者的叙述，观察来访者的神色形态、动作行为，结合以往的经验，可以判断出来访者的心理健康状况，当然，由于医生的知识结构、临床经验等差异较大，因而各自凭借经验做出的诊断有可能不一致。

（二）生物医学角度的标准

从生物医学的角度来认识疾病，在疾病的发生、发展过程中，应该有生物学、化学、物理等方面的变化，或者有病原微生物、电解质失衡、有外力损伤等。总之，在疾病的发生、发展过程中，利用人的感官和各种仪器设备，应该找出一些实质性的、看得见、直接感知得到的东西或变化。有些医生认为，某些心理障碍的产生，可能会有神经系统或其他系统的病理解剖、病理生理变化作为基础，于是要求来访者做一些放射学和实验室检查。实践证明，这些检查可能对某些器质性脑损害的精神障碍会有阳性结果，而对神经症、人格障碍等心理障碍的判别则可能帮助不大。

（三）社会适应角度的标准

为了让社会能够良性运行和协调发展，必须要求每个社会成员按照社会上大多数人都认可的行为规范来办事，即个体行为必须符合社会常模。如果某人像中国古代医书中描述的狂人那样“登高而歌、弃衣而走、打人毁物、不避亲疏”，乱喊乱叫，当众赤身裸体，见人就打骂，不考虑与别人的远近亲疏关系，大家当然会认为他患了精神病。必须指出的是，社会常模在不同的时间、地点、文化背景、风俗习惯等因素的影响下，内容是不尽相同的，因此，个体的社会适应行为是否正常，要不断进行比较才能确定。例如，在游泳池穿游泳衣是正常行为，而在商店、公共汽车上穿游泳衣则被视为异常；冬天穿大衣是正常的，夏天穿大衣则被视为异常。个体行为要与社会认可的行为常模进行比较，才能判别心理活动是否正常。个体行为还要与以往自己的行为习惯进行比较，例如以往一向沉默寡言、胆小怕事的人，突然敢公开大声抨击时政、谩骂他人，则属行为异常。可见，社会适应角度的标准只有不断进行比较才能确定一个人的心理活动是否正常。所以，正常与异常是相对而言的，是可以随时间、地点、文化背景等因素的变化而发生改变的。

（四）统计学角度的标准

在一般人群中，一般心理特征的人数频率多为常态分布，居中的大多数人为心理活动正常，居两端者被视为异常。因此，判别一个人的心理是否正常，可以看他的心理特征是否偏离了正常人群的平均值。当然，异常是相对的，心理异常的程度由个体与社会普通人心理特征平均值之间偏离的距离大小来决定。心理异常的程度是人为划定的，不是绝对的标准。心理测验使用的常模，也是以统计学为依据而确定的。从统计学角度出发来判别心理活动是否正常，有数量化资料，便于比较，易于操作，有一定的客观性。但是这种标准也有缺陷，不同国家、不同地区、不同时间的人们，在生活方式、价值观念、行为准则等方面都有差异，很难用一个常模来作为评判标准；有些心理特征也不一定按常态分布；个体心理特征偏离了普通人心理特征的平均值也不一定就是病态，如智力测验中的高智商者。

综上所述，要判断一个人的心理活动是否正常，可以从多个角度来进行评判，但是每一个角度的标准都有一定的缺陷。因此我们在判别心理属正常还是异常时，应该小心谨慎，应该从多个角度出发来综合评判。

三、心理障碍的分类

由于各种心理障碍的表现各异，对心理障碍的分类也存在不同的分类方法。医学心理学家把它分为轻度和重度心理障碍、心理生理障碍、大脑损害所致心理障碍，特殊条件下产生的心理障碍。临床医学曾把它分为神经症、心身疾病、人格障碍和精神病四大类。而传统的变态心理学则把心理障碍分为心理过程障碍和人格障碍两大类。我国目前使用的《中国精神疾病分类方案与诊断标准》则将心理障碍分为10类：

（1）脑器质性精神障碍和躯体疾病所致的精神障碍；

（2）精神活性物质与其他物质所致精神障碍；

（3）精神分裂症及其他精神病性障碍；

(4) 情感性精神病（心境障碍）：包括躁狂症、双向情感性精神障碍、抑郁症等；

(5) 神经症及与心理因素有关的精神障碍；

(6) 与心理因素有关的生理障碍：包括进食障碍、睡眠障碍、性功能障碍、自主神经功能障碍等；

(7) 人格障碍、意向控制障碍（冲动控制障碍）与性变态；

(8) 精神发育迟滞；

(9) 儿童、少年期精神障碍；

(10) 其他精神障碍及与司法鉴定和心理密切相关的几种情况。

第三节　心理障碍的识别

一、会面诊断

会谈，精神科专业上又称晤谈，是会面诊断的主要手段，也是心理障碍检查和治疗的一种基本技术。会谈涉及谈话者与求助者双方，是一个互动的情感交流过程。成功的会谈能使双方都会有积极的情绪体验，使求助者满意，降低或消除困惑感，也让医生能准确地了解对方的详细信息。

（一）会面检查须知

当面会谈是一门艺术。不同的对象、不同情况的会谈，需要运用不同的技巧。此外，应当注意会面检查时的一些相关问题：努力创造安静、轻松、开放信任、能确保隐私的环境气氛；与求助者建立相互信任的工作同盟关系；采用主动倾听和适当问话的沟通技巧等。

（二）会面检查提纲

1. **一般情况**

意识状态：意识状态是否清晰，意识障碍的程度有多大。

定向力：是否知道时间、地点及人物名字，如自己的姓名、年龄、职业等。

接触情况：主动或被动，合作情况及程度，对周围环境的态度等。

日常生活：包括仪表、饮食、大小便及睡眠，对女病人要注意其经期卫生情况。

2．**认知过程**

（1）知觉障碍。

错觉：种类、出现时间及频度，与其他精神异常的关系及影响。

幻觉：种类、出现时间及频度，与其他精神异常的关系及影响。特别要注意是否有幻听存在。

（2）注意力。

注意力是否集中，是否涣散，可能的影响因素有哪些。

（3）思维障碍。

注意语量和语速是否有异常，有无思维迟缓、思维奔逸、破裂性思维及思维贫乏等；有无妄想，其种类、内容、性质、出现时间、发展动态、涉及范围、是否固定或成系统、荒谬程度或现实程度，与其他精神异常的关系。

（4）记忆力。

有无记忆减退（包括即刻记忆力、近记忆力及远记忆力）、增强、遗忘、错构、虚构。

（5）智能。

包括一般常识、专业知识、计算力、理解力、分析综合及抽象概括能力等是否正常。

3．**情感表现**

是否有情感高涨、情感低落、焦虑、情感淡漠等异常表现。应该注意患者的表情、姿势、声调、内心感受，对周围的事物是否有相应的情感反应，等等。

4．**意志与行为活动**

有无意志增强或减退，有无食欲和性欲的减退或增强；有无怪异的动作行为。

（三）会面检查记录

通过与求助者的谈话来了解疾病的来龙去脉，同时通过观察求助者说话的语调、情感及反应，语言是否中断、内容是否紊乱等。对于不合作的求助者，观察更是主要的检查手段。检查结果填划在以下项目上：

1. 适用于明显精神障碍患者的检查项目

意识：清醒、模糊、朦胧、谵忘、昏迷。

仪表：整洁、蓬头垢面、奇装打扮。

接触：主动、被动。

感知觉：正常、错觉、幻觉。

思维：正常、妄想等。

情感：自然、兴奋、呆板、淡漠、哭笑无常、自笑、矛盾、幼稚。

动作：正常、增加、减少、缓慢、蜡样姿势、刻板动作、奇特动作、消极反抗、积极反抗、破坏行为。

言语对答：切题、答非所问、缓慢、不答、发音不清、虚构。

言语表现：正常、散漫、增多、多辩、自语。

记忆力：正常、减退。

计算力：正常、减退。

注意力：集中、不集中。

智力：正常、减退、痴呆等。

2. 适用于一般求助者的检查项目

抑郁：自我感觉不良、缺乏活力、兴趣丧失、自信心差、自责自罪、消极想死等。

恐怖对象：动物、广场、幽室、高空、不洁、出血、疾病、社交等。

强迫症状：强迫观念、强迫情绪、强迫动作等。

焦虑：不明原因的紧张、烦躁、易激惹、预感不幸事件的发生、突然惊恐、濒死感、窒息感。

疑病观念：对身体的某一部分功能过分关注，总疑心自己有病，认为医生诊断不出来。

植物神经功能紊乱：面部潮红、四肢冰凉、发冷、无汗、麻木感。

其他：口吃、手颤、头部抖动、肢体不自主抖动、肌肉紧张、梦游。

3. 军人心理门诊记录内容的简要提纲

（1）一般资料：姓名、性别、婚姻、连队、出生日期、文化程度及经济状况；

（2）求助的主要原因；

（3）近期状况：生活环境、日常活动、近来经历的重大事件；

（4）婚姻家庭：夫妻关系、亲子关系、同胞关系、家庭变迁等；

（5）早期回忆：能回忆起来的早期生活中的重大事件、背景和影响；

（6）健康状况：患病及外伤、检查及治疗情况、常用药物、烟酒嗜好、饮食习惯、锻炼方式；

（7）成长与教育：早期生长发育史、成功与失败的经历；

（8）工作职业：是否变换、变换频度、对工作的态度；

（9）兴趣爱好：兴趣特长、消遣和娱乐方式；

（10）性发展：对性的认识与要求、生活质量；

（11）社会支持系统：社交关系、沟通状态和对社会活动的兴趣；

（12）自我评价：能力、理想、价值观及自身的优缺点；

（13）个人目的：对未来的追求和要求；

（14）其他资料。

二、线索观察法

说明：请仔细阅读下列27个条目，看是否有人基本符合其中任一情况，符合任一情况者为被提名者，应对其心理状况特别关注。本调查表的提名情况应予保密。

(1) 逐渐孤僻少语，不与周围人接触。

(2) 无目的的乱走，出现别人不能理解的行为或不知羞耻的行为。

(3) 不明原因的自伤、伤人或毁物。

(4) 动作变得显著缓慢，甚至卧床不动不语（不是躯体疾病引起）。

(5) 活动比从前增多，整天忙碌不停，爱管闲事或乱花钱。

(6) 常常无缘无故大发脾气，这种发脾气与现实不相协调。

(7) 情绪反常，哭笑与现实不一致，扮怪相、做鬼脸，或独自发笑。

(8) 异常愉快、兴奋、话多，自称脑子特别灵活。

(9) 情绪不好，悲观厌世、忧郁哭泣或焦虑不安。

(10) 情感冷淡，话少，对什么事情都无所谓，对战友、家人无感情，不关心。

(11) 胡言乱语、自言自语或说些别人听不懂的话。

(12) 认为自己的思想不受控制。

(13) 敏感多疑，无根据地认为别人的言行针对他、迫害他，有仪器控制他。

(14) 不现实地夸耀自己才智超人，有特殊权势。

(15) 无根据地认为被异性所追求。

(16) 听到声音与他谈话或议论他（别人听不到）。

(17) 看到、闻到或尝到实际上不存在的现象、气味或味道。

(18) 经常吃大量安眠药或别的药（不包括因病需要长期服的药），成了瘾，不能停。

(19) 与战友、干部难以融洽地相处，常发生冲突，甚至影响军训或发生违纪、违法行为。

(20) 追求同性的人恋爱，或收集异性服饰，为社会风俗习惯所不容。

(21) 做事缺心眼，不会很好地算账，接受能力差。

(22) 理解力、工作和生活能力各方面都不如同龄人。

(23) 有自杀念头或自杀行为。

（24）情绪或行为冲动性明显。

（25）本人有精神病史或其直系亲属有精神异常史。

（26）反复诉说身体不适，反复去医院检查却未见明显异常，影响训练及工作。

（27）长期担心、焦虑、恐惧、害怕，但无明确担心的对象。

三、自测有无心理障碍

心理障碍如同任何事一样，也是有先兆的。如果发现自己有以下多种症状，可能预示自己心理上有问题了，需要自我调适或找心理医生帮助解决。

（1）不讲个人卫生。

（2）行为古怪。

（3）激惹。

（4）过度睡眠或长期不能入睡。

（5）孤僻。

（6）性格改变。

（7）不可预测的敌对情绪。

（8）社会关系退化。

（9）活动过度或不活动。

（10）注意力不集中或过分关注琐碎的事物。

（11）对宗教或对神秘事物极端关注。

（12）大量无意义地书写。

（13）对亲人或原本感兴趣的东西漠不关心。

（14）不能解释地丢失财物。

（15）对批评的过度反应。

（16）不能表达愉悦。

（17）不适当的哭泣或不适当的情感反应。

（18）不适当的笑。

（19）对刺激（噪音、光线、色彩、纹理）过度敏感。

（20）无目的的出走（试图通过迁移或搭乘而逃走）。

（21）药物或酒精滥用。

（22）奇怪的姿势。

（23）拒绝触摸人体或物体，戴手套。

（24）不适当的剃头、剃除体毛。

（25）自伤。

（26）不眨眼或过度眨眼。

（27）平淡、眼睛“盯着”别人。

（28）固执刻板。

（29）说话古怪。

（30）当别人触摸或碰到自己时表现敏感或激怒。

第二章　常见的心理症状

所谓心理症状是指心理异常时的内心体验和外部行为表现，是心理障碍的具体临床表现，是诊断心理障碍的依据，同时又是观察疗效的指标。一个多世纪以来，精神医学专家对精神障碍的心理症状进行了详细的观察和描述，其内容主要包括感知、思维、情感、意志行为、记忆等各个方面。这些心理症状是心理治疗家所必须掌握的基本知识，现简要介绍如下。

第一节　感知活动

人类的感知活动与大脑的感觉区、边缘系统和丘脑的活动密切相关。外界事物作用于感觉器官在人脑中产生对事物个别属性的反映称为感觉，如气味、颜色、形状、大小、冷暖、软硬等。而知觉则是人脑对直接作用于感觉器官的客观事物的整体反映，如我们看到桌子上放着一个圆圆的、红红的、甜甜的、可以吃的水果，最后意识到它是一个苹果。正常情况下感知觉与外界客观事物是一致的，当出现心理行为障碍时，有时则会发生感知方面的症状。临床心理治疗中常见的感知觉障碍有以下四种。

一、感觉过敏

患者对外界的各种刺激如光、声、冷、热等反应特别强烈、敏感，难以耐受。如感到阳光特别耀眼、微风吹的声音感到震耳、淡淡的气味感到刺鼻等。这些均可使患者感到烦躁不安，急躁易怒。临床上多见于癔症、各种原因引起的脑衰弱症状以及更年期综合征等。

二、感觉减退

患者对外界的一般刺激感受性降低。如强光、强烈的声音、剧烈的疼痛及难以忍受的气味等，患者几乎感觉不到。常见于癔症、抑郁状态及应激障碍等。

三、错觉

错觉是一种歪曲的知觉，是指把实际存在的事物歪曲为与实际完全不符的另一事物。正常人在疲劳、光线不足、情绪紧张及注意力不集中的情况下也可产生错觉，但正常人的错觉只要恢复体力、改善感觉条件或给予解释，一般很易纠正。而病理状态下的错觉一般持续时间较长，形象鲜明逼真，难以自我纠正。

四、幻觉

幻觉是虚幻的知觉体验，是客观世界中并不存在的事物，而个体却感知到这种事物的存在。临床上根据幻觉所涉及的不同感觉器官，分为幻听、幻视、幻嗅、幻味、幻触及内脏性幻觉。据幻觉体验的来源又可分为真性幻觉和假性幻觉。少数正常人在入睡前或醒来时，也可产生幻觉，称为人睡前幻觉或醒前幻觉，但这种幻觉个体能立即意识到它的非真实性，并能及时纠正。在精神病理情况下出现的幻觉，患者不能自行纠正，且往往受幻觉的支配，如幻听常见于精神分裂症病人。在临床心理治疗中，如果患者出现了幻觉，且难以自行纠正，甚至受幻觉的支配，则往往是精神病理症状，应详细作精神检查，明确诊断。一旦确诊为精神疾病，应先给予药物治疗，缓解期再给予心理行为指导。

第二节　思维活动

思维是人脑对客观事物的间接概括反映，通过人类的思维活动可反映一类事物的本质属性和事物之间联系的普遍规律。思维是通过对事物的分析、比较、综合、抽象和概括而进行的，是一种用推理或判断间接反映事物本质的认识活动。

思维的基本特征是：①具体性。思维是以感知觉材料为基础而产生，具有与客观事物相符合的具体内容。②目的性。人们在思考问题时，往往有一定的目标指向性。③实际性。思维活动一般需要围绕着当前所需要考虑的实际问题而进行。④实践性。通过思维活动所概括出来的认识，还要通过实践的检验和验证。⑤逻辑性。任何事物都有其本身活动的规律，思维活动也是一样，不论在结构和形式上都有其固有的活动规律，即所谓的逻辑规律，只有这样，思维活动才能被别人所理解。思维活动与语言文字是不可分的，是通过语言、文字等形式表达出来的。心理治疗中常见的思维障碍有：

一、思维迟缓

思维迟缓是抑制的思维联想，表现为思维活动显著缓慢，联想困难，反应迟钝，思考问题费力，回答问题缓慢。患者常常感到“脑子迟钝了”，并为此苦恼，着急和不安。思维迟缓多见于抑郁症患者。

二、思维贫乏

思维贫乏是指思维内容空虚、概念和词汇贫乏、语量减少。患者接触被动，对一般问题往往无明确的应答反应。患者对此状态漠不关心，无痛苦体验。该症状多见于精神分裂症。

三、思维中断

思维中断是指在意识清晰的情况下，无外界因素的影响，个体体验到在思维过程中思维突然受到阻滞，且带有明显的不自主性，叫思维中断，又称思维阻滞。多见于精神分裂症。

四、思维云集

病人体验到大量的思想强制性地涌入大脑，且这种思想是不由自主的，不属于自己的，内容杂乱多变，因而常感到陌生和意外，往往突然出现，并迅速消失。多见于精神分裂症。

五、强迫观念

强迫观念又称强迫思维，是指某一观念在脑中反复出现，这些观念并非患者所愿意想的，力求控制，但控制不了；越控制，这些观念越在脑中出现。因此，患者感到烦躁不安、心烦意乱，极为痛苦。患者体验到这种观念是自己想的，不是外力强加的。理智上认为这种想法不应该，想控制它，但内心深处又要去想，控制不了。患者往往有强烈的治疗要求，想摆脱这种痛苦的体验。临床上多见于强迫症。

六、超价观念

超价观念是指在患者意识中占主导地位的错误观念，其发生均有一定的事实依据。且这种观念片面而偏激，但在逻辑推理方面并不荒谬。超价观念多与患者的切身利益有关，并带有强烈的情感色彩。如一位成绩中等的女孩，因其两个哥哥一个去国外留学，另一个是博士研究生，联想到自己高中将毕业，面临高考，认为自己肯定会考出好成绩，甚至比两个哥哥当初的成绩还要好。又如艺术工作者对自己非凡能力的超价观念。该症状多见于人格障碍、心因性精神障碍，也可见于正常人。

七、疑病观念

有些人由于缺乏基本的医学常识，或个性敏感、多虑，对自己的健康过分关注，以至于反复就诊于各医院，反复进行各项检查，虽无任何阳性发现，但仍坚持认为他患了某种疾病，如肺结核、肝炎、脑瘤、性病等，其内容并不荒谬，可以理解。这就叫疑病观念，多见于疑病性神经症。

八、关系妄想

妄想属思维内容的障碍，是病态的信念，病人坚信不疑，任何有理的证据不能说服。所谓关系妄想是病人将周围环境中与他无关的事物认为与他有关。如，相信报纸、电视、广播、广告等传播媒介的部分内容都是对着他来的，别人的言语、动作、行为及眼神等都和他有关系。关系妄想的内容多是对病人不利，认为别人都在说他的坏话，在含沙射影地刺激他，等等。一般而言，关系妄想多见于精神分裂症，病人确信自己没病，并认为自己所想的内容是真的，任何理由都难以说服和纠正。在临床心理治疗时，也常遇到类似关系妄想的敏感性牵连观念，病人在烦恼、焦虑、内心不安的基础上，便认为别人的言行举止是针对他来的，有时也不易说服。但内容多不荒谬。通过心理治疗，往往可以纠正，多见于社交恐怖症患者。

九、被害妄想

被害妄想指病人毫无根据地坚信某些人或某些集团对他进行不利的活动，试图打击和陷害他，损害他的声誉。如认为饭里被下了毒，有跟踪、监视自己的现象等。病人在妄想的支配下可产生拒食、逃跑、控告、消极或冲动行为。被害妄想是最常见的一种妄想，多见于精神分裂症。

十、嫉妒妄想

嫉妒妄想是指病人毫无根据地认为配偶对自己不忠，有外遇，甚至和别人发生性关系，并常采用跟踪、监视、检查配偶衣物等方式来寻找证据。多见于精神分裂症。

十一、钟情妄想

钟情妄想指病人坚信自己被某异性所爱，虽遭到对方的严厉拒绝，仍然坚信不疑，并认为对方是在考验他是否对爱情忠诚，反复纠缠，难以摆脱。临床心理治疗时，也可发现某些个体有钟情观念，认为许多异性都对自己有好感，经心理治疗后，钟情观念可以改变。

十二、影响妄想

影响妄想指病人体验到自己的思维、情感、行为受某种外力的控制、干扰和操纵（被控制体验），且有明显的不自主性。或坚信有先进的仪器、电波等在影响他、刺激他。该症状多见于精神分裂症。

十三、被洞悉体验

被洞悉体验指病人感觉到自己的想法还没有说出来，已人人皆知，满城风雨。该症状又称内心被揭露感，多见于精神分裂症。

第三节　情感活动

情感活动是指个体对客观事物是否满足其需要时的态度体验，一般包括外部表现和内心体验。人们在认识和改造客观事物的过程中，对现实环境中的对象持有不同的态度，如愉快、愤怒、悲哀、欢乐、恐惧、害怕等。正常人的外部表情与内心体验是协调一致的，情感活动与认识活动、意志行为是统一的。因此，正常人的情感可引起周围人的共鸣，为别人所理解。

情感和情绪都是指个体对客观事物的态度体验。情感和情绪既有联系又有区别。它们的区别主要有以下几点：①情绪发生较早，主要和机体的生理需要是否满足有关，是人和动物所共有；而情感主要因社会需要是否满足而产生的，是人类所特有的；②情绪一般有明显的外部特征，有较大的情景性、冲动性、持续短暂；而情感具有较大的稳定性、深刻性和效能性，持续时间较长。大脑皮质在人类情绪和情感活动中起主导作用，丘脑、下丘脑、边缘系统及网状结构起着特定的重要作用。情感和情绪与人们的认识、行为及社交活动均有密切的联系。

人类的情绪状态一般有以下几种：①心境。是影响个体整个心理活动的一种微弱、柔和、缓慢、持久的情绪状态。心境受日常工作、学习、生活及身体情况的影响。良好心境的病人对治疗有信心，能服从治疗，遵守制度。心境不良的病人往往对治疗失去信心，无兴趣感，常发脾气，甚至拒绝治疗。②热情。是指强有力的、稳定而深厚的情绪状态，如愉快、舒畅、喜悦等。③激情。是一种迅速、强烈、爆发而时间短暂的情绪状态。如狂喜、暴怒、绝望、恐惧等。激情有两个显著的特点，一是激动性，激情往往伴有强烈的情绪体验，使躯体内容突然发生剧烈变化，可表现为咬牙切齿、面红耳赤、拍桌瞪眼，甚至出现痉挛性动作或言语功能紊乱。二是盲动性，在激情状态下，大脑皮层的活动发生剧烈变化，产生强烈兴奋或普遍抑制，使大脑皮层的控制与调节作用削弱，从而引起言语、动作、行为的剧烈变化，易出现意识范围缩小、自控能力减弱，甚至会出现冲动行为。④应激。是指机体受到内外环境的强烈刺激时所产生的情绪状态，常见的应激因素有饥饿、寒冷、炎热、疲劳、感染、愤怒、紧张、恐惧等。

按情感的社会内容可将情感分为：①道德感。是指个体的语言、思想、行为是否符合社会规范及人的道德标准而产生的情感体验。②理智感。是指在智力活动的过程中，人的认识和追求真理的需要是否得到满足而产生的情感体验。③美感。是指人们的审美需要是否得到满足而产生的情感体验，是个体根据其所掌握的审美标准评价客观事物时产生的。

临床心理治疗中常见的情感问题有以下几种：

一、情感高涨

情感高涨指情感活动明显增强，表现为不同程度的病态喜悦、愉快，有与环境不相符的过分欢乐，讲话时眉飞色舞，喜笑颜开，表情丰富、生动，自负或引人发笑，常带有明显的夸大色彩。病人自我感觉良好，感到无比幸福和愉快，这种情绪具有感染力，能引起周围人的共鸣。临床上多见于躁狂状态。

二、情感低落

情感低落又叫情感抑郁，是负性情感增强的表现。多表现为情绪低落、抑郁话少、悲观丧气、任何事情都不能使其高兴和愉快。轻度的情感低落，仅表现在对以往感兴趣的事情缺少兴趣，不想与人来往，但表面态度变化不明显，能坚持正常的工作、学习和生活。严重的情感低落则表现为抑郁沮丧、悲观绝望、感到自己一无是处，有度日如年之感，对外界的一切活动均不感兴趣，常自责自罪，有生不如死的观念，严重者甚至出现自杀行为。多见于抑郁状态。

三、情感淡漠

情感淡漠是情感活动减退的表现，病人对周围环境的任何刺激均缺乏相应的情感反应。对正常人能引起极大悲伤或愉快的事情无动于衷，对自己的健康及周围环境中发生的事情漠不关心，说话声调平淡，表情呆板，内心体验极为贫乏。严重者对个人的生活漠不关心。多见于慢性精神分裂症和脑器质性精神障碍。

四、恐怖

恐怖是指一种病态的恐惧情绪。正常人对可怕的事物，如看到毒蛇猛兽、凶杀场面而感到恐惧是正常的情绪反应。但如果个体对一些不值得害怕的事物，甚至多数人愿意接近的事物如温顺的小猫、小狗或异性同龄人等都感到异常恐惧而不敢接触，那么这就是病态恐怖。多见于恐怖症和强迫症。

五、焦虑

焦虑是指过度担心发生威胁自身安全或出现不良后果的心境，是一种不知原因的恐惧情绪，有大祸临头之感，病人表现紧张害怕、顾虑重重，认为病情严重而无法治疗，或情况复杂难以解决，以至于坐卧不宁、烦躁不安，难以平静。正常人遇到了不愉快的事情、难以摆脱的困境或久病不愈等，可出现轻重不等的焦虑情绪，但一般持续短暂。如果焦虑情绪长期存在，且烦恼的事情已经解决而仍感焦虑不安，应考虑是病态。该症状多见于焦虑症及更年期精神病。

六、情感脆弱

情感脆弱是指在外界轻微刺激下或遇到了微不足道的生活事件，病人情绪立刻出现波动，感到伤心流泪或兴奋激动。病人也知道是小事不必如此激动，但控制不住。现实生活中性格懦弱的正常人也可表现为轻度的情感脆弱。但经常出现情感脆弱的表现则是病态。情感脆弱多见于脑动脉硬化性精神障碍、外伤性精神障碍、癔症及神经衰弱。

第四节 意志行为

意志是指人们自觉地确定目标，并支配和调节行动，克服困难以实现预定目标的心理过程。意志是意识能动性的集中表现，是人类独特的心理现象。意志与行为密不可分，人们的意志总是表现在实际行动之中，如学生为了争取优异的成绩而刻苦学习，工人为了提高生产而忘我劳动，科技人员为取得科研成就而刻苦攻关，军人为保卫国家而英勇杀敌等都是意志行为的表现。意志对行为的发动、坚持、制止和改变具有调节和控制作用。意志与认识活动、情感活动紧密相连而又相互影响，正常情况下，三者是相互协调一致的。

人们的意志活动具有以下三个特征：①目的性。即人的行为具有一定的动机和明确的目的，目的愈明确，意志能力就愈坚强。②自觉性。即对目的有自觉的认识，克服重重困难去完成既定目的。③果断性和自制性。能明辨是非迅速而正确地做出决定，并善于掌握和支配自己的行动，避免犹豫不决，感情用事。

一、意志增强

意志增强是指意志活动的增多。该症状的产生往往与其他精神活动有密切的内在联系。如被害妄想的病人四处控告；有嫉妒妄想的病人坚信配偶有外遇，反复检查其配偶的衣物；有夸大妄想的病人，夜以继日地搞发明等。而有的个体则表现为低级意向增强，如食欲、性欲亢进等；有的与以往个性特点明显不同，一反常态、爱打扮，轻易与异性发生性关系。多见于躁狂症及精神分裂症。

二、意志减退

意志减退是指意志活动的减退。病人对一切事物无兴趣感，意志消沉，不愿活动。工作、学习及生活能力降低，工作经常迟到、早退、不认真，无故不上学，没有干劲。生活无规律，整日卧床，不出门、不愿见人，不讲究个人卫生，不注重仪表、仪态、不理发、不洗脸、不更换衣服等。病人对这些变化多能意识到，但总认为无能为力，难以做到。

三、意向倒错

意向倒错是指病人的意向要求与一般常情相违背，其某些行为让人感到难以理解。如病人吃常人不能吃、不敢吃或厌恶的东西（大便、废纸、土块、昆虫、树叶等）。多见于精神分裂症。

四、强迫意向

强迫意向是指病人存在着要做出某种动作的强烈冲动，但并不付诸行动。如上到了高楼上，就有一种强烈的冲动要跳下楼去；走到河边或桥上有一种要跳下去的感觉；抱着孩子，则有一种要把孩子摔在地上的想法。病人不会真的做出这类行动，能意识到不应该这样想，但控制不了。病人因担心控制不住这些冲动而感到焦虑，只好避开这类事物或处境。

五、强迫动作

强迫动作是指病人理智上明知不必要去做某种动作，而行动上却难以克制地反复去做，如果不去重复，就会产生严重的焦虑不安。为此病人感到异常痛苦，迫切要求治疗，从而摆脱这种痛苦。常见的强迫动作有强迫洗手、强迫更衣、强迫计数及反复检查门是否锁好等。多见于强迫性神经症。

第五节　记忆活动

记忆是指感知或经历过的事物和经验的重现，是在感知觉及思维过程的基础上建立起来的精神活动。记忆是各种复杂而高级心理活动的基础。记忆过程一般包括识记、保持、再认和回忆四个基本过程。识记是事物和经验在脑子里留下痕迹的过程，是反复感知的过程；保持是对识记的痕迹保存在脑内，免于消失的过程；再认是现实刺激与以往痕迹的联系过程；回忆是痕迹的重新活跃和复现。识记是记忆保持的前提，再认和回忆是某种客体在记忆中保存下来的结果和显现。正常人都不能将所见过的、听过的，或做过的事全部记下来，保存在脑内，更不能将其完全回忆起来，因此记忆和遗忘是分不开的。一般而言，越是新近识记的事物越是遗忘得快，遗忘的发展总是由近事记忆逐渐发展到远事记忆。

临床上常见的记忆障碍有以下几种：

一、记忆增强

病态的记忆增强，对病前很久的事件或体验，甚至极其微小的事件也能够回忆起来，多见于躁狂和偏执状态的病人。

二、记忆减退

记忆减退是指记忆的四个基本过程普遍减退。早期多为近记忆减弱，如记不住刚见过面的人、刚做过的事、刚吃过的饭。有的病人不仅近记忆力减退，而且远记忆力也减弱，如不知道个人的生活经历、年龄、职业及专业知识等，多见于严重痴呆病人。神经衰弱病人记忆减退较轻，多是因注意力不集中而造成的识记困难。随着年龄的增长，正常人的记忆也可逐渐出现减退。

三、错构

错构是一种病理性的记忆错误，通过别人的提醒和对证，也不能及时予以纠正。病人对过去曾经历过的事，在时间、地点、情节等方面与事实有出入，内容上也有错误，并坚信不疑。例如，本来是别人做过的事，病人认为是自己做的。多见于酒精中毒性精神障碍、精神分裂症及各种原因引起的痴呆。

四、虚构

虚构指没有做过或经历过的事，而病人坚持认为他做过或经历过。病人往往非常认真并非有意说谎。其内容生动，且瞬间易忘。实际上虚构是以想象的内容而填补记忆的空白。多见于各种原因引起的痴呆。

第六节　自知力

自知力又称内省力，是指病人对自己精神疾病状态的认识和判断能力。除引起意识障碍的躯体疾病之外，任何躯体病人都会感到自己有病，并感到痛苦，并要求治疗，不希望这种疾病持续下去。因此，是有自知力的。许多神经症病人对其病态行为感到痛苦，而主动求医，希望摆脱，也存在自知力。但精神病人多具有不同程度的自知力缺失，不承认自己有精神疾病，不主动求医，甚至拒绝治疗。在精神疾病的初期，部分病人自知力保存。随着病情的进展，病人往往对自己的精神症状丧失了判断能力，称为自知力丧失。经治疗，当病情好转时，自知力可逐渐恢复，由部分自知力到全部自知力的恢复。临床上常根据自知力恢复的程度作为病情好转程度的重要指标。

第三章　心理档案与心理测验

第一节　概　述

一、心理档案的涵义

军人是军队建设的主体，他们的身心能否全面发展，直接影响到军队人才质量和军队发展。随着心理服务工作在部队中逐步展开，军人心理健康档案的建立已成为部队心理服务机构的重要工作之一。

心理档案是指由军队保存的记载军人心理状况的文字材料或电子文档。心理档案能够全面反映每个军人心理发展变化、心理健康咨询情况、心理测验结果等，是部队开展心理教育和疏导工作的重要参考资料，对加强军人心理教育，提高军人心理素质，促进心理健康，维护部队战斗力具有重要作用。

二、建立军人心理档案的意义

（一）建立军人心理档案，有利于辅导人员了解军人心理特点及动态

由于心理档案是对个体心理历程、心理特点、心理健康咨询等情况的较全面的记录，在对来访军人进行心理辅导之前，可通过查阅档案迅速了解以往军人心理，选择有效的方法去和军人建立良好的关系，提高辅导效率。反之，若缺少军人的心理档案，心理服务人员将对来访军人重复询问，这既使心理服务工作降低了效率，又使心理服务工作缺乏连续性、一致性。

此外，对有些军人的心理服务，可能会遇到疑难和障碍，心理服务人员往往要请教同行，或者请专家会诊，共同研究制定帮助军人的最佳方案，这不得不借助于军人的心理档案，以便尽快了解情

况。否则，会诊研究就很难进行了。

（二）建立军人心理档案，有利于及时维护军人个体的心理健康

建立军人心理档案，可以深入细致地了解每个军人的心理健康状况，从而可以有针对性地开展工作，帮助军人解除心理困扰和障碍，走出心理误区，健康愉快地生活。另外，通过观察、测量，有助于早期发现个别军人的心理缺陷和心理疾病，及早积极防治。

同时，建立军人心理档案有利于正确了解军人的心理潜能和优势。一方面，通过较全面的心理测评，可以掌握每个军人心理的各个层面及其功能状况。另一方面，通过心理咨询辅导，也可以让本人了解自己的心理潜能和优势，扬长避短，不断调节自己的心理行为和自我意识，完善自己的人格结构，成为部队和社会需要的有用人才。例如，正确分析官兵的学习训练成就、方法、动机、兴趣、态度和能力等方面的资料，可帮助官兵正确认识自己的状况和潜能，使自卑者看到希望，使懈怠和自满者清醒，各自树立符合自己实际的目标，采取相应的措施，提高学习训练质量。

（三）建立军人心理档案，有利于了解军人群体心理与行为的发展现状与趋势

军人群体心理与行为发展变化的特点，不仅受其年龄特征的制约，还要受到社会环境、风俗习惯、教育管理举措、部队环境等众多因素的影响。不同地区、不同兵种、不同部队的战士群体心理与行为在不同时期都存在诸多差异性。因此，准确把握官兵的第一手心理资料，可以帮助心理服务人员掌握如下情况：①一段时期内军人群体心理与行为的一般状况。②一段时期内军人群体心理与行为中存在的突出问题或焦点问题。由于部队、社会和家庭等方面的各种变因的作用，伴随着军人身心发展和变化，在一段时期内，军人中会产生一些带有共同性的突出问题。有时军人中可能是学习或考试焦虑问题特别突出，有时适应新的训练任务与环境会成为主要问题。③军人群体心理与行为发展变化的规律和趋势。

（四）建立军人心理档案，有助于军队思想政治工作

人的心理活动丰富而复杂，这就要求有关人员对军人进行思想教育时要遵循心理规律，运用心理活动多层次多功能原理，承认个体的心理差异性。建立军人心理健康档案的目的之一就在于科学地掌握军人心理状况，分析其心理与行为、心理与思想的内在联系，有针对性地开展思想工作。在各种思想政治工作研究中，都不能脱离对教育对象的了解和分析。各类心理测验的资料、会谈记录、军人的内心表白等，这些资料可以从军人心理多个层面反映出其特点和需求，还可以折射出思想政治工作多方面的问题。如果再从心理学独特的视角加以科学分析、综合和概括，其结果可向思想政治工作研究提供极有价值的信息。

三、建立军人档案的原则

建立军人心理档案是一项专业性强的工作，应在专家指导下，由部队心理服务机构及相关部门共同负责收集、整理有关方面的资料，同时还需要领导、本人及战友的密切配合才能完成。建立军人心理档案应遵循以下原则。

1. 客观的原则

心理档案中的材料应客观、真实地反映和记录军人心理发展的历史、特点和本人对自己心理状况的看法。心理服务人员不能主观臆测、随意增减某些材料和记录。尤其是通过心理测验来了解官兵的心理特点时，施测人及对测验结果的解释工作，都应由专业人员来担任，以便保证测验结果的客观性。

2. 发展的原则

要收集军人的心理变化材料，对军人的心理发展进行追踪，不能仅仅记录某个阶段的心理特点，而要用发展的眼光看待其心理变化。尤其是青年军人，因正处于心理发育活跃期，其认识、情感、意志品质及个性特征在不断变化之中。要善于记录军人心理矛盾变化的轨迹及特征，这对于开展心理服务工作是十分重要的。

3. 时效的原则

在建立军人心理档案时，应尽量提高效率，少花时间和人力、

物力。因此，要预先做好调查计划，设计好有关表格，选择好心理测验的时间、方式。同时，一定要争取得到单位领导的支持和配合，安排好心理档案的建立工作。

4. 系统的原则

在收集军人心理档案材料时，既要注意心理活动的整体过程，又要考虑其局部特点，以便能通过档案全面了解军人的心理特点及心理健康状况。

第二节　军人心理档案的内容和管理

一、军人心理档案的基本内容

军人心理档案主要是为心理疏导工作服务的，并在心理疏导过程中逐渐充实和完善。其基本内容为：一是个人的一般情况，如姓名、性别、出生年月、民族、身体状况、重大病史等。二是家庭情况，如家庭联系地址、家庭成员结构、父母职业、文化程度、经济水平、婚恋情况及家庭成员之间的情感状况等。三是学习及社会适应情况，如训练成绩、工作政绩、学习爱好及兴趣、与领导之间的关系、战友关系、单位领导对其评价。四是心理测验情况及鉴定结果，其中包括智力测验、特殊能力测验、创造力测验、性格测验、人格测验、心理健康状况测验、社会适应能力测验、职业选择测验、人际关系测验等。五是心理咨询记录，对军人进行的每次心理咨询疏导，心理服务人员都要做好记录。包括咨询时间、主诉及症状、诊断分析、结果、处理意见及措施、辅导效果、辅导人员签名等。在官兵心理档案中，许多资料应尽可能序列化、表格化，使资料更有条理、更清晰与明确。

二、军人心理档案的管理

（一）军人心理档案应存放在心理服务室

心理服务室的工作直接由政治、后勤机关领导，如果心理服务室设在卫生队（门诊部），应由专职或兼职心理医生负责管理。档案专人专袋，统一编号，专用档案柜存放，档案填写由管理人员来完成，保管人员要人格健全、心理健康，由受过专业训练的干部担任。

（二）存放格式

心理健康档案可以采用表格式（附表）、电子文档式（军人心理测评系统）两种保存方式。根据经验，提倡两种建档方式都采用。

（三）档案管理制度化

管理好军人的心理档案，加强管理人员的职业道德教育，严格遵守制度规范，严格遵守保密制度。军人心理档案不能随便任人借阅和泄密。泄密既违背心理咨询的原则，也会对军人造成严重不良后果。档案要有条件地让有关人员查阅，而且必须保证当事人的心理和利益不受伤害。

（四）档案的流动

建议军人心理档案随本人档案一同流动，这样做不但有利于新用人单位及时掌握官兵心理状况，而且有利于原单位跟踪观效的顺利开展，做到全程观察，联合管理。

三、应用心理档案的注意事项

（一）心理档案内容的收集和结果解释评价

心理档案内容的收集和结构解释评价应注重科学性、实用性。官兵心理档案的内容大多是由问卷和量表提供的，凡是通过量表测验得到的结果，都要连同测试日期、测试次数、结果分析一并填好，放入心理档案。在心理测验工具和量表的选择上，要慎重考虑，要选择那些公认的标准化量表。在施测的整个过程中，都要贯彻“标准化”这一重要要求。从施测前的指导语到施测条件、评分规则以及结果解释都要尽量做到标准、客观。在进行心理测试前，应安排有关的心理学知识教育，增加心理卫生方面的内容，使军人懂得心理测试的目的；测试过程的组织要严谨，包括场地布置、时间安排、指导语标准化、组织秩序等方面，让军人在平静的气氛中与主试积极配合并接受测试。测试结束后，由专门指定人员进行结果统计，有软件的量表尽量使用微机处理，没有软件的量表也要由专门人员进行手工操作，然后由专业人员负责把测试结果登记在军人的心理档案文本中。

人的心理状态既具有相对稳定性，又具有可变性。仅一次性心理评估只能反映其当时一个阶段的心理状态，只能发现其一时的心理问题而无法研究其心理变化过程。因此，要根据需要多次施测，如在入伍初期、中期、后期或执行重要任务时对其心理状态进行测验、检查，并将结果填档，记录在案。其目的一是印证前次测验的准确性，二是提供对比研究数据，以利于把握军人心理变化规律和管理科研工作。

另外，心理测验对施测人员自身的能力及素养也有较高的要求。要求他们不仅具有相应的基础知识和专业知识，而且应具有科学的态度。切忌一些个人随便使用心理测验，对测验结果乱加解释，引起一些不良影响。

（二）心理档案应做到在保密前提下的充分利用

心理服务工作有一条重要的原则，即保密原则。在心理档案中，有些内容是官兵的隐私，有些内容带有心理暗示效应，有些涉及人际关系，还有的是官兵心理障碍和心理疾病的记录。只要是官兵不愿公开的隐私，心理档案就必须严格保密。否则，就会失去官兵对心理教育与心理疏导工作的信赖，直接影响到心理教育的健康发展。当然，并不是说所有的心理档案内容都要绝对保密。保密也有选择性、分层次，比如，关于气质类型、性格类型、意志品质等一般性的心理特征描述，可以让官兵了解自己的情况，这样会有利于官兵的自我教育。心理档案建立后，可以借助于心理统计方法，对官兵的心理状况进行描述、分析，找出共性的问题；也可进行相关分析，找出影响心理健康的重要因素，为提高心理教育与训练的针对性、主动性提供理论和实践的依据。同时，又要注意个别官兵的不健康心理，做到共性研究与个性研究相结合，适应性调试与发展性教育相统一。

（三）心理档案的管理应由专人负责，统一规范

心理档案的保密性给心理档案的管理提出了更高的要求，心理档案给心理服务工作者提供了教育、训练、辅导、咨询的依据，也为鉴别、诊断、建议提供重要信息。心理档案不作为个人终生档案，仅作为心理教育与训练的参考依据。心理档案的建立、管理与使用应仅限于经过专门培训的心理服务工作者，其他人不能进行调阅和评价。如工作需要，一定要知道官兵的个案内容，则需经过心理服务工作者对官兵的个案重新加工，重新编制，提供一些具有代表性的信息，并非翔实心理资料。这是心理服务工作者的职业道德，也是部队开展心理教育与心理训练的有效保证。

第三节　心理测验

一、心理测验概述

所谓心理测验，就是根据一定的法则用数字对人的行为加以确定，即根据一定的心理学理论，使用一定的操作程序，给人的行为和心理属性确定出一种数量化的价值。

（一）心理测验的概念

人们发现在人的心理和行为的各个方面都存在着广泛的差异，而心理测验正是起源于对个体差异的研究。科学心理测验的创始人首推英国优生学者高尔顿。他对人与人之间的个体差异有着浓厚的兴趣，测量了个体的各种行为如反应时间、记忆力、反应速度等，并且为这些不同行为确定了指标常模。高尔顿于1884年在伦敦国际博览会上设立了“人类测量实验室”，在前后若干年里积累了大

量资料，发明了许多测量的工具，成为心理测验的先驱。但“心理测验”这一术语由美国心理学家卡特尔于1890年首创，并被人们一直沿用至今。1905年，法国心理学家比奈和医生西蒙在英国心理学家斯皮尔曼的智力理论影响下，制订出了世界上第一个完整且成熟的智力量表——比奈一西蒙量表。从此心理测验运动蓬勃发展，各种各样的测验层出不穷，从能力的测验进而扩展到气质、性格、兴趣、价值观、人际关系、情感适应、动机等大量的心理学领域。

什么是心理测验？国内外心理学家对此下了多种多样的定义。美国心理学家安娜·斯塔西认为：“心理测验实质上是行为样本的客观的和标准化的测量。”布朗则认为：“所谓测验，乃是对行为样本进行测量的系统程序。”根据这两个定义，我国心理学家郑日昌认为：“心理测验就是通过观察人的少数代表性的行为，对贯穿在人的全部行为活动中的心理特点作出推论和数量化分析的一种科学手段。”心理测验就是通过对一部分人的有代表性的行为的分析，对人的某些心理特征进行数量化的推论，从而区分出不同的人的心理特点的相似性和差异性。总之，心理测验是一种用来测量人类行为与心理个体差异的客观的标准化的评鉴工具。

（二）心理测验的特点

正如法国作家雨果所说“世界上最广阔的是海洋，比海洋更广阔的是天空，而比天空更为广阔的是人的内心世界”。人的心理世界是极为复杂的、变化多端的，难以测量。因而，心理测验具有其独特的特点：

（1）心理测验的间接性。人的心理特征是内在的，看不见也摸不着，不可能直接进行测验，只能通过人们在面对问题情境时所表现出来的外显行为来推论其心理特质。因而心理测验是一种间接的测量。

（2）心理测验的相对性。在对人的行为做比较时，没有绝对的标准，也没有绝对零点，只有一个连续的行为序列。心理测验就是看每个人处在这个序列的什么位置上，由此测得一个人的智力的高低、兴趣的大小等，这都是与所在团体的大多数人的行为或某种人为确定的标准相比较而言的。

（3）心理测验的客观性。一个测验一般从项目分析、信度评估、效度评估三个方面进行质量评估。测验常模是通过对总体的代表性样本的预测确定的，测验的信度、效度也在一定程度上经过实践的检验。每一个测验均依据一套科学系统的程序进行，并经过了标准化。因而，测验具有一定的客观性。

（三）心理测验的种类

通常按测验功能分类，分为以下几种：

（1）智力测验：主要功能是测量人的一般智力水平。如韦氏成人智力量表、瑞文测验等，都是现代著名的常用智力测量工具，用于测量人的智力、评估人的智力水平、了解个体一般能力。例如测量军人在完成各种军事活动中表现出来的基本能力，包括观察能力、记忆能力、想象能力、思维能力及语言能力等。

（2）特殊能力测验：主要用于测量人的某一特殊能力。如飞行员必须具备灵敏准确的感知能力、良好的注意分配能力、出色的记忆能力、敏捷有效的思维能力、迅速准确的动作反应能力等。也可以测量人的音乐、美术、沟通、运动等能力。

（3）成就测验：主要功能是测量人的学习效果及培训目标实现的程度。如对有关知识的理解、应用、分析和应用等方面的成就测验。

（4）人格测验：主要功能是对个体的人格特征进行测量和评估。临床上常用的人格测验有明尼苏达多相人格调查表、艾森克个性问卷和洛夏墨迹测验等。

（5）心理评定量表：主要功能是评价个体心理症状及相关影响因素，如90项症状自评量表、抑郁自评量表、焦虑自评量表、生活事件量表、应对方式量表和社会支持量表等。

（四）心理测验的功能

心理测验的基本功能是比较、鉴别和评定不同个体之间心理上的差异，或者同一个体在不同时期、不同条件、不同场合的心理反应和心理状态，可用于辅助诊断、评估症状严重程度、了解影响心理健康的相关因素和研究心理的方法。

心理测验技术在军人特殊职业选拔、军事训练、特种兵培训、人才培养、政治思想、管理教育、司法鉴定及临床医疗等方面都发挥着积极作用。主要用途有：

（1）了解军人的心理状态和特征；

（2）发现军人的特长与潜能；

（3）诊断军人的心理与行为障碍；

（4）帮助军人进行自我认识；

（5）评价教育工作成效。

二、心理测验应注意的问题

（一）主试的要求

1. 素质要求

从专业素质方面来看，主试必须具备心理学、教育学、心理统计学以及工作领域相应的专业知识。主试必须确定自己有能力实施某些心理测验，要避免那些超出自己知识和经验范围之外的测验。一般来说，个体测验较团体测验对主试的资格要求严格，尤其是人格测验和智力测验。

2. 道德标准

为了保证测验的价值，防止测验失效，心理测验必须要保密和控制使用，同时还要在测验中注意保护被试的个人隐私。

（二）测验的选择

选择什么样的测验是主试在测验前必须慎重考虑的问题。心理测验的结果是否有效，首先必须考查测验本身的信度和效度，另外主试必须明确所选测验的适用范围及其测验目的。

（三）测验环境

测验环境包括测量时的物理环境和心理环境两个方面。对测量中物理环境的控制就是要最大限度地减少环境中无关因素对测量效度的影响。因此，一般来讲，测验场所应整洁、安静、通风良好、光线充足、噪音较小，室内装饰不要过于花俏，环境中不能有给被试提供任何暗示的线索，被试的座位要舒适，测验过程中应尽可能避免他人的干扰。对测验中心环境的控制就是要求主试与被试之间建立起和谐的人际关系，营造出良好的心理氛围，以消除被试对测验的非适度焦虑。因此，施测前主试与被试的言语或非言语沟通就显得至关重要。对于儿童，为了避免陌生、害羞、分心等因素影响测验的效果，主试可以先利用一点时间与其进行适当的谈话、玩耍，待其消除紧张情绪后，再进行测验。对于一些因测验而产生过分焦虑的被试，主试更应利用各种方法，冲淡紧张的气氛，向他们说明测验的意义和原则，以解除他们的顾虑。总之，良好的物质环境也可以使被试感到心情舒畅，注意力容易集中。

（四）测验时间

一般来说，心理测验（尤其是智力测验）应在主试与被试双方身心状态都较和谐的时候进行。这既能提高主试反应（评价）的客观性，又能保证被试反应的准确性和敏捷性，使被试的自我认识更加客观。因此，在测验时间的安排上就应注意：切忌在主试、被试任何一方连续进行了几个小时的智力活动或剧烈运动后立即开展心理测验。因为此时主试或被试都比较疲倦，精力难以集中，感知觉、记忆和思维等心理过程受到较大抑制，甚至还会出现混沌现象，这将影响测验结果的真实性。如果测验是在学校进行，最好不要将测验安排在节假期。

情绪是影响测量效度的又一个重要的因素，在一个人情绪不佳的时候，会对自我认知的真实、客观性产生消极的影响，进而制约了心理测验效度。然而，人的情绪在一个月内会出现周期性的起伏变化，每一天里也会随着所遇到生活事件的不同而产生变化。因而在被试处于情绪低谷时不宜进行测量。一般来讲，切忌在被试经受挫折时进行某种心理测验（如智力测验）。因挫折导致的忧郁、烦躁、焦虑等都会影响一个人反应的速度、思维的灵活性和敏捷性、注意的范围和清晰度等。同样，因挫折带来的不良情绪也会影响主试的阅卷速度、评分质量，从而造成误差。在一天中，下午 5 ～ 7 时是一个最“危险”的时期。因此，不论是工作还是学习了一天的主试或被试，此时的身心状态都处于最低潮。除了因疲劳困倦而导致注意力分散外，情绪也多显焦躁，被试很难做到心平气和、精力集中，稍有不慎，便会使测验失败。同时，从生理角度看，下午 5 ～ 7 时是大多数人“生理律动”的最低点，此时急需补充体能的消耗和恢复精力。而到了晚上 8 点左右，餐后的松弛状态使每个人对事物的反应灵敏度得以恢复，心情也较愉快。若此时进行心理测验，将会得到比较满意、真实、客观的结果。在完成量表或问卷的时间上，主试应严格按照量表或问卷上规定的时间执行，不能让被试在某个题目上考虑的时间过长。因为被试可能在回答上竭力去符合主试的期望或对于涉及社会赞许性的题目时被试具有自我保护倾向，这些都将严重影响测验的准确性和有效性。一般来说，能力测验和成就测验都有严格的时间限制，而人格测验和态度测验一般无时限。

（五）指导语

在进行心理测验前，主试都要向被试说明如何完成心理测验。但是，主试的说明必须严格按照量表或问卷提供的标准化的指导语进行，切忌向被试解释过多或擅自发挥，否则，会给被试在无意间提供了某种暗示和导向，影响其回答问题的真实性。一般来说，只要被试能理解量表意思，正确掌握回答方法就可以了。

在施测过程中，有些被试故意装着对某些题目（项目）不理解而要求主试解释，以期从主试的解释中寻求答案。对此，主试可千万不要上当，而只能重复一遍指导语，让被试按自己的理解真实回答。

在人格测验中，为了打消被试的某种顾虑，使其回答符合自己的真实情况，主试可向被试做如下说明：第一，心理测量的结果只代表被试的某种心理类型和个性特点，不作为评定能力和思想品德的依据；第二，对每个题目（项目）的回答无对错、好坏之分，回答时按“我是什么”来回答就可以了；第三，在每个题目（项目）上思考的时间不能太长，看懂了就回答，每个题目（项目）的答案必须而且只能选一个。

（六）测谎分数的处理

在人格测验中，为了检查被试回答的真实性和有效性，常常会在量表或回答中穿插测谎题。有时会发生被试的测谎分数超过常模的现象。对此，主试在理解时不能带着道德的倾向去指责被试，认为被试不诚实、虚伪等。这样，不仅会伤害被试的自尊心，使双方的关系对立起来，而且还会由此产生一系列消极的影响。其实，测谎分数，在心理测验学上称之为“真实性校正分数”，它只是说明被试回答是否真实，用于鉴定量表的有效性，并不代表其他含义。

（七）量表分数的解释

心理测量后，主试一般都要对量表分数（测验结果）进行解释。主试在对量表分数（测验结果）进行解释时应注意以下几点：对量表分数的解释应全面、客观，有利于被试今后的自我发展，切忌随意推论或武断地下结论。对量表分数的解释应采取鼓励性的、委婉的方式进行，特别是对心理健康方面的测验结果的解释，只能是尽可能地减轻被试的心理负担，而不能任意夸大被试心理障碍的程度。要让被试积极参与对量表分数的解释，以使主试完全了解分数的表面意义和隐含意义。另外主试在向被试作解释时，一定要使用被试能理解的语言。

任何情况下，解释分数时绝不能将测验分数与被试相关背景信息（如年龄、性别、教育程度、生理特征等）割裂开，必须把二者结合起来一起纳入解释的范围，这样测验结果才能正确应用于教育、诊断、治疗和干预决策。主试在根据常模资料对被试的量表分数进行解释时，必须考虑由于被试自身特点的不同及被试所处的社会、文化的差异，且随着时间的推移、社会的发展变化，因为常模资料有不适用于少部分被试的可能。

一次的测验分数对于个体来说并非固定不变的数字，每个测验分数都包含有一定的误差，并随着时间的推移发生变化，所以测验分数只可以看做一种路标或估计值，只有结合被试的相关信息进行解释才具有现实意义。另外，由于误差的存在，测验结论应用概率来表述，而不是定论（必定如何）。在解释分数时，可以参考被试的横向（被试间）比较和纵向（被试自身）比较，特别是在成就测验中具有较大的价值。

一般而言，不要把测验结果直接告诉被试，而只需告诉被试对测验结果的解释，指出被试在哪些心理能力群上的长处和弱点。当然，影响心理测验效度的因素还有很多。实际上，任何与测验目的无关的因素都有可能引起误差，这就要求心理测验工作者在进行心理测验时必须考虑到、控制住可能出现的各种问题，以使测验的结果更真实、可靠。总之，对待心理测验应持一种科学的态度，心理测验是一种工具，善用则用之有效，不善则适得其反。

三、辩证看待心理测验

心理测验作为判断一个人心理状况的辅助工具，其检测结果不可不信，却也不可全信。以下就通过几个例子，看看我们应该对心理测验采取什么样的正确态度。

【案例一】某通讯站二期士官，24 岁，最近三个月情绪低落，对一切丧失兴趣，回避与人交往，经常失眠。他在心理测验网站做了一次症状自评量表测试，除了抑郁分高于正常值以外，还显示“有明显的精神分裂症症状”。这个结果把他吓坏了，情绪更加低落，并增加了许多焦虑症状，总担心有一天自己突然失控，“疯掉了”，会做出什么丧失理智的事情来。犹豫再三，他下决心去了卫生队，跟兼职心理医生谈了半小时，医生肯定地告诉他：你患的是抑郁症，跟分裂症完全是两码事，也不可能直接就变成分裂症。至此，他才放下心来。随后，该士官进行了三周的药物治疗，症状就消失了，维持治疗了六个月，便停了药。

评论 此案例的原因是测验者对提问的理解有误。例如，在SCL－90中有这样一个问题：你心里想的事情不说出来，你觉得别人也知道。如果你回答“是”，电脑就会认为你有“明显的精神分裂症症状”，术语叫做“被洞悉感”。该士官认为自己是一个不善于掩饰的人，他的情绪和想法，别人可以通过他的各种表现推断出来，所以他选择了“是”。很显然，这不是真正的被洞悉感。被洞悉感是指一个人觉得别人能够直接看到自己的心事，而不是通过逻辑推理判断，自己一想什么，不管是熟人还是陌生人立即就知道了。对任何心理测验的结果，不管是当事人还是心理工作者，应该采取的基本态度是：心理测验永远都只能是诊断的辅助工具，只有参考价值，不能作为确诊的依据。正确的心理诊断最后只能在心理服务人员跟来访者谈话之后做出；如果心理服务人员的判断跟心理测验的结果不一致，则应该以心理服务人员的判断为准。

【案例二】在某著名门户网站的首页，有一个心理测验，名叫“你有神经病吗?”很多人做过这个测验，其中一些人被诊断为“有神经病”，这些人被吓个半死。

评论 第一，神经病与精神病是有本质区别的。神经病是指神经系统的器质性疾病，比如脊神经炎、神经性瘫痪等；而精神病是指中枢神经系统（大脑）的功能障碍，如精神分裂症、抑郁症等。第二，这不是正规的、专业的心理测验，这些测验是由一些非专业人士瞎编的，没有任何科学性。正规的心理测验是专业人士编写的，在投入使用之前，会做很多的科学方面的检测和评估。

【案例三】张先生，27岁。同样是在网上，张先生做了一次成功倾向的测试，结果显示他成功的可能性很低，这对他的信心是一个较大的打击。从此他变得心灰意冷，工作缺乏干劲，对前途悲观失望。

评论 到目前为止，还没有一种心理测验工具可以真正准确地预测一个人成功的可能性。成功是多项个人素质综合作用的结果，我们对这些素质了解得还不是很全面，而且，一些社会性的机会因素（也就是所谓的运气）也往往会对成功与否施加决定性的影响。过分地相信这样的心理测验的“预测性”，在很大程度上就跟相信算命没有什么区别。

【案例四】小波，12 岁，初一学生。老师对小波的母亲说，小波的成绩总上不去，好多题目跟他讲很多遍，他还是不会做，所以估计他的智力可能有问题，希望家长带他到医院检查一下。母亲带小波去了医院，智力检查的结果为 105 分，略高于正常值，看到这个结果，老师觉得奇怪，智力没问题，怎么学习这么差呢？

评论 应该明确的是，在学习困难的学生中，因智力问题所致者不多见。而且，如果真的是智力问题导致的学习困难，这不用做智力测验就能够判断出来，智力偏低的孩子会在多方面表现出能力低下，而不会仅仅是在学习方面。我们坚决反对轻率地给孩子做智力测验，特别是测验的目的仅仅在于为学习困难找一个理由的情况下给孩子做智力测验，这会极大地损伤孩子的自尊和自信，即使检查的结果正常，检查本身也可以对孩子产生极强的不良暗示。

绝大多数孩子学习困难不是因为智力低下造成的，而是非智力因素造成的。我们见过很多孩子，各项能力都很好，就是学习成绩不好，其原因多半来自家长和老师错误的教育方式，比如高压、批评多、鼓励少，等等。而对老师而言，要学生做智力测验，潜在的动机则可能是缺乏耐心和想推卸自己的责任。

【案例五】钱女士，结婚 8 年，有一个 6 岁的儿子，夫妻感情一直很好。钱女士的工作一直较清闲，没事的时候就“上网冲浪”。她的丈夫工作很忙，常常很晚才回家。一次，钱女士看到网上有一个夫妻关系的心理测验，怀着好奇试着做了。做完试题后大吃一惊，结果显示其夫妻关系有问题——她的丈夫可能有外遇。受这个结果的影响，她的情绪变得很坏，开始挑丈夫的毛病，观察丈夫的行为、衣着的变化，悄悄看丈夫的手机上有些什么人的电话，等等。结果，夫妻关系真的慢慢变坏了。她丈夫无辜地受到怀疑，越来越心烦，最后弄到了要离婚的程度。

评论 心理测验的结果具有暗示性，对一个暗示性很强的人来说，测验的结果会对他的情绪、行为和看法产生影响，从而使测验结果显得“很准确”。但这样的“准确性”对人是不利的。

总结 如果说心理测验是反映我们心理状况的一面镜子，那它也只能算是一面模糊的镜子，反映的是不清晰、不精确的心理状况。它在任何情况下都不能取代一个受过专业训练并取得正式资格的心理师的作用。要很好地了解自己的心理，就需要跟心理师好好谈一谈，在与心理师的交流中，心理师会像一面清晰的镜子，把你真实的心理状况和性格特点展示给你看。

第四章　军人个别心理咨询技术

第一节　个别心理咨询的基本程序

咨询师与来访者如何交谈、讨论、反应和施加影响，使来访者改善自己的心理状态，应有一整套的步骤和程序。就每次的咨询来说，不管时间多久，总要有开场白，两人打招呼，培养交谈气氛；正式谈论重要的事情，然后逐渐进入高潮；最后结尾收场，结束会谈。一般来说，为了心理咨询能顺利地进行，心理咨询的过程主要分为初期阶段、中期阶段、后期阶段。

一、初期阶段

心理咨询的初期阶段是咨询师与来访者开始接触的阶段。可以说这是一个准备阶段，也是很重要的开端，其主要工作的内容如下。

（一）热情接待，建立初步的信任关系

心理咨询主要依靠咨询师与来访者之间建立一个能互相信赖、合作良好的关系。基于此关系而开展咨询工作。这种亲密的关系，应注意从一开始见面就培养。咨询师应体会来访者的处境，即初次与生人见面就得申诉自己内心的烦恼、个人隐私，是一件非常不容易的事情。从来访者进入大门或室内开始，咨询师要热情而自然地对他们表示欢迎，请他们入座。接着，简要地介绍心理咨询的性质和原则，特别要强调尊重隐私的保密性原则，让他们了解，对于他们心理上的问题，我们会尽力给予帮助，使来访者觉得，在这里有信心解决他们的问题，并对心理咨询感兴趣，这有助于消除初次见面的陌生感，松弛紧张情绪，准备对自己的心理问题畅所欲言。如果心理咨询者与来访者建立了友善、相互信任的关系，那么后面的心理诊断、心理咨询就成功了一半。

（二）了解基本背景资料

为了真正了解来访者的心理与行为，需要知道他过去和现在的生活方式与性格发展。虽然在短短的会谈开始阶段，无法得到来访者更多的资料，但应尽力去收集其年龄、职业、家庭及其生活的社会文化背景的资料。了解这些，有助于分析其心理问题产生的社会背景。对于来访者的姓名，如果本人不愿意透露，咨询师不必追问，这样可使来访者彻底打消顾虑。随着咨询的进行，根据咨询的需要，再去详细地收集与分析资料。

（三）共同寻找主要问题

所谓“主要问题”就是来访者最关心、困扰最大、最需要解决的问题。在这里应当强调的是，寻找主要问题是咨询师和来访者共同进行的。前一阶段形成的咨询师与来访者合作，相互信任的气氛要充分发挥作用。第一次会谈，有的来访者会说明最困扰他的问题是什么，但有时却不是这样，需要经过几次会谈，慢慢摸索、探讨，才能阐明真相。主要原因是来访者不好意思开门见山地诉说他最关心的问题，比如，一位女性来访者未婚先孕了，她未必会开门见山地说“我未婚先孕了”，她可能会绕个大圈子，或许说一些无关紧要的问题，如，“我最近与男朋友关系有点紧张”，或者“我做事无精打采”等，让咨询师去帮助她寻找真正困扰她的问题。有时，来访者不知道自己问题的核心是什么，而是需要与咨询师交谈，说明他的生活背景、行为，才能渐渐地找出真相来。总之，在咨询初期，就得想办法探讨，初步认清主要问题是什么。在这个阶段，武断、过分相信来访者的自诉或过分相信自己的经验都可能带来失误。咨询师要始终注意与来访者“共同探寻”，避免过早下结论。

（四）决定咨询的合适性

并不是所有有心理问题的军人都愿意接受心理咨询，而且并不是所有愿意接受心理咨询的军人，就适合于心理咨询，而需要慎重考虑其合适性。通常来说，来咨询的人明显患有心理问题，且愿意接受咨询的才适合于咨询。而精神状况不佳，甚至恍惚者，不适合心理咨询。那些智慧较高、能内省自己的心理状况、主要的问题是被心理症结所困扰者，则更适合心理咨询。

（五）交代咨询的条件

在心理咨询过程中，有些条件必须由咨询的双方达成协议，并能自己遵守，才能使咨询进行的顺利。比如，咨询的目标是什么，如何进行交谈，以达到怎样的效果等，双方应有一致的意见。对于大多数人来说，心理咨询是个新的方式，心理咨询者应对来访者交代交谈的方式、交谈的内容、为什么有时要谈梦、幻想等，好让来访者了解他在交谈中应做些什么事。

二、中期阶段

心理咨询的中期阶段是主要的咨询阶段。在这一阶段，以诊断、咨询为主要内容，即辨明来访者心理问题的类型、性质、程度等，以选择咨询和治疗的方法。其主要工作如下。

（一）诊断

所谓诊断是指将收集的有关资料加以分析，以便诊断出问题的症结。心理诊断不像医疗诊断那样可以借助各种医疗测试取得标志某种疾病的指标进行确诊。他主要的依据是对来访者言行举止的观察，从来访者的主诉中获取有关心理状况的信息和资料，在谈话中通过心理咨询者在关键问题上的探究和询问，澄清事实掌握真实的情况。在这个基础上，心理咨询者根据心理学知识和社会阅历进行分析判断。首先要判断问题的类型，来访者是心理问题，还是其他问题；是学习问题、人际交往问题，还是青春期问题或婚恋问题。接着从程度上判断，是属于一般心理问题、严重心理问题，还是人格障碍、神经症、精神病。对来访者心理问题的性质、产生原因、严重程度等方面做出正确的评估。这种评估可以帮助咨询师做出下一步的工作决断。如确定哪些问题可以通过面谈咨询和治疗逐步解决，哪些问题是需要借助其他方面的力量进行直接干预的。

分析诊断以后就要考虑给来访者以何种方式的指导和帮助，需要时可辅以心理测验，这种测验的各类信息只能作为心理诊断的参考消息，而不能作为主要依据，它只是一个辅助的手段。

（二）指导和帮助

心理咨询是一种磋商行为，咨询双方是一种彼此合作关系，咨询师的责任是帮助来访者分析心理障碍，提供指导意见，利用自己丰富的专业知识，在充分理解来访者心情和处境的基础上，帮助他认识自己问题的性质，寻找问题产生的根源，树立战胜困难的信心，商讨解决问题的对策。

心理咨询的重要程序之一是拟定咨询方案，而资料的分析和对来访者问题的正确判断直接影响到方案的制定和实施。具体分析和判断的过程包括确定材料的真实性、资料的归纳和整理以及诊断和结论等。其中对来访者问题的判定，不仅要确定主要问题，还要分析主要因素，界定问题的严重程度，要根据问题来确定咨询方案。

（1）确立心理咨询的目标。确定目标不是咨询师一方的事情，一定要与来访者达成共识。这就需要双方深入探讨有关信息，充分发挥来访者的主观能动性，咨询师再结合自己的分析，最终确定方案。应避免咨询师一厢情愿，自己说了算，那样做的结果很可能是把来访者丢到一边，而由咨询师承担起改变的责任。这是不正确的，也是不可能的，因为要改变的毕竟是来访者自己。

（2）拟定心理咨询方案。咨询师在与对方讨论的基础上，提出几种行动方案的设想，预测可能产生的后果，列举他人成功或失败的例证，使心理咨询者结合自己的环境条件和主体的个性特点，对各种方案进行选择。拟定方案的基本原则，就是要通过心理咨询，改变来访者原来的认知结构和行为模式，建立新的认知结构和行为模式。拟定方案要充分考虑各方面的因素，抓住主要相关因素，对咨询的结果要有充分的准备，同时要随时了解来访者的看法，及时调整咨询对策，防止心理咨询的一般化和模式化。

（3）实施心理咨询方案。这是心理咨询的重要阶段，是转入实际解决问题的阶段。通过充分的分析和讨论，来访者一般会从多方面受到启发，形成新的思路。最后解决问题要靠来访者自己的努力，通过改变他们的认知结构和行为模式来恢复心理平衡，最后如何行动，也要尊重来访者的意愿。

三、后期阶段

通过前面几个阶段的谈话，主要的进程已经完成，咨询进入后期阶段。其主要工作如下。

（一）综合所有资料，做结论性解释

在一步步的咨询过程中，咨询师随时从来访者所获得的心理资料当中得知他们的心理反应模式，并及时给予解释、说明，使来访者了解自己的行为模式，学习新的反应方式。到了咨询结尾之前，心理咨询者宜再与来访者做一次全盘性的研究、综合所得资料，做结论性的解释，使来访者有机会得到对自己更清楚的认识，以便应付将来的心理生活。这种综合性的评语、建议，容易使来访者铭记在脑子里，作为一生的座右铭，可以诱导来访者处世待人的方向，帮助来访者继续成长。

（二）追踪反馈，巩固和发展咨询的效果

这是心理咨询的最后一步，也是不可忽略的一个步骤。对于那些重要的、复杂的问题，如职业指导、军人发展性咨询、心理危机的干预等，必须进行追踪观察，以利于咨询效果的巩固、评价和个案资料的积累。

追踪观察一般采用书信、走访、座谈等方式，不管用何种方式，都可能会出现四种情况：一是咨询效果十分显著，问题解决顺利，来访者对此满意。这将给咨询师带来鼓励和鞭策，对以后的工作起到指导和激励的作用。二是咨询有较大的成效，但问题并未完全解决，来访者喜忧参半，并抱有新的期待。这种情况则给咨询师提出了新任务和新要求，需要咨询师认真总结经验，适当调整咨询目标和解决问题的策略，以促进来访者更好地解决问题。三是咨询

效果不明显，没能解决问题，来访者存有疑虑和不悦。面对这样的情况要冷静分析问题的原因，若问题在来访者，如主观不努力、方法掌握不当、未能坚持自我训练等，则应在肯定成绩的基础上动员来访者继续坚持咨询和治疗，力争取得明显的成效。如果是咨询师自身的问题，则应向来访者进行必要的解释，帮助他们打消顾虑，增强信心，在调整、改进自身工作的基础上，努力使咨询工作取得好的成绩。四是咨询无效，问题如故，来访者感到失望和沮丧。这种情况的原因基本与第三种相似，但也不排除其他因素。如咨询双方没有真正建立起信赖合作的关系，咨询师的经验与能力不能满足此项工作的要求等，应及时终止咨询关系，或在来访者许可下，由新的咨询师介入，开始新的咨询过程。

总之，心理咨询是一个过程，是一种步骤。要慢慢准备、发展，逐渐进入高峰，然后又慢慢结尾、结束。咨询师不但要注意每次咨询的情形，也要时时观察来访者在长期咨询过程中的反应，这样，咨询师才有全盘和统一的了解。

以上的阶段划分只具有相对的意义，有时，一个咨询过程可能进行到“共同寻求问题”阶段就结束了，或者说，“共同寻求问题”阶段的度过不是一次完成的，而是经过了一次以上的咨询。每一个阶段都可能产生这种情况。

第二节　个别心理咨询技术

心理咨询的基本技术包括建立和巩固良好咨询关系的技术、倾听技术和影响技术。其中前者是指与治疗有关的一些影响因素，后两者是与会谈技术有关的内容。

一、建立和巩固良好咨询关系的技术

尽管不同的心理咨询和治疗流派都有自己独特的理论体系，在实际咨询和治疗过程中所采用的方法也各不相同，但对建立和巩固良好的咨询关系的重要性的认识却是一致的，它被认为是成功的心理咨询和治疗的最重要的因素，是心理治疗成败的关键。

从开始到结束，咨询都要紧紧围绕建立和巩固良好咨询关系而展开。在这一技术当中，共情、积极关注、尊重和温暖、真诚可信等是对来访者进行帮助并使之产生改变的充分必要条件。有人将其列为反应的维度。而具体化、即时化和对峙（面质）等技术作为必要条件被列为行动的维度。

（一）心理咨询的反应维度

在心理咨询中，咨询师要针对来访者的不同问题采用不同的技术方法，但这要在双方已建立了良好的咨询关系的基础上才能进行。咨询师应能自觉地、有意识地运用有关的心理学原理与方法，使这种良好的关系得以顺利地建立和发展起来。有几个基本的影响因素，或者说建立这种关系所需的关键条件。

1. 共情

共情也称通情，是指能进入对方个人的精神领域，体验他人的精神世界，并能理解这个精神世界，就好像那是自身的精神世界一样的一种能力。共情实际上包含两方面的含义，一是指设身处地，进入对方内心世界。二是把自己的关切理解反馈给对方，并影响对方。共情是特殊的、个别的，而不是泛泛的、一般性的，是能够理解与分担对方精神世界的各种负荷的能力，而不仅仅是进行判断和支持对方的能力。

2. 积极关注

积极关注也称正向关注、积极关怀等。是指咨询师以积极的态度对待来访者，即对来访者言语及行为中的积极方面有选择性地予以关注，利用其自身的积极因素。

相信求助者能够改变，相信每个人身上都存在向上成长的潜力，而且他自身现在已具有一些积极因素，这一基本认识对于咨询师来说，是其工作的支撑点和立足点。这就要求咨询师去发现来访者积极的方面，而且通过情感的反应和直接的个人反馈使那些积极的东西突显出来。有心理困惑和问题的来访者，其意识范围变得狭窄，“一叶障目不见泰山”，往往只看到自己的不足，看不到成绩和希望。咨询师的积极关注能帮助他们全面地认识自己，开阔其视角，看到希望，帮助他们树立起改变自己的信心。

积极关注首先要避免盲目乐观，不做空洞的、与来访者事情无关的形式和教条的反应，那样做实际上是淡化了问题本身，偏离了真正的问题。其次是避免过于悲观，只强调那些消极的方面，使对方陷入沮丧和困惑之中。正确的积极关注应立足实事求是，善于发现和发掘有利于来访者成长和改变的，和与来访者自身的长处和积极方面。

3. **尊重和温暖**

尊重求助者是对咨询师的基本素质要求，也是有效助人的基础。虽然咨询双方在社会地位、工作分工、个性特点等方面不同；虽然来访者存在着这样那样的心理问题，但在人格上，双方是平等的。咨询师没有权利而且也绝不应该轻视对方，尤其是在来访者暴露了自身的问题，变得异常敏感的情况下，咨询师应该在非常平等的心态下，以尊重的态度来处理双方的关系。咨询师不应以权威者的面目出现，要有引导、说服态度。尊重意味着完整地接纳一个人，意味着彼此平等、以礼待人、信任对方和以真诚为基础。保护对方隐私也体现了对求助者的尊重。

温暖是咨询师对来访者的主观态度的体现，它不是以语言来表达的，而是以某些人类交往中最基本的成分来表现的。与温暖相对的是冷漠，冷漠的背后可能隐藏着对来访者的无意识的敌意和嫌恶。温暖是在真正关心来访者的命运，真正达到共情的境界时自然流露出来的一种情感，它会使来访者感到自在而舒适，从而创造出一种有助于使来访者发生变化的气氛。

（二）心理咨询的行动维度

（1）具体化。是指咨询师协助求助者清楚、准确地表达他们的观点、概念、所体验到的情感以及所经历的事件。由于来访者所叙述的事情和情绪常常是模糊、混乱、矛盾、不合理的，使咨询师搞不明白究竟发生了什么事情，对方究竟是怎么想的，又有什么情绪和情感的变化。这时具体化技术的应用，就能使咨询师对一些具体的、个别的事例加以澄清，弄清求助者的所思所想，达到对对方的理解和共情。

（2）即时化。在心理咨询中，常遇到这样的情况，来访者花很多时间来描述自己过去的经历，以及对将来可能发生情况的种种设想，在这种情况下，咨询师是无法了解他现在的想法和感觉的，这样的自我暴露也是低层次的，咨询的效果将很难令人满意。这时，咨询师要注意引导对方讲出现在的想法和感受。即时化的另一个内容，是指咨询师对来访者与自身的关系要敏感，对来访者指向自身的言语、行为、情感应予以必要的反应。

（3）对峙。又称面质。对峙的含义是咨询师向来访者直接指出其存在的混乱不清、自相矛盾、前后各异的观点、态度或言行，而不是要告诉来访者他做错了事情或者说对方是个坏人。对峙也不是为治疗者表达自己的不同观点所提供的机会，不管你的意见可能是多么正确、多么好或对对方多么有帮助。对峙与其说是把来访者自身的矛盾揭示出来，倒不如说是与来访者讨论这些矛盾更为确切。来访者的矛盾有四种：求助者的言语与行为不一致；现实自我和理想自我不一致；前后叙述的事实不一致；咨询师对求助者的评价与求助者的自我评价不一致。对峙意味着咨询师要帮助来访者看到他们所憧憬所想象的那些完美的理想事物是不真实的，帮助对方正视我们人类生存于其中的不那么完美的世界，使来访者可以更好地认识自我，认识周围世界的现实，从而较为自愿地学习新的思维方式、行为方式并改变自己。使用面质技术要慎重适当，要和心理支持结合起来，避免伤害求助者的感情。

二、倾听的技术

所谓倾听，不仅仅是听听而已，咨询师要借助言语的引导，真正“听”出对方所讲述的事实、所体验的情感、所持有的观念等。这种特殊的引导或者咨询师的这类话语的采用，就是我们要谈的注意倾听的技巧。

（一）开放式询问

作为一般性的原则，会谈是以开放式询问开始的。开放式询问通常要求对方自然地谈情况，而不是去回忆某些具体的细节。

例如，“你怎么想到要来这里”“谈谈你的情况吧”，等等，这样的问题不能用简单的一两个字如“是”或“不是”来回答，其回答的范围也很广。以开放式询问开始会谈，能使求助者有机会表述他们自认为重要的事情。让求助者就有关问题、思想、情感给予详细的说明。如果一开始就问一大堆封闭性的问题，情况就不会这样了。

（二）封闭式询问

封闭式询问只要求求助者回忆某一特定的情况，这样的问题通常可以用一两个字来回答。例如，“训练有困难吗?”“来这里是因为考学问题吗?”“你与父母有矛盾吗?”或“你不喜欢军队吗?”

对这些问题都可以用“是”或“不是”回答。这种询问常用来收集资料并加以条理化，澄清事实，获取重点，缩小讨论范围。在会谈开始阶段，应尽量不用封闭式询问，如果每次得到的回答都是“不”，就会使会谈对双方产生消极的影响，还往往会使会谈突然停止。同时过多使用封闭式询问也是不妥的，这样会压制求助者自我表达的愿望和积极性。如果能与开放式询问结合起来使用，效果会更好。

有效会谈的关键技术之一，可能就是咨询师的谈话要直接与来访者刚刚讲过的内容相联系。这样的技巧包括鼓励和重复语句、说明语句、对情感的反应和总结等。

（三）鼓励和重复语句

鼓励即直接地重复求助者的话或仅以某些词语如“嗯”“讲下去”“还有吗”等来强化求助者叙述的内容，鼓励其进一步讲下去。鼓励可以促进会谈继续并选择关注求助者所说内容的某一方面。

（四）说明语句

说明语句是对求助者在谈话中所讲的主要内容及其思想的实质

进行叙述，不像鼓励和重复语句那样完全重复病人的话，但与原话是可以互相代替的。说明语句可以帮助咨询师检查自身对求助者问题的理解程度，能诱导其继续这一话题，因此它能使会谈延续下去，使求助者有机会重新解释自己的思想，重新探索自己的问题，重新思考事物之间的关系，深化谈话内容。

（五）对情感的反应

对情感的反应是指表述出潜藏在病人言辞之中的情感，并讲出这种情感的起因。如“你感到恼火、不安，因为你父亲不让你一个人呆着。”“你在图书馆忙了一天，刚到家他就指责你虚度光阴，这使人觉得屈辱。”这种表述能诱导病人进行自我探索，进行不断的思考，一步步深入地探索自己的情感和感受。

对情感的反应有时很容易出错，例如求助者可能没有恼火或不安，而只是感到恐惧。刚开始接触求助者时这样的差错在所难免，也无关紧要，一般情况下，求助者会对你进行纠正，这时咨询师应随声附和，与求助者再次融洽起来。这里真正重要的是双方要进行交流，咨询师要让求助者认识到他的意思是被完全理解的。

在实际应用中，对情感反应与说明语句有时很难区分开来。说明语句所关心的更多的是对求助者言谈内容的反馈，而对情感的反应更注重对求助者情感的认识。

（六）总结

总结是指咨询师把求助者所谈的事实、信息、情感、行为反应分析、融合后加以概括并表述出来的过程，就是将求助者几句话的意思揉合在一起。这种技术可以澄清情况，明确问题。

三、影响对方的技术

仅仅靠良好的咨询关系及运用倾听的技巧也可使来访者从中受益，有人认为这是来访者自我成长的过程，这一点是对的，但又是非常困难的、缓慢的过程。而当咨询师以积极主动的态度参与到会谈之中时，这种影响是咨询师通过自己的专业理论知识与方法技术、个人的人生经验、对来访者的独特理解使来访者从中受益的过程。

（一）解释

解释是最重要的影响技巧，解释能给来访者提供一种新的认识问题和自身的方式。解释还可使来访者的世界观产生认知性的改变。来访者对自身的问题感到难以解决、困难和苦恼，是由于他们从自己的参照系出发，站在自己的角度来看待自己、他人和世界的结果。咨询师运用不同的心理咨询和治疗理论，根据个人的经验、实践与观点对来访者的问题进行解释，可以为来访者提供一种全新的观察、审视和思考自己问题的角度，这有助于来访者的认知以及行为、情绪的改变。

要作出真正符合来访者的实际情况，而不是千篇一律、牵强附会的解释，需要咨询师掌握一种或几种理论模型，并在实践中不断地加以应用。要想作出创造性的解释，还需要咨询师具有丰富的经验和对生活的深刻理解。

（二）指导

指导即咨询师直接地指示求助者干某些事或说某些话，或以某种方式行事。指导技巧是影响力最明显的一种技巧。咨询师还可能引导来访者进行想象，进行放松训练，教以某些特定的行为方式或是令来访者进行自由联想，等等。这些都是指导的内容。指导包括指导言语的改变、特殊的建议或指示、自由联想式的指导、角色性指导、训练性指导，等等。

咨询师借助为来访者提供建议，给予指导性的信息，或为其提供具有指导意义的思想观点等帮助来访者，为来访者提供信息和忠告，对来访者的思维与行动具有潜在的影响力。这在心理疏导中是非常有用的技巧。

需要注意的是，为来访者提供信息要完全以其利益为出发点，并且尽可能使对方了解你提出的有关忠告的根据。在提出忠告的措辞方面也应注意，措辞生硬可能导致对方产生抵触情绪，而委婉的话语容易被对方接受。另外，提出建议和忠告的数量和时间要把握得当。过多的建议和忠告可能会失效，主动的建议和忠告可能会无用。

（三）自我暴露

自我暴露的意思是指把咨询师个人的有关信息讲出来，使来访者知道这个心理过程。自我暴露是一种有助于与来访者建立相互信任和开诚布公的良好关系的影响技巧。咨询师的自我暴露行为可以使来访者的自我暴露增多，在会谈中会起到非常积极的作用，它使来访者感到咨询师对他的吸引力增加了，也提高了来访者积极参与会谈的兴趣。自我暴露既可以是向来访者表明自己对来访者言行问题的体验，也可以是告诉对方自己过去的一些有关的情绪体验及经历经验。这两种形式的自我暴露都有利于治疗关系的建立和巩固，一般来说，咨询师的自我暴露越多，来访者的相应行为也就越多，越愿意谈他自己的所思所想所言所行。但自我暴露是有限度的，过多暴露，会使来访者在会谈中可以利用的时间减少，甚至会使来访者感到咨询师也不是一个心理健康的人，从而反过来关心起咨询师的问题来。

（四）反馈

在咨询过程中，来访者往往很想知道咨询师或他人对自己的问题是如何想的、别人是怎样处理同样的事情的。这时，咨询师就可以将自己或他人会怎样看待来访者的问题的信息提供给来访者，为对方提供与之不同的感知思维模式，以达到影响对方的目的。这就是反馈。

（五）逻辑推论

逻辑推论，是咨询师根据来访者所提供的有关信息，运用逻辑推理的原则，引导来访者认识其思维及行动可能引出的结果。逻辑推论也是在为来访者提供另一种思维方式，引导对方从不同的角度、以不同的方式思维，预先想到事情发展的结果，进而使其意识到自己思维、言行的不妥之处，从而改变之。

第三节 心理咨询技术在军人心理问题中的应用

每一个官兵都希望自己成为部队有用之才。但是，在成长进步过程中，并不是每一个官兵都能对自己所面临的问题有深刻的认识，围绕着军事生活、军事训练、人际交往和个人发展而产生的各种困惑、挫折和冲突，需要通过发展性心理咨询加以解决，从而促进成长进步。

一、自我意识问题的心理咨询

（一）问题表现

自我意识的问题主要是没有自知之明，因此有两个极端的表现：一是过强的自我意识。不能客观地观察自我，而是高估自己，总是体验理想中的我，缺乏自我监督和自我约束。俗话讲不知天高地厚，有自我意识过强之意。一个人如果不能客观地评价自己，往往会在工作中不能恰当地扮演好自己的“角色”，更不能与同事、上下级有真诚的合作，常常是群体内部“问题”的根源。二是过弱的自我意识。主要表现是缺乏自信，自卑，抑郁。对自我的评价过低、自愧无能而丧失自信，并伴有悲观失望等消极的情绪体验，往往情不自禁地过分夸大自己的缺陷，甚至毫无根据地臆造出许多自己的弱点，还总爱拿自己的短处比别人的长处，不能冷静地分析自己所受的挫折，不能正确地对待自己的过失，不能认真地思考别人对自己的期望，也不能客观地理解别人对自己的评价，以致把自己看得一无是处，失去自信心，对那些稍加努力完全能够完成的任务也轻易放弃。

（二）咨询方法

可采用团队与个别咨询方式对自我意识问题进行系统的心理咨询。对于前者方便规范模式的应用，后者易于深入个别分析，了解个体深层次的内容。

应用比较优势理论对个体进行分析。按照这种优势的比较，确认自己在哪些方面比别人有强势，而别人在哪些方面比自己有弱势。与部队军事训练中的某些科目进行具体的比较，确认不同个体之间并不存在相互的绝对优势，从而指导来访者寻找并发挥自己的比较优势。

应用“碰钉子”方法巧妙施加影响。对自我意识过强者，在施行“钉子”予以敲打的同时，赞扬团队中其他成员的各种表现，如“角色”位置合理、自我控制力强，等等。团队训练中的认识自我、探索自我、扮演角色等训练都可以达到好的效果。

二、人际关系障碍的心理咨询

（一）问题表现

调查发现，军人人际关系障碍的表现主要是：缺乏自信、胆小害羞、内向孤僻，担心别人不喜欢自己，不愿意、不喜欢社交活动以及社交恐惧等。军人人际关系的问题主要表现为：人际沟通不够、知心朋友不多、公共情感成分过多、社会距离过远等问题。

人际关系失调是引发人们心理障碍的主要原因。良好的人际关系能产生安全感和愉快感，易于形成感情的满足，使人感受到生活的乐趣，促进心理健康，人际关系紧张使人感到压抑，缺乏安全感，影响情感的满足，并可导致性格发育不健全，甚至可致心身疾病。

（二）咨询方法

指导掌握人际交往的技巧。认识第一印象对良好的人际关系建立的重要性。第一印象来源于人的外部特征，如仪表、言谈、举止等，人们习惯上将这些特征与一个人的身份、修养、道德联系在一起，所以注意自己的军人仪表风度，展现自己的军姿，适应不同的场合，不同的文化氛围。其次，对自己的言谈要注意语言水平，内容要丰富，克服语言的“俗”与“平”、“轻”与“粗”。要有诚恳的谈话态度，既体现出对对方的尊重，又能使交往在友好的气氛中进行。

懂得“交往距离与人际吸引”的基本原理。人们都说远亲不如近邻，就是指交往距离是形成密切的人际关系的重要因素。同时，交往中合适的人际称呼能够建立良好的心理气氛，获得各自的心理满足，称呼要适度。和人谈话时眼睛要正视对方，但不能总盯着对方的眼睛，否则容易引起对方尴尬。积极倾听对方的谈话内容，如果在听别人讲话时，东张西望，心不在焉，就不能达到人际的吸引，这也是一种不礼貌的行为。特别忌讳的是谈话时的一些小动作，如搔头、挖鼻孔、剔牙等，既让人感到不文明、不雅观，又会让人感觉到不耐烦。还应注意说话用词要通俗准确，忌讳使用专业性太强的名词，也忌讳轻易打断对方的谈话，会使人感到不礼貌、缺乏修养。

建议保持自己完整的人格，正确评价自己，优化个性品质是改进人际交往的很重要的方面。每个人都有其独特的人格特点，有其独特的行为模式，但都应是完整的体系，即一个人必须坚守自己的原则，坚持自己处事的立场和一贯性，不可见风使舵，人格完整才能获得别人的尊敬。通常人们在交往过程中所在乎的是一个真实的对方，而不喜欢和一个虚假的人打交道。古人所讲“以诚感人者，人亦以诚而应”，即“你敬我一尺，我敬你一丈”。人之相交贵在交心。

正确评价自己，才可能保持完整的自我。一个人自卑、缺乏自信往往是由于对自己没有形成正确的认识和评价，对自己价值的了解是通过与他人的能力和条件进行比较而实现的。俗话说“天生我材必有用”，多角度评价和比较自己必定会提升自己的信心。

此外，在人际交往中要讲究顺其自然，凡事不可强求，不能追求完美。多数有人际交往障碍的人往往都有追求完美的想法，太过追求完美的人，往往在与人交往之前便被自己不切实际的要求所吓倒。待到实际交往时反而不自然，让人觉得尴尬，影响人际交往的效果。

三、军人适应障碍的心理咨询

（一）问题表现

适应障碍的临床特征：一般是在环境改变、地位改变、突发事件或遭遇挫折等情况下，个体不能适应新的情况而出现的心理障碍，表现以情绪障碍为主，也可能伴有行为障碍或生理功能障碍。临床上常有以下几种表现形式：

（1）以情绪障碍为突出表现的适应障碍。多见抑郁，伴或不伴焦虑，表现为情绪低落、沮丧、失望，对一切失去兴趣，也有以紧张不安、心慌、呼吸不畅等为主。

（2）以行为障碍为突出表现的适应障碍。表现为抵触、逆反，或仇视、敌意，或逃避、退缩，或侵犯他人的权利或违反社会道德规范的行为。

（3）以躯体不适为突出表现的适应障碍。患者常以头晕、各种疼痛、胃肠道不适、心脏不适或其他不适为突出表现，而检查又未发现躯体特定的疾病，症状持续不超过半年。

（4）以工作、学习能力下降为突出表现的适应障碍。患者原来工作学习能力良好，但出现工作能力下降、学习困难的情况、训练成绩下滑等。

（5）以社会退缩为主的适应障碍。表现为不愿参加社交活动、不愿参加学习和工作、常闭门不出，但不伴有抑郁或焦虑。

这几种类型可能单独出现在一个个体身上，也可能以几种混合的表现集中在某个个体身上。

（二）咨询方法

适应障碍对官兵的工作、学习和生活都有一定的影响，虽然这种不良影响一般不持久（不超过半年），但是如果没有得到及时的处置，则有可能转化为较严重的心理障碍，可能对今后的一生都产生不良影响。因此，对军人的适应障碍应该引起足够的重视。

具体做法有：

（1）为来访者分析问题发生的原因，发生适应障碍的可能因素是什么，从环境、角色变换、突发事件中找出原因。如果是自身所处环境发生变化，就要求个体在各个有关方面作出相应的改变。

如果是自身角色方面的问题，就必须积极地转变角色，确立新的自我。例如，有些官兵在其职务的变化或工作任务变化之后，缺乏良好的自我意识，自我角色定位发生偏移，最终导致人际关系问题及适应障碍。因此，帮助适应障碍者准确找出问题发生的原因，对于改善适应障碍的症状非常重要。

（2）对环境适应障碍的咨询，要帮助他们建立适应的机制，要帮助问题者着重建立自己"理想的环境"和"现实的环境"相结合的适应机制。理想环境是一种期望，它越高，对新环境的适应不良时的挫折感和失落感就越强烈。既然环境已发生了变化，自己已处于新的环境中，就不能用过去的、旧的标准来要求自己和对待新的现实，而应该客观地认清这一改变，并使自己逐渐适应新的环境。如果环境改变了，自己却仍然停留在原来的水平，那就很容易出现各种各样的问题。

（3）对人际交往障碍的咨询，主要是帮助问题者建立人际沟通和掌握技巧的机制。懂得人际交往是需要沟通的、是需要技巧的。

一些问题者常常与自己比较熟悉的人交往时能表现出很自如，但与不熟悉的人交往时往往很被动、拘谨、畏缩，不知该如何与他们交往。如果意识到自己在与人交往中缺乏必要的技巧，采取主动的、积极的方式改善自己，就能够改善自己的问题。

（4）帮助来访者面对问题，调整自我心态。学会真诚、学会欣赏，只有真诚和欣赏才是打开人际交往的金钥匙。当学会欣赏他人时，自己才能有更大的发展，才能在陌生的环境中很快建立起良好的人际关系，这可以帮助自己很快克服环境变化带来的一些不适应。

（5）培养乐观的生活态度。乐观者善于从多个角度去观察事物，能从黑暗中看到光明、从失败中看到成功、从消极现象中看到积极意义。乐观的态度能够帮助人们努力采取适当的方法去适应或改变现实。

对严重适应障碍者，千万不要忘记找心理医生，通过心理治疗和药物疗法予以解决。

四、军人心理挫折的心理咨询

军人心理挫折的表现依据挫折反应一般分为三种：一是受到挫折后伴随着强烈的情绪活动所产生的反应，称为情绪性反应。情绪性反应可能仅仅表现为强烈的内心体验，也可以表现为特定的行为反应，其表现形式一般有攻击、冷漠、退缩、固执、幻想、逃避等。二是在理智的控制下所作出的反应，称为理智性反应。一般有坚持目标，继续努力；降低目标，改变行为；改变目标，取而代之等反应表现。三是由于受到挫折的长久影响或特别严重的挫折的影响而导致军人在某些方面发生的重大变化，称为个性的变化。

（一）咨询方法

可采用团体方式和个别方式进行。具体方法是宣泄咨询法、心理置换法、代偿迁移法、矛盾意向法等。

宣泄咨询法：其主要是将受挫者遭受挫折后产生和积累的过多消极情绪宣泄出去，以维持其生理、心理的平衡和心理健康，形成对挫折的积极适应。在军队可采用爆发式宣泄、倾诉式宣泄进行咨询，而不宜采用破坏式宣泄方式。所谓爆发式宣泄是指通过自己的行为加语言，或单用语言进行快速的宣泄，比如，正性情绪的载歌载舞，“乐得跳起来”；负性情绪的发火、跺脚，以及痛哭等都是常见的爆发式宣泄。所谓倾诉式宣泄是用语言将自己的情绪向别人表述的一种宣泄方式。有了倾诉对象，就可能终止破坏性宣泄，也是日常生活中保持心理平衡，促进良好适应的好办法。能否在咨询工作中有效地使用好宣泄方法，主要看咨询师是否能够成为受挫者真正的朋友。我们可以回忆一个例子说明倾诉宣泄的效果。大家看过电影《第一滴血》，影片里的兰博在最后与曾经浴血战斗过的上校见面后，一股脑儿将积蓄于心里的所有痛苦、委屈与愤慨都向上校倾诉了出来。由于有了倾诉的对象，便终止了破坏性宣泄。

心理置换法：主要是在咨询师直接对受挫者进行挫折咨询时所用的一种方法。其特点是咨询师在对受挫者进行咨询时，要设法使双方在心理上调换一下位置，即咨询师要设身处地地为受挫者着想，耐心听取受挫者的肺腑之言。一个人受挫后，往往会产生强烈的情绪反应，形成对挫折的片面看法和不合理的认识，并会感到有苦无处诉。一旦遇到了机会认为可以诉说时，发出的怨言多是激烈的，会伴随着个人情绪，说出平时不敢说的带攻击性的、不合理的，甚至是自相矛盾的言词。对此，咨询师必须采取谅解的态度，耐心地听他讲完，从中分析出哪些是合理的，哪些是不合理的，进而帮助受挫者摆脱困境，重新发展。

代偿迁移法：指一个人不能达到确定的目标而受到挫折时，可以用另一种目标代替，或通过另一种活动来弥补心理的创伤，驱散内心的忧愁、痛苦，增强前进的信心和勇气。这里有两种具体的方法：一是目标代替。原定的目标不能实现，可以重新设定一个目标来替代。这要在稳定受挫者情绪的基础上，帮助他们分析现实，重新审定目标。二是情境转移。人在受挫之后，必然产生相应的情绪反应。为了摆脱不良情绪的困扰和对挫折情境的纠缠，可以去参加使自己愉快的活动，或暂时避开挫折情境，从而把注意力从引起不良情绪反应的刺激情境上转移到其他事物上。

矛盾意向法：我们曾经都有过这样的经历，在临近考试或其他重大军事训练考核的一段时间里，总是担心某种可能使自己感到焦虑的挫折处境发生，因而会变得万分恐惧，以至于不由自主地被引入这一境地。这种情况就叫“期待性焦虑”，它常常使人变得无能为力。一个人对某种处境的恐惧，以及他对这些恐惧的害怕，使他陷入恶性循环。越是想摆脱，就越是焦虑，结果最终被焦虑压倒了。那么矛盾意向法的使用就是努力去做他最害怕发生挫折的那些事情，或盼望挫折发生，这样焦虑感和恐惧感就会为相反的愿望所取代。这一方法以先发制人的方式，克服对挫折的期待焦虑，使人松弛，以便从容镇静地对付所面临的局面。

五、军人伤病问题的心理咨询

（一）军人伤病问题的表现

伤病改变了一个人的正常生活状态，生活节律的破坏加之对病痛的体验，往往使患者产生一系列的心理改变，引起消极的心理反应，如负性情绪反应、情绪不稳定、恐惧情绪、适应性降低等。如不能有效地自我调适，又缺乏及时的心理帮助，伤病对军人的心理会产生严重的影响，甚至导致心理障碍和行为失控。军事职业的风险性和危险性，使军人致伤致残的可能性更大于常人，因此，加强军人伤病问题的心理咨询是非常必要的。

（二）咨询方法

及时调整心态，保持乐观的情绪。军人在面临伤病时，会产生焦虑、紧张、愤怒以及悲观绝望的情绪，这是患病时的正常心理反应。但是如果这种负性情绪长期存在，沉湎于痛苦和悲观的状态中，势必会对伤病的恢复带来不利影响。这时，应及时调整心态，正视现实，积极配合治疗，接受疾病的挑战，保持乐观的生活态度，树立战胜伤病的信心。实践证明，乐观的情绪和积极心态会使人的生理、心理处于最佳的状态，变得精神舒畅、心身健康，有利于身体康复，甚至可以出现奇迹。有很多患了绝症的患者，因为他们能够保持乐观的心态和战胜疾病的信心，最终战胜绝症，重新获得新生。

利用社会支持系统，获得心理帮助。军人伤病后依赖性和心理孤独感增强，担心别人远离自己，常常希望周围的人关心自己，帮助自己。应充分理解伤病军人的心理变化，了解他们的心理需求，充分利用社会支持网络，给他们必要的心理支持。要经常探望伤病军人，或通过书信、电话表达领导和战友的关心之情，为他们排忧解难，使他们从集体的温暖和支持中获得战胜伤病的力量。

加强心理咨询，宣泄不良情绪。遭遇伤病的军人产生不良情绪，这是人之常情，如不能及时加以排解，就会对身体造成伤害。要及时地开展心理咨询工作，耐心倾听伤病军人倾诉，引导他们合理宣泄不良情绪，如痛哭一场、大吼几声、向知心朋友倾诉、合理化等，及时缓解心理紧张，待情绪稳定之后，再做深入细致的工作。

第五章　军人团体心理咨询技术

第一节　军人团体心理咨询概述

一、军人团体心理咨询的概念

团队心理咨询，顾名思义是在团体情境下提供心理帮助与指导的一种咨询形式，即由咨询员根据求助者问题的相似性，组成课题小组，通过共同商讨、训练、引导，解决成员相关发展或心理问题。

军人团体心理咨询是在军队特定团体情境下进行的一种非军事活动的团体心理训练和团体心理咨询形式。也是达到军队官兵成员认识自我，探讨自我，接纳自我，彼此认同，实现归属感的一种有效方式。

军人团体心理咨询的特色在于培养军人之间的信任感和归属感，由对训练团体成员的信任到信任周围的其他人，由对团体的归属感扩大到对部队、社会以及国家的认同感和归属感，最终达到自信心的激发，集体观念的增强，团队凝聚力的提高。这种方式在军人群体中对促进军人健康成长十分有益。

二、军人团体心理咨询的组织方式

军队团体心理咨询在形式上由一位或两位受过专业训练的专职心理咨询员或心理咨询师主持，或称为团体咨询指导者，由多位成员参加，或称为团体成员。通常在组织团队心理训练时可对参加人员建立“临时班”的形式。团体的规模因训练目标的不同而不等，少则数人，多则十几人，甚至几十人。通过几次或十几次团体聚会、活动，参加成员互相交往，共同讨论大家关心的问题，彼此启迪，相互反应，支持鼓励，使成员了解自己的心理，也了解他人的心理，以便改善人际关系，增加社会适应性，促进人格成长。团体心理咨询既是一种有效的心理治疗，也是一种有效的教育活动。

三、军人团体心理咨询的性质

我们这里所指的团队是一个团体，小组，或者是一个集合。它的大小依照所要进行的团队心理训练的不同目的而设定，并非指整个军队团体。

参加团队的成员，不仅仅是遇到问题，需要心理咨询和治疗的成员，也可以是需要提高整体心理素质和团队心理凝聚力的所有成员。也就是说，所有军队成员都可以依照不同的任务参加任何一种团队活动，目的是完成某些指定的目标。

心理学研究证明，人类的生活方式离不开团体。在日常生活中，每个人随时都要与各种人打交道，建立各种形态的人际关系。而人的心理适应主要是人际关系的适应。许多心理问题往往根源于不良的人际关系。

团体心理咨询提供了适当的情境，成员在共同的活动中彼此进行交往，相互发生作用，并由此产生了一系列诸如人际关系、暗示、模仿、气氛、感染、社会知觉等社会心理现象，使成员能通过一系列心理互动的过程探讨自我、尝试改变行为、学习新的行为方式、改善人际关系、解决生活中的问题。

团队心理训练（咨询）不同于社会上的团体，其根本区别在于一般社会团体都有其团体的目标，而团队心理训练（咨询）没有团体目标，有的只是成员的个人目标。团队心理训练（咨询）帮助指导的对象是每一个成员，成员在团体过程中不断学习、改变，团体只是成员学习新行为、改变旧行为的一种环境，团队心理训练（咨询）重视的是每个成员的成长与发展。

团体咨询应用范围广泛，它既可以用于治疗各种心理疾病，同时也用于解决正常人的心理适应，更被广泛适用于健康的正常人，以发展为目标，使人的潜能得到开发。

四、军人团体心理咨询的特点

军人团体心理咨询最大的特点是解决团体成员中的心理适应问

题，解决的方式是在团体中通过成员间的交流、相互作用、相互影响来实现的。军人团体心理咨询实质上也是军人团体心理训练。这种方式的独特之处集中表现在以下几个方面。

团体活动中感染力强，影响广泛。团体心理咨询是多向沟通过程，每一个成员都能获得多个影响源，每个成员不仅自己接受他人的帮助，也可以帮助其他成员。此外，在团体情境下，可以同时学习模仿多个团体成员的适应行为，从多个角度洞察自己。在团体互动过程中，成员之间互相支持、集思广益，共同探寻解决问题的办法，减少对指导者的依赖。例如，在部队官兵中会存在不同的心理问题。新兵怕与人交往，或者说社交焦虑现象很普遍，许多新兵为此苦恼。心理咨询家组织了具有或曾经具有这种问题的新兵和老兵作为对象予以团体心理咨询。在团体交流中，每位参加者都诉说了自己社交时的焦虑和苦恼，引起全体的共鸣。通过交流，参加者观察到其他成员也有和自己同样的苦恼，甚至情况更为严重，世界上并不是只有自己最倒霉，由此获得了安慰。诉说宣泄了长期压抑的消极情绪，减轻了心理负担和压力，稳定了情绪。正因为参加者的问题相近，解决问题的愿望强烈，在团体中不仅交流了各自已经采取的措施、办法及效果，起到了相互启发的作用；而且齐心协力，共同探讨解决问题的有效措施，起到了相互鼓励和帮助的作用。

团体咨询结束时，每个成员都改变了原来苦恼、焦虑、缺乏信心的状态，以新的积极的态度去面对现实，社交恐惧症状明显改变。这就是集体感染力的效果。

团体咨询效率高，省时省力。团体心理咨询是一个指导者对多个团体成员，即一个指导者同时指导多个求助者，增加了咨询人数，得以节省咨询的时间与人力。团队咨询符合经济的原则，提高了咨询的效益。尤其在部队，训练、学习都非常紧张，采用团体心理咨询是一种省时、高效的好方式。

团体心理咨询的经济效能还体现在防患于未然，避免问题的发生，利用集思广益的研讨方法，谋求问题发生后的处理方式，这是解决问题最经济的方法。

团体心理咨询还可以缓解咨询人员不足的矛盾。目前，部队心理咨询师严重缺乏，虽然许多政工人员非常爱好和重视心理学，但尚未具备心理咨询师应有的能力。因此，开展团体咨询可以缓解咨询员人手不足的矛盾，是部队心理学工作最好的方式之一。

团体心理咨询的效果容易巩固。人生活于社会环境中，接受社会的影响，并同各类人打交道，建立不同的人际关系。由此所发生的互动，既可能满足人、发展人，也可能伤害人。团体心理咨询创造了一个类似真实的社会生活情境，为参加者提供了社交的机会。成员在团体中的言行往往是他们日常生活行为的复制品。在充满信任的良好的团体气氛中，通过示范、模仿、训练等方法，参加者可以尝试与他人建立良好的人际关系。如果在团体中能有所改变，这种改变会延伸到团体之外的现实生活中。也就是说，实践的结果容易迁移到日常生活中去。

团体心理咨询对于人际关系适应不良的人有其特别的作用。一般青年在入伍后军事生活的适应能力不好，彼此之间可能会发生人际关系方面的冲突，或躲避与人接触，这种问题严重的战士完全可以受惠于团体心理咨询。那些长年与同事不能相处的人，也可经由团体心理咨询来改善人际关系。有些人因为缺乏客观的自我评价、缺乏对他人的信任、过分依赖或者过分武断，难以与他人建立和保持良好的、和谐的人际关系，团体心理咨询是很好的矫正方法。

五、军人团体心理咨询与个别心理咨询的关系

军人团体心理咨询与个别心理咨询两者有联系，也有区别，分述如下。

两者的联系：两者目标相似，均是帮助求助者自我指导与自我发展。两者的方法都是帮助求助者认识自己、接纳自己，增强自信。两者都强调提供接纳的、自由宽容的气氛，可以使求助者自由表现自己的感情和经验，培养自我选择的责任。两者都需要咨询员熟练掌握接纳、共情、反射等技术，从而使求助者能够观察自己、了解自己。两者的对象都是有正常发展问题的个人，两者都针对个人的要求、兴趣与经验。两者都有益于探索个人情绪与生活的变化，可以增进个人控制自己情绪的信心。

两者的区别：团体的情境可以提供尝试与他人交往的机会，使求助者获得他人对于行为交互作用的反应与启示。团体咨询的条件下，求助者不仅可以得到接纳、帮助，并且对于别人也给予帮助，这种合作的、参与的关系有利于成员增进亲近感。成员的相互作用可以促进互相教育、互相表明感情，使感情的意义明确而影响其行为。

团体咨询的指导者面临的问题非常复杂。指导者必须了解求助者的感情，帮助他认识自己的感情，而且还要观察咨询的内容给其他成员带来什么影响，引导各个成员参与讨论。所以，他不仅要了解讨论的内容，同时还要关心成员的相互作用及关系。

六、军人团体心理咨询的目标

一般来说，团体心理咨询包括以下目标：

通过自我探索的过程，帮助成员认识自己、了解自己、接纳自己，使他们能够对自我有更适当的看法。

通过与其他成员沟通交流，学习社交技巧和处理人际关系的能力，学会信任他人。

帮助成员培养责任感，关心他人，敏锐地觉察他人的感受和需要，更善于理解他人。

培养成员的归属感与被接纳感，从而更有安全感，更有信心面对生活中的挑战。

增强成员的独立自主、自己解决问题和抉择的能力，探索和发现一些可行而有效的途径来处理生活中一般发展性问题，解决矛盾冲突。可以增进成员的心理健康，帮助成员澄清个人的价值观，协助他们作出评估，并作出修正与改进。

第二节　军人团体心理咨询的功能和类型

一、军人团体心理咨询的功能

军人团体心理咨询具有教育、发展、预防及治疗四大功能。这四大功能相互联系，相互渗透，在团体心理咨询过程中共同起作用。

（一）团体咨询的教育功能

首先，团体咨询具有教育的功能。团体咨询的过程被认为是一个通过成员相互作用来协助他们增进自我了解、自我抉择、自我发展，进而自我实现的一个学习过程。其学习内容有10项：学习对于真正的问题有所了解，并且能够面对它；学习分析问题的技术，学习在问题的研究和解决上能够利用的技术；学习对于内心的了解方法，并改进行为；学习对于别人的了解技巧，以及与人共处的方法；学习拟定长期的人生计划的制订；学习对于当前的目标和长期的目标保持均衡的方法；学习如何选择经验的标准；学习如何将知识、计划付诸实施；学习评鉴进步情形及修正目标与计划等。从这里可以看出，团体咨询十分重视成员的主动学习、自我评估、自我改进，有助于战士的自我教育。

团体咨询的过程还有助于培养成员的社会性，使其学习社会规范、适应社会生活的态度与习惯，以及互相尊重、互相了解、少数服从多数的作风，促进成员德智体全面发展。

参加团体咨询的人常常有共同的问题。比如对自我、家庭、军队、社会的态度问题。在团队中以一种“经验分享历程”的团队讨论方式，可促使其获得正确的观念与正当的态度。有助于解除成员遇到挫折时感到烦恼和忧虑，有助于他们情绪上的稳定。可见，指导者的任务是“教会那些在应付日常生活中的压力和任务方面需要帮助的正常人模仿某些策略和新的行为，从而能够最大限度地发挥其已经存在的能力，或者形成更为适当的应变能力”。

（二）团体咨询的发展功能

团体咨询具有发展的功能。“咨询心理学强调发展的模式，试图帮助咨询对象得到充分发展，扫除其正常成长过程中的障碍”。团队方式的活动，不但可以给成员提供必要的资料，改进其不成熟的偏差态度与行为，而且促进其良好的发展与心理成熟，可以培养健全的人格及协调的人际关系。应该说，团体咨询最大的功能就在于它有益于正常人的健康发展。一般认为，正常人的问题没有那些有“问题”的人那么多；而事实是，正常人的问题不如“有问题的人”那么严重，但为数较多。特别是在军队，理想的咨询工作不应只关心问题人员的咨询，更要注意对正常人员的引导。团体咨询能给予正常军人以启发和引导，满足他们的基本需要、社会需要与自我需要，促进他们自我了解，改善人际关系，学到建立充满信任的人际关系所需要掌握的技巧和方法，养成积极面对问题的态度，对自己充满信任，对生活充满信心，对未来充满希望。可以说，团体咨询的积极目的在于发展的功能。

（三）团体咨询的预防功能

团体咨询具有预防的功能，也就是说，团体咨询是预防问题发生的最佳策略。通过团体咨询，成员对自己有了更多的了解，懂得了什么是适应行为，什么是不适应行为。团体咨询提供了更多的机会，让成员之间彼此交换意见，互诉心声，研讨以后可能遇到的难题及其可行的解决办法，培养了对问题的处理能力，可以预防问题的发生或减少心理问题发生的概率。同时，团队中，指导者不仅能发现那些需要个别咨询的人，并及时予以援助，同时也能使所有成员对心理咨询有正确的认识、积极的态度，心理上有所准备，一旦需要帮助，主动上门求助。这也起到了预防心理问题发生与发展的作用，防患于未然。

（四）团体咨询的治疗功能

团体咨询还具有治疗的功能。一般而言，治疗是减轻或消除已经表现在外的不正常行为。许多心理治疗专家强调人类行为的社会相互作用。在团队方式下，由于治疗的情境比较接近日常生活与现实状况，以此处理情绪困扰与心理偏差行为，容易收到效果。目前在一些部队心理咨询中，许多团体治疗技术已经得到应用。尽管在部队心理疾病患者人数很少，但情绪不稳、适应不良、有心理困扰的官兵却为数不少。这些有心理困扰的官兵，经过团体咨询，使他们的这种状态不再恶化，甚至减轻了心理问题，既可以说是预防，也可以说是治疗。既然他们有心理行为偏差，需要加以矫正，就可以说是治疗。因此，团体咨询的治疗功能是明显的。

二、军人团体心理咨询的类型

不同类型的团队，就有不同的团队目标。国内外的一些学者对此也有不同的分类。依据军队开展团体心理咨询的经验，我们设定了以下几种团队类型。

（一）教育团队

教育团队是由团队领导者给团队成员提供在军队生活中如何提高军事素质、如何成长进步、如何保持心理生理健康、如何更有效地学习和更好地发挥潜能等所需要的各种信息的一种团队。在这样的一个团队中，领导者担任的是教育者的角色。心理教育的工作就是在这样一个团队中进行的。军队心理教育工作是目前经常性的一项工作，按照定义，军队心理教育指的是军队的心理素质教育，包括完善的个性特征、稳定乐观的情绪、正确的接纳自我、坚强的意志品质、完整健康的人格、承受挫折的能力、人际交往的能力和适应环境的能力。它面对的是全体官兵，不限于有心理问题的人；强调的是积极正面的教育；贯穿于部队的军事训练和军事生活的全过程；它的宗旨在于开发潜能，促进发展，塑造人格，促进心理健康。教育团队能够有效地实现心理教育的所有目标。

教育团队的领导者既要担任教育者的角色，又要起到引导讨论深入进行的作用。对于见面的次数和每次活动的时间长短，没有固定的模式。

（二）成长及经历团队

成长及经历团队，也称为训练团队，是军队心理咨询工作中经常运用的团队心理训练活动。在这个团队中，成员们有机会探索和发展个人目标并更好地了解自己和他人。这种团队的目标包括生活风格的改变、人际沟通的改善、对自身与他人更好的认识，以及对价值观的评估，所有这些都是在一种分享、倾听、参与的氛围中完成的。在成长团队中，随着不同的问题浮出水面，会出现大量的咨询工作。

成长团队的模式之一是经历团队，在这种团队中，组织者为成员们设计经历活动。通常这些活动在户外举行，包括一些体力上的挑战、冒险以及成员之间的合作。许多大家知道的拓展训练就是这种方式。这些训练中，组织者不断地寻求方法，启动大家的思考，使成员们的注意力集中于相关的自我探索和成长。

（三）咨询和治疗团队

咨询与治疗团队与成长团队不同，成员们由于生活中的某些问题而来到这个团体中。这个团体应该由具有心理咨询师资格的人来承担团队的组织者或称领导者。组织者将团队的注意力集中于不同的个体和问题，然后成员们在领导者的指导下试着彼此帮助。在某些时候，为了使咨询过程更有成效，领导者会扮演一种主控的角色来指导咨询的进程。

治疗团队旨在为有严重的心理问题的成员提供帮助，例如各种心理疾病、性心理问题等。

咨询治疗团队的领导者要严格遵循心理咨询和治疗的理论模式，同时启发和调动参加成员的互动，相信团队中相互作用的力量，也就是分享、涉入和归属才是变化的主要力量。

第三节　军人团体心理咨询的组织和领导技巧

一、如何组织军人团体心理咨询

（一）确定团队的目的

建立一个心理咨询的团队，首先出发点在于确定其目的是什么，即这个团队的成员可能有什么需求，他们是否愿意参加这样的团队。军队心理咨询工作中，我们需要解决的是官兵在军事训练和军事生活中出现的成长问题和各种心理问题，因此，确立解决什么样的问题非常重要。比如，新兵入伍之后，我们面对的是缺乏军人观念、组织观念，还无法区分个人利益与集体利益的人群。那么，就需要建立一个教育团队，着重对上述问题予以解决，也可能需要建立一个成长经历团队，帮助新兵从老百姓成长为合格的军人。

实际上，建立什么样的一个团队，完全是从我们的团队目的出发。普遍存在的问题是什么，需要着重解决的问题是什么，成员的需求是什么，把这些问题搞清楚了，就能够知道我们要建立的是“教育团队”“成长与经历团队”，还是“咨询与治疗团队”。

（二）确定团队心理咨询方案

团队目的一经确立，也就意味着团队类型得到了确定。之后就应着重考虑具体的问题了，就是要制订的是团体心理咨询方案，其内容为：一是确定团体心理咨询的组织者，谁将担任本次团体心理咨询的领导者，他是否具备资格能力。二是确定哪些人可以参加团队，要考虑团队成员的年龄特征、教育背景、职务级别、问题要求等以选取团队成员。三是团体咨询开始时间的确立，以及活动的次数。所有团体一般都会经历三个阶段，即开始阶段、中间阶段和结束阶段。不同的团体类型有不同的时间，从数次到数十次不等。四是咨询计划的预案撰写，详细制定各个阶段的工作任务。五是效果评估，可选择利用各种心理量表或闭合式问卷的方法评价效果。六是总结。

（三）确定哪些人可以参加团体心理咨询

依据团队类型，教育团队可以以编制为单位组织实施。如以班、排、连为团队单位，但人数过大的团队不利于成员之间的相互感染，同时也存在与军事训练模式相同的特征，不利于官兵求助动机的形成。成长与经历团队应该由两种方式确立其成员：第一种是在宣教团队训练的意义和可能对参加者的益处之后，由官兵自愿报名，通过面试予以选拔。通常询问一些有关问题（如，你为什么想参加这个团队，你对这个团队的期望是什么，你需要帮助的是什么问题，你认为你会怎样对此团队作出贡献等问题）以确定参加者。第二种方式是推荐筛选。这些推荐者可能是需要新组合为一个集体的成员，或可能是共同执行一项任务的群体，还可能是为某目标而组建的群体，或者是有相同问题的一类成员。

二、团体心理咨询领导者的技巧

团体心理咨询的领导者，也即实际工作中的主持者，其主持技巧非常重要。在军人团体心理咨询的活动中，通常主持人不是班、排、连的行政领导，应该是经过团体心理咨询训练的专业人员。他们经过系统的培训，能熟练地掌握训练的方法和技巧。

领导者的技巧通常与对咨询的理解深度、实践的熟练程度成正比。在军人团体心理咨询的活动中，通常主持者应具有倾听、反馈、提问、微型演讲、鼓励和支持、眼睛与身体语言应用等技巧。

积极倾听包括倾听说话者所说的内容、说话的声音以及他的身体语言，包括让说话者知道你真正在倾听。作为团队的组织者，进行积极的倾听是一项复杂的任务，实际上你倾听的远不是一个正在发言者的发言，而是所有参加者的声音。要做到这点，主要的技巧是能全视所有的参加成员，观察他们的非语言的姿态，特别是面部表情和身体的移动。既要让发言的人知道你在认真倾听，同时也让所有参加者感觉到你对他们的注意，从而达到无言的信息交流。

反馈就是复述被参加者所说的话，或者让发言者知道你理解了他所说的内容和其后隐藏的情感。反馈的目的有两个方面：一是帮助正在发言的团体成员更清楚地了解他正在说的是什么；二是让他知道你了解他的感受。作为团体的领导者，有时你会对个体成员应用反馈技巧，有时要反馈两个或更多成员针对某一话题所发表的看法，有时还会对整个团队正在经历着的事件做出反馈。

澄清和提问是指组织者在团队活动中应针对成员所陈述的问题做出澄清。团队成员的陈述中，往往缺乏逻辑，前言后语缺乏连贯，对这样的陈述，组织者需要给予澄清，把问题理顺，并就此提出问题，使成员更清晰地知道自己问题的核心。人在应激状态下所陈述的信息往往杂乱、模糊，如果参加团队的成员不能相互理解所提的问题，就会造成所有成员对团队活动缺乏信心。

微型演讲是指在教育团队中，组织者需要为团体成员提供信息，进行专题问题的讨论和教育。教育者通常是被认定为专家的。因此，饶有趣味的微型演讲能令人振奋和提供确保最新正确和客观的信息，这样更可以使团队成员注意力集中，关注焦点。技巧娴熟的组织者不仅有一些对成员们有益的内容可以讲，而且知道什么时候讲和怎样讲。

鼓励和支持。在团队中，人们往往带着各种问题而来，却不敢表达自己的情感和思想，生怕自己说错话，留给其他成员“笑柄”。因此，指导者的鼓励和支持非常重要。你的鼓励将会使团队成员即刻得到放松，使拘谨和胆怯的心理得到安慰。除鼓励的言语外，用你温暖的声音、愉快的面部表情和姿势来传达你的支持是相当重要的。

眼睛的运用。指导者眼睛的运用十分重要，这是收集信息的途径，既可以收集有价值的信息，又可鼓励或阻止成员们发言。某成员发言时，指导者的眼睛如果能够对其他成员也光顾的话，他们就不会感到自己被遗忘，不会感到丧失兴趣。眼睛的扫描，能调动团队成员参与的积极性。同时，点头示意、面部表情、身体移动等非言语的行为，都是收集信息、调动情绪、促进效果的技巧与方式。

三、军人团体心理咨询的阶段划分、内容及方法

无论哪种类型的团队，其团体心理咨询的全过程分为三个阶段：开始阶段、运作阶段和结束阶段。

开始阶段主要是参加成员的相互介绍并讨论一些具体的事情，如，团队的目的、基本规则、活动的内容等，也是团队成员评估自己在团队中是否能与其他团队成员舒适地交流的阶段。开始阶段的持续时间可以是第一次见面的全部时间，或者是开始阶段的首次会面。当然，有的类型的团队，也许只需要几分钟，如教育团队，它的目的非常明确，无须时间太长。

开始阶段，也即“战友之间相互信任与彼此接纳的心理咨询”，这是最重要的阶段，也是最难领导的阶段。主要内容有：开

场白、团队成员的相互认识、初步的了解和深入的了解、设定积极的基调、解释规则、澄清团队的目的。下面简要介绍几种相互了解的方法。

新兵入伍后首先表现的是相互之间的陌生，和对部队缺乏了解，容易出现恐惧与焦虑、敏感等情绪。

官兵之间心理上的沟通不够，也构成了人际关系障碍、多疑、焦虑等问题。

活动的目的是促进所有参加本训练的成员相互认识以及初步了解，至少记住小组每个战友的姓名和他的一些个人特征。培养适应新的人际环境的能力。

活动的要求有：

（1）注意力集中于此时此地；

（2）真诚地表现自己；

（3）无条件地接纳他人；

（4）保守秘密；

（5）参加人员以排为单位，人数在30人以下。

运作阶段是成员们将注意力集中于团队目的的团体活动。在这个阶段，成员们学习新的材料，彻底地讨论各种各样的题目，完成任务或忙于个人的交流和治疗工作。这个阶段是团体咨询的核心，正是在这个阶段，成员们从置身于一个团体这一体验中获益。

运作阶段是训练的中间阶段，也即“军人凝聚力升华的心理训练”“官兵促进自我探索的心理训练”。

依据团队的类型，中间阶段的运作会有很大的差别。大致上说，对教育团队而言，其内容主要是激发团队成员的任何有意义的活动。指导者可以介绍某个话题让成员共同讨论或者成对地进行讨论；也可以邀请一位客座发言人发言；还可以进行各种活动，如建立战友之间相互信任与彼此接纳的活动等。

一个人获取成功最大的原因是有一个好的“人缘”，有好人缘就会获得更多的帮助。这是因为你奉献的同时，也会获得他人的更多帮助。人与人之间需要理解、需要沟通，需要建立相互信任的关系，彼此接纳。有人说“分享的喜悦是加倍的，分担的痛苦是减半的”。进入团队心理训练的战友在初步相识后，进一步的相互接触、相互了解，会逐渐建立信任，相互接纳，减少防卫心理。

活动举例：走向信任之旅

有许多旅途我们曾经经历，可能去山川旅游，可能去河湖漂流，可能登上高山险峰。但是，我们经历更多的可能是人生心灵的旅途。通过“走向信任之旅”让我们经历“助人与受助”，体验和增加对他人的信任与接纳。

时间：约40分钟。

准备：训练组织者事先选择好路线，路线的选择要在安全的条件下，以崎岖山地、弯路、障碍为标准。准备一条蒙眼睛用的毛巾或头巾。

方法：两名战友为一组，一位做盲人，一位做腿残人。盲人用合适的毛巾或头巾等物蒙上眼睛，腿残人以脱鞋光脚为准。盲人蒙上眼睛后，原地转圈，暂时失去方向感；腿残人不能走路，需要盲人背着走。然后盲人背着腿残人，在腿残人的指引下沿着组织者选定的路线，腿残人引领“盲人”从室内出发开始旅行。期间不能讲话，只能用手势、动作相互帮助，绕过障碍物，到达目的地，在其中体验各种感觉。活动结束后两人坐下交流当“盲人”和“腿残人”的感觉以及帮助别人的感觉，并在团队内交流。时间许可的话可互换角色，再来一遍，再互相交流。交流讨论集中在以下几个方面：

作为“盲人”，你看不见后是什么感觉？使你想起什么？你对你的伙伴的帮助是否满意，为什么？你对自己或他人有什么新发现？你怎样理解你的伙伴？你是怎样想方设法帮助他的？这使你想起了什么？

作为腿残人，不能走路是什么感觉？使你想起什么？你对你的伙伴的帮助是否满意，为什么？你对自己或他人有什么新发现？你怎样理解你的伙伴？你是怎样想方设法帮助他的？这使你想起了什么？

观点提示：人需要别人的帮助，也需要帮助别人。虽然只是一次活动，但它提示了一个人生的哲理。漫漫人生之路，哪一条路线是自己亲自走过的？哪一件事情是自己亲自做过的？其实，在我们面前如果没有学习、没有别人的帮助，难道我们不都是在漫无边际之中摸索着前进吗？难道我们不都是“盲者”吗？达到一个理想的彼岸，我们太需要他人的帮助和指导了！

每个人都需要别人的帮助。可是，有少数人却不愿意帮助别人，不知道帮助别人等于帮助自己。凡是自己不吃亏的人，朋友自然很少。在关键的时候，需要被帮助时，朋友都没了，没有人向他伸出援助之手，往往陷入绝境。记住，当你积极主动地去帮助别人时，你的朋友会越来越多，会给你带来意想不到的收获。

在结束阶段，成员们共同讨论他们学到了什么，他们发生了怎样的改变，以及他们计划怎样运用学到的新东西。成员们彼此道别并协助团队结束这个问题。对某些团队而言，结束会是一个充满伤感的经历。而对另一些团队，结束将仅仅意味着团体已经完成了它本来计划去做的事情。结束阶段的长短取决于团体的类型。

结束阶段也是“官兵心理训练促进自我成长”的阶段，其内容非常重要。笔者在组织某部团体心理咨询的活动中，所安排结束活动的时间花去了半天，在团队结束活动进行之后，要求每一个参加者回顾自己在整个团队活动中得到了什么帮助，收获是什么，对自己今后人生有什么指导意义，体会团队活动中给自己的启迪是什么。所有这些讨论的内容训练者需要和前两个阶段一样，用技巧完成，使每一个成员都能感到自己被重视，并能体会到自己与所有成员具有密不可分的感觉。结束阶段的交流往往会建立团队成员的信任并增强凝聚力，每个成员对生活的感觉都发生了巨大的变化。

团体心理咨询的结束活动阶段非常重要，直接影响着整个训练的效果。根据部队实际情况，要精心选择具有适合官兵特点、有吸引力、有新鲜感、有趣味性、有意义的训练活动来结束活动。通常在结束阶段让每个成员轮流发言效果很好。在最后一次团队聚会时，请团队成员自己作总结，逐一请他们发言，表达自己的感受，或由训练者总结发言。

训练者可以用以下的问题引出结束性的轮流发言。如，①在一个 1 ～ 10 级的尺度上，10 代表非常满意，那么你对在团体咨询中取得的进步的满意度是多少？②如果你必须用一句话来表达在团体中的感受，你会怎么说？我要大家轮流发言并听听每个人的想法。③现在是最后一次聚会了，对于团队的终结你们有何感受？

此外，也可以安排一些有趣的活动，使团队在轻松、温馨的气氛中结束。

中篇　官兵常见心理问题解答

1. 什么叫心理障碍

问：在日常生活中，常听到人们使用“心理障碍”这个词。心理障碍到底是指什么？

答：众所周知，作为万物之灵的人，既有生物属性，亦有社会属性，是有着丰富思想感情的，所谓“形具而神生，好恶喜怒哀乐藏焉”。因此，人会患生理疾病，心理上也可能会出毛病。心理障碍是由各种不良刺激引起的心理异常现象，我们可以从一个人行为上的偏离程度来判断这个人的“障碍”程度。也就是说，如果一个人的行为表现偏离社会生活的规范程度越厉害，那么他的“障碍”程度也就越深。这种“障碍”主要原因是在后天生活经验当中，一些不良的适应习惯而造成的，而由于先天因素遗传所造成的“心理障碍”较为少见。心理障碍是多种多样的，常见的有以下几种类型：

（1）适应性障碍。主要是由于环境的原因造成的心理和行为失调。通常表现为不能正常地适应工作、生活和学习，不能正常地发挥自己的能力，不能正常地进行人际交往等。

（2）焦虑性障碍。焦虑是一种不明原因的害怕，是不能达到目标和不能克服障碍时表现的紧张不安，心烦意乱，忧心忡忡；经常怨天尤人，自怨自怜，毫无缘由地悲叹不已；碰上一点小事，往往坐立不安；遇到一点紧张的心理压力，便会慌张地不知所措，注意力难以集中，难以完成工作任务，并伴有身体不适感，如出汗、口干、心悸、嗓子有堵塞感、失眠等。

（3）抑郁性障碍。主要表现是情绪持续低落，郁郁寡欢，悲观厌世，心理功能下降，自我评价降低，不愿与人交往，情绪呆板，总以“灰色”的心情看待一切，对什么都不感兴趣，自罪自责，内心体验多不幸、苦闷、无助、无望，总感到活着没有意思。

（4）恐怖性障碍。患有恐怖性障碍的人，所害怕的对象在一般人看来并没有什么可怕的，但仍出现强制性的回避意愿和紧张、焦虑、眩晕等心理反应。如恐高症、利器恐怖、动物恐怖、广场恐怖及社交恐怖等，其中社交恐怖较为常见，主要表现就是赤面恐怖，也就是在众人面前脸红、面部表情惊恐失措，不敢正视对方，害怕别人看透自己的心思而难堪，心理产生紧张不安、心慌、胸闷等症状。

（5）强迫性障碍。做事反复思考，犹豫不决，自知不必想的事仍反复想，不该做的事仍反复做，因而感到紧张、痛苦。强迫性症状中常见的有：①强迫观念，如强迫回忆、强迫怀疑等；②强迫意向或强迫冲动等；③强迫动作，如反复检查门锁等。强迫症状几乎每个人都曾出现过，但只要不成为他们的精神负担，不妨碍正常的工作、生活，就不应算作强迫性障碍。

（6）疑病性障碍。主要表现为对自己健康状态过分关注，深信自己患了某种疾病，经常诉述不适，顽固地怀疑、担心自己有病，经实验室检查和医生的多次解释后仍不能接受，反复就医，甚至影响其社会功能。这种对自身健康过度担忧的心理倾向就是疑病性障碍的表现。

2. 正确对待心理障碍和心理疾病

问：近年部队时常有官兵发生较严重心理障碍或心理疾病，影响了部队正常工作秩序。作为一名政工干部，我想请教怎样正确对待心理疾患呢？

答：近年来，随着社会的进步、科技的发展和人们生活节奏的加快，以及人际关系的复杂化、社会竞争的日趋激烈，人们的心理负荷越来越重，心理问题积累越多，如未得到及时解决，就会发生心理障碍。心理障碍若长时间得不到疏导，持续一定时间后就会从量变转为质变，形成心理疾病。而军营是青年人最为集中的地方，青年官兵普遍争强好胜，不甘落后，竞争激烈。尤其是军人的职业特点，生活一贯紧张，应激事件又多，决定了官兵将承受较之其他行业人员更大的心理压力。此外，军营日常生活中处处都有打破官兵心理平衡的因素；家庭中的矛盾纠纷、突发的不幸事件、婚姻恋爱的波折、工作中的不如意，晋升、调级、工作调动、批评表扬、立功受奖，以及因工作、生活矛盾引起的争论……这一切，导致心理障碍甚至心理疾病在部队时有发生。所以，怎样正确对待心理疾病，积极维护官兵的心理健康是一个十分重要的问题。

首先，要学会判定心理障碍和心理疾病的基本常识。人身体有了毛病，自己或别人很容易察觉，甚至有一点点头痛脑热就很敏感。而某些心理上的疾病，则往往不容易辨别、察觉，以致一个人已经有了较为严重的心理失常，还人不知、己不觉。有的官兵明明具有心理障碍或心理疾病的早期症状，管理者却“误诊”为“思想问题”，于是反复进行思想工作，甚至给予处分。结果导致有心理障碍或心理疾病的官兵不但得不到治疗，反而由于人为的精神压力，越发严重，郁郁成为重症。这说明，学会心理障碍和心理疾病“诊断”的基本方法是很有必要的。判定心理疾病可以依据三个标志：一是看一个人的心理活动是否与客观现实相符合。人的心理是人的大脑对于客观现实的反映，一般来讲，人是能够正确地认识周围客观现实的。如果在许多情况下，一个人的心理总与客观现实不符合，那就可以判定，这个人的心理有些失常了。如，明明没有人叫他的名字，他总听到有人在喊他或骂他；明明大家对他很好，他总认为别人与他过不去，甚至常怀疑别人要害他。二是看一个人的心理活动的各个组成部分之间是否协调一致。正常人的认知、情感、意志活动都是协调一致的，人的认知能有效地调节自己的言行，情感也是正常的。如果知、情、意失调，不仅自己总是控制不住自己，而且虽经别人帮助和分析，仍坚持己见，总是胡说八道，喜怒无常，缺乏自知、自控能力，不与人交往，甚至不能照管自己的生活等，那就表明这人已患了某种心理疾病。三是看一个人的个性特征是否相对稳定。人的个性特征一经形成，就具有稳定性的特点。如果一个人的某种个性特征突然变得异乎寻常，就很可能是心理病态了。如，一个人本来很活泼，性格很开朗，突然莫名其妙地变得情感淡薄、消沉，情绪低落、郁郁寡欢、表情呆板、忧郁沮丧，甚至悲观厌世。

其次，要坚信心理疾病是能够治好的。尽管导致心理疾病的原因十分复杂，疗效也比较缓慢。但是，患了心理疾病的官兵，不要过分地惧怕、恐惧，只要善于了解自己、控制自己，增强信心，懂得一些有关心理健康的基本常识，在心理医生或专家的指导下，掌握并运用一些有效的心理治疗方法，那么心理疾病就一定能够治好。

3. 长期不快乐≠抑郁症

问：我总感觉活得不快乐、心情很低落，是不是得了抑郁症？

答：许多人所谓的抑郁都不是医学上的抑郁症。对这些人来说，抑郁是一种不快乐的状态，而在医学上，抑郁则是一种彻底被负面情绪吞没、认为活着完全没有意义的状态。当某人患上了医学上的抑郁症时，会什么事情都不想做、什么东西都不想要，只想待在那个状态里；事实上，他也不希望得到帮助，因为一切对他来说都太难以承受了。这就是医学上的抑郁，而医生遇到这种情况时，多会以各种药物进行治疗。

但许多人所说的抑郁大多数其实是一种不快乐的状态。“我对生活不满意”“我不快乐”“我陷在这种情绪里了”“我再也不知道该做些什么、该如何让自己快乐了”——这一切加在一起，就成了所谓的抑郁。

在这个问题中，最重要的是大家应该要了解自己没有得抑郁症。许多人长时间表现得抑郁或无聊，就称之为慢性抑郁。姑且假设这种抑郁是因为生活让我们觉得不快乐，再也没有任何热情去做自己必须做的事。会出现这种情况，部分原因可能是潜意识在告诉我们：“听着，你走错路了，如果继续走下去，就会偏离自己的人生轨道。所以，你现在真的该清醒，并开始采取某些措施了。”

很多专家认为，现在的教育缺少某种可以伴随我们成长的“练习”——练习维持自己的情绪状态，练习保持快乐，练习管理自己的情绪。我们没有接受过那样的教育，因此，当遇到情绪问题时，例如，出现抑郁特征时，会不知道该怎么办。然后，我们就去看医生，而医生可能会过度治疗。

有些很有趣的研究显示，让抑郁症患者每天做一件事，比如每天跑步半小时，4 周之后，有 80% 的患者的抑郁情绪会消失。因此，治疗抑郁最好的方法就是让自己忙起来，有规律地做某件事。有时候，你不想这么做，但如果你真的想走出抑郁，就得采取行动，因为世界上没有那种让你突然好起来的魔法。

从医学上来看，抑郁问题起源于生理上化学物质的不平衡。一开始，这个问题来自你的内心世界——你的想法，或是你不快乐的情绪。然而接下来，抑郁的问题会渐渐影响生理，也就是体内的化学物质会失去平衡。因此，吃些抗抑郁药物的确有帮助，但最有效的方式还是运动和锻炼身体。如果可以让体能保持在最佳状态，想要抑郁都很难。

而从心灵的层面来看，抑郁问题的解决之道就是去检查自己对人生的看法。许多人常常持错误信念，认为自己必须扮演某些角色或表率，比如必须成为成功的人、有名的人，必须做个好女人、好母亲，必须有个伴侣，或是认为某份工作对自己非常重要，没有它就完蛋了。如果常常抱持这些僵化的思想，它们就会在生活中制造痛苦和麻烦。我们必须看清楚自己内在这些错误的想法，看出它们的虚假、看出它们带来的痛苦。

4. 抑郁症并非“精神癌症”

问：报刊上经常有因抑郁症而自杀的报道，前几年我们部队也有战士因抑郁而跳楼轻生，还留下遗书。大家都很关心这个问题，请您介绍一些关于抑郁症的知识好吗?

答：由于近些年对抑郁症的报道较多，身边的人也常有患抑郁症的，所以大家都很关心这个问题。我主要从三个方面谈谈抑郁症，一是公众对抑郁症了解不多，有 10% 的重度患者选择自杀；二是若接受系统正规治疗，80% 以上可获临床治愈；三是抑郁症并不是精神病，不会发展成精神分裂症。

第一个方面，抑郁症发病率高达 6%，全球抑郁症患者达 3.5 亿人，每年约有 100 万人因此自杀。每 100 个中国人就有 6 个人在其一生中的某个阶段患上抑郁症，其中女性的患病率为 5% ~ 10%，男性要低一倍，大概为 3% ~ 6%。然而，由于公众对抑郁症认知度和关注度的缺乏，抑郁症患者的就医率并不理想。根据我掌握的数据，目前我国抑郁症患者的就医率不到一成，有的是不知道自己患有抑郁症，有的是担心被歧视为精神病而拒绝看医生，也有的是找不到正规的专业机构进行治疗。在重度抑郁患者中约有

10%的抑郁症患者最终选择自杀。

第二个方面，如果经专业人员诊断为抑郁症，一定要接受正规治疗，临床治愈率现在已达80%以上。抑郁症分为内源性抑郁症和外源性抑郁症，内源性抑郁症的治疗主要用抗抑郁药物，并配以心理治疗；外源性抑郁症则以心理治疗为主，配合药物治疗。只要用药得当，内源性抑郁症更易治愈，外源性抑郁症反而难治一些，因为心里个性方面的调整更为复杂些。在治疗时间上，只要患者及时就诊，配合治疗，轻度抑郁症的症状一般在1个月左右就可以得到缓解，严重的抑郁症一般需要1～3个月左右。还有一部分抑郁症可以快到1周左右见效。需要指出的是，抑郁症患者大多数不需要终生服药，尤其是第一次发作，治愈后，再巩固治疗一段时间后就可以考虑在医生指导下逐渐停药。此外，虽然抑郁症会有一定的复发率，但是只要在复发后接受系统治疗，再复发的治疗也大多不难。

抑郁症治疗的难点在于患者通常难以积极配合治疗，而且抑郁症患者本身的特点就是生存欲望不强，很多甚至想到死，而抗抑郁药物起效又需要一定的时间，所以，特别需要战友、家人、朋友等对病人更多的关怀，帮助病人积极接受治疗，在药物还未起效之前，支持病人渡过难关。

第三个方面，抑郁症只是一种心理疾病，并不是精神病。抑郁症的确很痛苦，最主要的症状之一就是悲观、消极，看不到人生的希望，看不到世界的光明和美好。抑郁症的起因跟大脑中神经递质5-羟色胺减少有关，在心理上主要表现为情绪低落、思维迟钝、兴趣减少、自责自罪、社交退缩，在身体上表现为头疼、头晕、心悸、失眠、胸闷、胃痛等，幻觉并不是抑郁症的主要症状，大多数抑郁症没有幻觉。精神分裂症是一种最严重的精神病，起病跟大脑中神经递质多巴胺失衡有关，表现为思维、情感和意志行为处于分裂状态，极度不协调，而且社会功能严重受损。我可以明确无误地告诉大家，抑郁症和精神分裂症是两种完全不同的疾病，抑郁症患者康复后的社会功能不会受损。治愈后，其智力、记忆力、判断能力等功能都不会受影响，全部能恢复健康时的状态。

5. 如何面对抑郁症

问：领导讲一个部队的士兵站岗时开枪自杀，原因是得了抑郁症。我感觉我自己有时也很抑郁，请问如何预防发展为抑郁症呢?

答：要预防情绪低落，陷入失控，最佳方法是及早认知初期的抑郁症症状，加以提防。在有需要时，尽早寻求协助。倘若症状轻微，你可以尝试以下的自救方法：

(1) 自觉努力学习心理卫生知识。可通过心理卫生课或讲座，阅读心理卫生书刊等途径接受心理卫生教育，并把知识运用于自己的生活、学习、工作中去。

(2) 积极参加各类实践活动。多参加社会劳动和各种社会活动，锻炼自己，提高心理承受能力，增强意志，丰富经验，从而促进心理健康。实践活动包括加强体育锻炼，培养良好的生活习惯，丰富业余文化生活等。

(3) 增强自我心理调节。自我心理调节包括调整认知结构，完善自我意识，塑造健全人格，学会情绪控制，提高适应能力，掌握自我调节的方法，例如，写日记、倾诉、哭泣、宣泄、转移等。

(4) 及时寻求心理咨询帮助。除了重视自我调节外，还应积极取得家庭、部队和社会的支持，争取战友和亲朋好友的帮助。心理负荷较重，自己不易调节时，应及时寻求心理咨询师的帮助。请记着，当你苦恼不堪的时候，切勿压抑自己的情绪，尝试向别人表达你的感受。倘若你的情绪比平常低落，而且没有好转的迹象，便应向医护人员或其他专业人士寻求援助。

6. 情绪发泄避免踢猫效应

问：我们排长人高马大，是有名的火爆脾气，每每他受到连长或营长的批评后，回来肯定拿我们出气。请问，这算不算心理问题?

答：我先给你讲个心理学上的“踢猫效应”。某公司董事长为了重整公司一切事务，许诺自己将早到晚回。但是，有一次，他看报看得太入迷以致忘了时间，为了不迟到，他在公路上超速驾驶，结果被警察开了罚单，最后还是误了时间。这位老总愤怒之极，回到办公室时，为了转移别人的注意，他将销售经理叫到办公室训斥一番。销售经理挨训之后，气急败坏地走出老总办公室，将秘书叫到自己的办公室并对他挑剔一番。秘书无缘无故被人挑剔，自然是一肚子气，就故意找接线员的茬。接线员无可奈何、垂头丧气地回到家，对着自己的儿子大发雷霆。儿子莫名其妙地被父亲痛斥之后，也很恼火，便将自己家里的猫狠狠地踢了一脚。

踢猫效应说的是，人有不满情绪和糟糕心情，一般会沿着等级和强弱组成的社会关系链条依次传递，由金字塔尖一直扩散到最底层，无处发泄的最小的那一个元素，则成为最终的受害者。一般而言，人的情绪会受到环境以及一些偶然因素的影响，当一个人的情绪变坏时，潜意识会驱使他选择下属或无法还击的弱者发泄。这样就会形成一条清晰的愤怒传递链条，最终的承受者，即“猫”，是最弱小的群体，也是受气最多的群体，因为也许会有多个渠道的怒气传递到他这里来。

你们这位排长犯的就是“踢猫效应”的错误，把自己的愤怒情绪转移给下级或比他弱小的人身上。那么，怎样避免愤怒情绪的转移呢？不妨给这位排长提个醒：①通过意志力控制愤怒，使愤怒情绪少发生，或有愤怒不发作。②努力控制自己的情绪，当愤怒时多想想盛怒之下失去理智可能引起的不良后果。③不断提醒自己“不要发怒”，这样可以起到控制愤怒的作用。④将心中的愤懑、不平向人倾诉，从战友和亲朋好友处得到规劝和安慰，可以缓解怒气。⑤向使自己愤怒的人说明自己的不满，说出自己的意见，使矛盾得以调和、不满得以解除。⑥尽量避免接触使自己发怒的环境，减少愤怒情绪，或者在即将发怒时通过转移注意力而减轻愤怒。⑦尽快离开当时的环境，避免进一步的刺激，使愤怒情绪消退。

7. 脾气暴躁怎么办

问：您好，我的脾气非常暴躁，嗓门也大，经常为一点小事就和家人吵起来，尤其是我的老婆。其实我特别爱她，有一些小事我也可以让着她。但是一旦出现原则性的问题，又跟她说不清楚时，我就会很凶，不管有没有其他人在，我都会凶她，完全不给她面子。其实我知道这样不对，但是我忍不住。我对同事也这样，但发完脾气又很后悔。我不知道我这是怎么回事，其实我性格很内向，不喜欢和陌生人说话，而且我有一些完美主义，对许多事情都很不满，请问老师，脾气暴躁怎么办？应该怎么改变？

答：脾气暴躁，实际上是一种敌意和愤怒的心态。当人们的主观愿望与客观现实相悖时就会产生这种消极的情绪反应。心理咨询研究表明，脾气暴躁，经常发火，不仅是心脏病的致病因，而且会增加患其他病的可能性。因此为了确保自己的身心健康，必须学会控制自己，克服脾气暴躁的坏毛病。

脾气是人情感的外在反映。如果情感发生障碍，出现不正常的过激反应，产生冲动、暴躁行为，这种情况就属于脾气暴躁。生活中经常可以遇到脾气暴躁的人，他们常常为了一句话、一件鸡毛蒜皮的小事吵吵闹闹，搞得大家不开心。

大多数人往往把这种行为归类于脾气不好，修养不好，或者把那些从小就脾气暴躁的人称作性格不好，这是一种误解。脾气人皆有之，但如果情况严重，屡屡发生，动不动就又打又骂，甚至不顾后果，不受控制，就属于心理疾病了。

对于脾气暴躁怎么办，下面有几个调整暴躁脾气的方法，你可以看一下：

（1）找一找你脾气暴躁的根源，从什么时候开始觉得自己变了，爱发火了。一般来说如果以前不是，现在是的话，可能就是你以前的生活中有哪些不顺心的地方，一直压抑着，造成了看到什么都觉得不合自己的心意，有一点不好的就发好大的火。找到根源后，自己想一想现在还值不值得那样做，和你亲近的人去讨论一下，解铃还需系铃人。

（2）当遇到不平之事时，任何正常人都会怒火中烧，但是无论遇到什么事，都应该心平气和，冷静地、不抱成见地让对方明白他的言行之错，而不应该迅速地作出不恰当的回击，从而剥夺了对方承认错误的机会。

（3）当愤愤不已的情绪即将爆发时，要用意识控制自己，提醒自己应当保持理性，还可进行自我暗示：“别发火，发火会伤身体”，有涵养的人一般能做到控制。另外，在每次要发火时也可以在心里默默地数数，从 1 数到 100，或者更长，等到自己的怒气消失了再停。

（4）凡事要将心比心，就事论事，如果任何事情，你都能站在对方的角度来看问题，那么，很多时候，你会觉得没有理由迁怒于他人，自己的气自然也就消失了。

（5）下决心慢慢地去改掉这个坏毛病，就是有不顺心的时候，要发火的时候，一定要克制住自己，把这一过程推迟一下。这一点很重要，你也可以把这个要发火的理由写下来，等到晚上，你心平气和的时候再去看，就会觉得好一点。可能要经过一段时间会好的。

（6）宽容大度，对人不斤斤计较，不要打击报复，当你学会宽容时，脾气暴躁的毛病也就自行消失了。

（7）平时的饮食最好能清淡些，辛辣刺激性的食物也会导致人肝火旺。

（8）承认自我，勇于承认自己脾气暴躁，以求得他人帮助。如果周围人经常提醒、监督你，那么你的目标一定会达到。

8. 情商比智商更重要

问：现在经常听到讲情商的重要性，可一提情商，又好像坠入了云里雾里，请您给我讲讲什么是情商吧。

答：情商包括下面 5 个基本方面。

一是自我觉察，即某种感觉一产生你就能觉察到。这种能力是情感智慧的基石。对自己的情绪了解得比较清楚的人，比较善于驾驭自己的人生。只要努力练习，我们就能对自己的反应有更敏锐的觉察力。例如，有个人遇到了不如意的事，懊恼了几个小时。他也许不知道自己急躁不安，直到有人提醒，才猛然发觉。要是他能觉察自己的反应，就能尽早律制自己的情绪。掌握感觉才能成为生活的主宰，面对学习、工作等人生大事才能有所抉择。

二是驾驭心情。跟好心情一样，坏心情也会为生活增添趣味，关键是必须保持平衡。我们情绪激动时往往不能自制。但是我们能决定让这种情绪左右多久。在大家都想避免的各种心情中，愤怒似乎最难应付。如，公路上有辆汽车突然插入你车子前方。你当时的反应可能是在心里暗骂："混蛋！差点就撞到我了！我可不能让他就这样跑掉。"你越想越生气，可能因而失去理智，鲁莽驾驶。怎样才能使自己息怒呢？比较有效的方法是"重新评断"，即自觉地从比较积极的角度去重新看一件事。就以那个司机为例，你可以告诉自己："他也许有急事。"另一个有效的方法是独个儿走开，去让自己冷静下来。如果你气得已无法清醒思考，冷静一下尤其有用。还有一种比较安全的方法是运动，例如，去散步一段时间。此外，深呼吸和冥想也是对付坏心情的犀利武器。

三是自我激发。专家对奥运选手、世界级音乐家和国际象棋大师做过研究，发现这些杰出人物有个共同特征：能激发自己苦练不辍。要激发自己去争取成就，首先要有明确的目标，以及"天下无难事"的乐观态度。悲观的人遭人拒绝时，可能自怨自艾："我是个失败者，会一辈子都做不成一宗买卖。"乐观的人则会这样自我开解："也许我用错了方法。""碰巧那位顾客心情不好。"乐观的人把失败归咎为客观环境而不是他们自己，从而激励自己继续努力。你为人是乐观还是悲观，也许是天生的，但只要肯努力去练习，悲观的人就能变得比较开朗。保持高度热忱是一切成就的动力，就是说不断地给自己定目标，不断地前进，这在个人成才过程中是一个非常重要的因素。

四是控制冲动。心理学家瓦尔特·米斯切尔于20世纪60年代开始在斯坦福大学一所幼儿园内做的试验证明了这种能力对成功的重要性。在试验中，研究人员告诉小朋友，他们可以立即拿走一粒果汁软糖，但如果他们能等到研究人员做完一些事情，就可以拿两粒。有些小朋友立刻就拿了，其余的却在那里等了对他们来说漫长的20分钟。在后续调查中发现，那些四岁时就能为了要多拿一粒糖而等待20分钟的人，到了少年时，照样能够为了达到目标而暂时克制心中的喜好。他们待人处事比较成熟，比较果断，也比较善于克服人生中的挫折。相反，那些着急拿一粒糖的孩子到了青少年阶段，大多比较固执、优柔寡断和容易精神紧张。

五是人际关系。在与他人相处时，察言观色、善解人意是很重要的。我们经常不知不觉地发送或接受情绪。特·凯利和珍妮特·卡普兰在贝尔试验室里做的研究，证明了良好的人际关系技巧多么重要。试验室的工作人员不是工程师就是科学家，在学术智商测验中得分都很高。可是他们之中有些人出类拔萃，有些人却碌碌无为。为什么会这样？原来，那些表现突出的人，其人际关系都很好，交友广泛。凯利发现：表现平庸的人遇到技术上的困难时，会打电话向各方面的技术专家求助，然后等他们回音，但往往等不到，徒然浪费时间。而成就杰出的人却很少遇到这种情况。因为他们平时已经建立了可靠的关系网，当他要找某人，总是很快就有了回音。

不久前，美国公布了一份权威调查，显示了美国近 20 年来政界和商界成功人士的平均智商仅在中等，而情商却很高。社会心理学家认为，一个人是否能取得成功，智商只有 20% 的决定作用，其余的 80% 来自其他因素，最关键的就是情商。

9. 自省告别压抑

问：节奏生活中，我们不断提醒自己，要“慢生活”“零压力”。可压力不断袭来，怎样才能甩掉这些包袱？

答：心理学家建议，问自己 10 个问题，也许就能过得轻松。

一问，我的杂物是不是太多了？拥有太多的物品，最后会给你带来心理压力。不妨清点一下，哪些东西是自己肯定需要、哪些是可以丢弃的，然后迅速处理。

二问，每天能否抽点时间给自己？无论多忙，每天也要留出一些完全属于自己的时间，无论读书、发呆、看电视、烹饪、清理房间……只要是自己喜欢的就好。

三问，我吃得健康吗？饮食会在很大程度上影响一个人身体和情绪上的感觉，而很多人并没有意识到这一点。放弃那些会导致烦躁、精力分散的垃圾食品，水果、蔬菜等健康饮食会让你身体轻松、情绪高涨。

四问，我最在乎的是什么？困惑茫然、缺乏激情时，不妨问自己，对你来说什么是最重要的，家庭、健康、信仰、工作还是其他？这会帮你分清生活的轻重主次，从而追寻自己最在乎的东西。

五问，人际关系让我感到快乐吗？生活中，是否有一段关系让你感觉很麻烦？或者每天要花很多心思去维持人际？保持清醒的头脑，结交那些能给你“减压”的朋友，远离经常让你头疼的伙伴。

六问，我是否工作太辛苦了？如果回答“是”，你需要调整一下节奏，适当“随心所欲”，从工作或学习压力中解脱出来，试着自由呼吸，哪怕只有几分钟。

七问，我是否玩得太过火了？疯狂玩乐并不能起到太大的减压效果，事后反而容易感到筋疲力尽，更有压力。不要因为休息得过了头而使效率降低，平衡好时间，才能“工作娱乐两不误”。

八问，我花钱太多了吗？过度消费会导致压力、混乱及焦虑等种种并发症，最终形成一种“危险习惯”。每月给自己存些“应急钱”，遇到突发状况，你就不会乱了阵脚。

九问，有什么事情让我一直放不下？总有一些事情让我们担心害怕，比如工作是否满意、对家人的担心、老是考虑和担忧某些尚未发生的事情，等等。这些想法会反复纠缠你，而且无法确认。其实，很多担心实际上不会发生，还有少量担心是自己左右不了的，何必牵挂？

十问，我是否在乎自己？很多时间，我们会因为忙于各种事务而忘了照顾自己，这很容易就把自己遗忘。记住，自己的身心需要经常内观，保持心灵和谐是人生最重要的追求。

10. 如何判断性格好坏

问：从入伍至今，我的性格被你们测过好几次了。请问哪种性格算好的？

答：性格没有好与坏，内向、外向都可以是好性格。只要了解自己的性格，扬长避短，发挥优势，什么样的性格都会受到别人的欢迎，都有机会成为好性格。对我们每个人来说，决定自己性格好坏的，只有是否了解自己、接纳自己这一件事。

多了解一些自己，就能知道如何展示自己性格美丽的部分，并适当地隐藏和修饰性格里尖锐的部分；而接纳自己，就是少和别人对比，尽量不把事情的成败和性格挂钩——“性格决定成败”只是口号，不是生活，生活的真相是“接纳自己决定成败”，只要你可以欣赏自己，你就会懂如何去给自己机会来获得成功，同样，你也会懂如何让你的性格每天“变美一厘米”。

11. 性格内向好不好

问：我性格有些内向，在人际交往中不太受人欢迎，平时也没什么朋友，遇到委屈时也总是自我解决。请问，内向的人容易有心理问题，也更容易失败吗？

答：性格的确有内向和外向之分，但性格本身并无好坏之分。一般来说，性格外向者喜欢交际，善于表露心声，喜动不喜静，比较灵活，但内心体验不够深刻，做事有时欠踏实；性格内向者喜欢独处，不善交际，回避热闹场合，容易沮丧，但内心体验深刻，心思比较细腻，做事认真，并且有耐心。这样看来，不管性格是内向还是外向，都各有其优劣。

当然，性格具有的功能性，可以影响一个人的职业能力和人际关系，外向性格者在这方面稍占优势，这一点还是不可否认的。有研究表明，在人际交往方面，性格外向者比内向者更能表现出交往的意愿和行动，与人打交道时也更坦率、大胆、活跃；而性格内向的人则相对表现出胆怯、害羞、压抑，甚至有很多顾虑等。这使得不少性格内向的人，虽然更能够交到知心朋友，但不容易迅速融入人群，容易产生被忽略感、压抑感，这也是客观存在的。

过分地压抑自己是会影响心理健康的。如果缺乏可以倾诉的对象，负性情绪长期无法宣泄，对人的心理与身体的健康会产生消极影响，遇到困难时也无法得到有效的心理支持，长此以往，会导致人无所适从，心理崩溃，这也是性格内向者容易成为心理疾患易感人群的一个主要因素。但是，仅仅因此就断定性格内向者容易产生心理问题，并把一切的失败统统归结于性格内向，则是完全错误的。

12. **疑病是心病**

问：我总是觉得自己生病了，感觉浑身都不舒服，但去各大医院检查了好几次，医生都说没有任何问题，这是怎么回事？

答：你对自身健康状况的关注是可以理解的，但通过你所说的情况来看，你可能患上了疑病性神经症。

疑病性神经症，简称疑病症，患者总是担心或确信自己患了一种或多种严重的躯体疾病，并感觉头疼、恶心、呕吐、胸闷、呼吸困难等。病人会因为这些症状而反复就医，尽管各种医学检查的结果和医生的反复检查解释，均证实其身体机能一切正常，却仍然不能打消其内心的疑虑。一般来说，疑病症患者多有自身的个性因素，比如容易焦虑、自我暗示性强、过度关注自身健康、面临重大生活事件的刺激时往往难以自我调适，等等。

关注健康、期盼长寿，这是任何人都会有的正常反应，但反应过度则会演化成一种心理上的疾病，即疑病。心理专家曾说过："你想得什么病，就有什么病。"这句话非常适用于疑病症患者，现代医学研究也充分证实了这一点。心理因素、社会因素往往会成为躯体疾病的诱因。疑病症患者往往会在强烈的心理暗示下，将身体上的一些本不存在的或偶发的不适症状强化，并使其最终演变成真正的躯体症状。

其实，正常人也会有疑病反应，比如，当得知周围的人得了某种疾病，或者媒体铺天盖地报道某种疾病时，很多人通常也会对号入座，甚至为自己确诊定性，进而忧心忡忡。但当通过科学的检查和诊断已经证明自己根本未患这种疾病时，他们心里的怀疑就会自然而然地消除，而疑病症者则仍然对自己患病深信不疑。这种病态的心理使他们总是把自己想象成某种疾病的患者，之后便开始焦虑、恐惧、抑郁，这种不良的情绪又会诱发或强化其躯体症状，进而造成恶性循环，徒然为自己的生活蒙上一层阴影。

正是在疑病心理的作用下，你会"感觉"浑身不舒服，各种医学检查结果也证实了生病只是你的"感觉"而已，你对自身健康状况的怀疑完全是不必要的。建议你在关注自己身体健康的同时更要关注自己的心理健康。一定要相信科学，不能疑神疑鬼，不能对号入座。切勿因自己的“心病”而造成“身病”。

13. 上网成瘾的克服

问：我最近一直被一件事困扰着，怎么也摆脱不了，就是上网成瘾。怎么办?

答：互联网这个当今社会高科技的产物，作为信息时代的主要载体和工具，已经走入了社会的各个层面，很多家庭也成为这个巨大网络的一员，它给我们带来的益处是不可言喻的。然而它给我们造成的危害也日益突显出来，很多人迷恋它，特别是许多年轻人，对网络的依赖已到痴迷的程度，整天沉湎于网络里虚幻世界里不能自拔，以至于影响学习和工作。从心理学的角度来看，青年人对网络的这种迷恋是一种精神依赖的表现，如同吸食鸦片成瘾一样。

人有很多需求，但是往往有许多需求是很难轻易得到满足的，需要付出艰苦的努力和奋斗。人们在网络这个虚幻的世界里却能很轻易地得到某些满足。他们可以在一台小小的电脑前模拟人生，能在聊天室里找到知己倾诉心声，在游戏中寻求刺激体会成功等。所以有的人就觉得这是一方理想的天地，一旦涉足就乐不思蜀。人在心理需求得到满足的同时生理上也获得了快感，如果中止这种满足就会产生心理压力，使人感到不安、焦虑甚至痛苦，严重者在性格上也会发生一定的变化。自私、说谎、不关心他人，对社会失去责任感；注意力难以集中、失眠、昼夜节律颠倒。特别是对一些尚未成年的中学生和自制力较差的青年人来说危害很大，由于他们很难克服这种诱惑，对网络已经产生了极大的依赖性。有鉴于此，我们应该对此事给予足够的重视。我认为下面的方法对戒除网络给我们带来的心瘾可能会有所帮助。

（1）时间管理技术。这种方法的核心在于通过提高个体的自我效能感和给予适当的支持，帮助个体发展一种积极的应对策略以取代消极的成瘾行为。具体做法是：打乱个体习惯的网络使用时间表，让其适应一种新的时间模式，从而打破其上网的习惯。运用闹钟等外部手段促使个体准时下网，从而逐步削减上网时间。

（2）警示卡。在很多情况下，成瘾者由于具有错误的思维方式，往往夸大面临的困难，并缩小克服困难的可能性。为了帮助成瘾者将精力贯注在减轻和摆脱成瘾行为的目标上，可以让成瘾者分别用两张卡片列出网络成瘾导致的主要问题和摆脱网络成瘾将会带来的好处。然后，让成瘾者随身携带这两张卡片，时时处处约束自己的行为。

（3）自我目录。成瘾者列出网络成瘾之后被忽略的每一项活动，并按照重要性进行排序。然后列出最重要的活动对其生活质量有何重要意义。通过这样的训练，使成瘾者意识到自己在成瘾行为与现实活动之间所做的选择。更为重要的是，可以让成瘾者从真实生活中体验到满足感和愉悦感，从而降低其从网络环境中寻求情感满足的内驱力。

（4）支持群体。让个体参加各类活动小组。如，乐队、读书小组、篮球队等集体活动群体，从而减少对网络虚拟群体的依赖。

（5）行为契约法。具体做法是让成瘾者与领导或战友共同制定行为契约，接受外界的监督。

14. 如何减少孤独感

问：我老家在河北，来广东当兵我是有心理准备的。可不知怎的，来了近一个月了，我老是觉得自己很孤独，我该怎么办？

答：孤独感是因缺乏与人的交流而产生的一种无依无靠、孤独烦闷不愉快的情绪体验。这种心理上的孤独并不等同于一个人独处，它往往发生在形式上的交往，但在缺乏情感沟通和思想交流的人身上，新战士突然离开家庭和熟悉的环境，难免会产生恋家和孤独的情绪，这是一种普遍的心理现象，但如果长时间深陷其中不能自拔，整天感到忧伤孤独，无法与战友正常交流，无法融入军营紧张的训练和生活，那就需要我们想想该怎么办了。新战士产生孤独感的原因很多，我认为主要有以下三点：

（1）环境因素。新战士刚下连队不久，对连队环境感到陌生，对战友们又不十分了解，这种双重陌生的压力会使一些新战士产生强烈的孤独感。

（2）自我意识增强。新战士正值青年时期，自我意识逐渐建立，希望了解别人的内心世界，也希望从心理上被其他战友所接受。当这种希望得不到满足时，便会陷入惆怅和苦闷之中，进而产生孤独感。

（3）自我评价不当。新战士进入部队，随着自我意识的觉醒和建立，经常进行自我评价。如果自我评价过低，往往会产生自卑心理，在他人面前表现胆怯、害羞、做事缩手缩脚不主动，常常压抑自己的言行，时刻担心自己的形象，并因此产生孤独感。

每个新战士进入部队后可能都体验过孤独的感觉，其中绝大多数能通过自我调节、自我改善以积极的心态克服。但也有少数新战士孤独感长期存在，程度越来越严重，影响正常操课、学习和训练。那么该怎样消除或减轻孤独感呢？

（1）消除恐惧心理。首先应当认识到孤独感并不是绝对有害的，适当的孤独感能更好得使个体认识自我、完善自我。有些新战士把孤独感看做是洪水猛兽，稍有孤独感就紧张害怕无所适从，这是完全没有必要的。事实上适当的孤独感不会造成心理危害，而真正值得警惕的是对孤独的恐惧。

（2）树立恰当的人生目标。驻守在边疆哨所雪域高原的官兵们，他们远离繁华的都市，远离家人朋友，在生命的禁区用自己的事业心责任感，用干好本职工作来实现自己的价值，他们虽然身处恶劣环境但内心并不孤独，所以树立恰当的人生目标有助于消除孤独感。但我们也要看到如果目标过于高远，短时期内无法实现，也会由于挫败而产生孤独感。

（3）建立良好的人际关系。一些性格孤僻的新战士很少参加集体活动，除必要的工作和训练外，大部分时间把自己关在宿舍不愿与他人交往，把自己的真实情感掩盖，不与他人分享，心理活动深藏不露，让人感到神神秘秘。久而久之就会陷入自我的狭小世界，越来越感到孤独无助。如果能积极参加连队的集体活动，把连队当成自己的家，敞开心扉与战友主动交流，体会友情带来的温暖和快乐，就能逐渐摆脱孤独感。

（4）培养个人兴趣爱好，陶冶情操。健康的生活情趣是消除孤独感最有效的办法。新战士可以在学习训练之余，积极参加文体活动培养自己的业余爱好。丰富的生活情趣可以转移注意力、松弛情绪、避免孤独等不良情绪。兴趣爱好可以因人而异，如看电视、看小说、听广播、下象棋、打乒乓球、打扑克、打篮球等，让业余爱好充实自己的军营生活而消除孤独感。

15. 为何做恶梦

问：我最近总是做恶梦，每次都被吓醒。听说这种反复出现的梦是有暗示性的，是这样吗？

答：的确如此。心理学大师弗洛伊德曾经说过这样一句话："如果你梦到被强盗追，强盗是假的，但这情绪是真的。"这可以提醒我们，当我们做恶梦时，梦境本身是没有意义的，但梦所流露出来的情绪是有意义的。当你反复做同样一个梦时，这个梦可能在暗示你最近的情绪或心理究竟处于何种状态。

从你的叙述来看，你做的是恶梦，这提示你最近的情绪似乎出现了一定的问题，可能是工作、训练、人际交往等方面压力过大，也可能是生活中出现了某件突然或重大的事情，远远超出了你自身的应付能力，于是通过梦境的形式显示出来。

要想避免夜里再做恶梦，可以尝试如下的办法：临睡前好好地泡个脚，上床后在心里想一件让你高兴的事，以施加正性的暗示，或者听一段轻快的音乐来放松自己的心情。睡前是潜意识非常活跃的时候，糟糕的、美好的心情都会影响到睡眠的质量和梦境的好坏。心情放松后，在心里反复暗示自己，"今晚我会做一个香甜的好梦"。在这样不停地暗示下，良性的信息就会深入到你的潜意识，伴你进入梦乡，对你的梦境和心情的改善大有帮助。

16. 如何对付失眠

问：不知怎的，我最近老是失眠。请问有何办法让我不失眠？

答：失眠是一种最常见的睡眠紊乱，几乎每个人都有过失眠的经历。随着社会的发展，生活节奏的加快，失眠症的发生率有上升的趋势。据统计，约有45%的成人患有失眠。失眠的原因很多，大致可以归纳如下：

（1）违反生物钟引起失眠。这种失眠通常是短暂的状态。

（2）突然受到重大事件的冲击造成情绪不稳、失落、惊慌，以致夜夜难眠。但通常一两个月就会恢复，是短期的失眠，但少数也会演变成慢性失眠。

（3）原发性失眠。此类失眠者并无特殊内科疾病或精神疾病，平时有时睡眠质量也不好，遇到重大压力、精神负荷增大时，就更睡不着。久而久之，就成了慢性失眠。

（4）一些精神疾病如忧郁症常伴有失眠，其他广泛性焦虑症、恐慌症、精神分裂症病人，都可能时常睡不着。

（5）药物作用。药物如类固醇，有些人服少量会失眠，服用大量则精神会异常。

（6）刺激性饮料。茶、咖啡等刺激性饮料食品扰乱正常睡眠。

（7）医源性引起的失眠。医生给病人安眠药或病人自己服用安眠药，日久成习，最后安眠药也失效了，渐渐增加药量或联合几种药物服用也无法入睡，只能夜夜失眠。

对于官兵来讲，诱发失眠的因素主要是工作紧张、压力大、昼夜作息安排等引起。下面几种方法可以有效改善睡眠，以供参考。

（1）生活作息要规律，养成每天同一时间上床睡觉的习惯。

（2）每天有规律的运动，每周至少四次，每次三十分钟以上。

（3）避免在吵闹环境中睡觉。

（4）太冷、太热的环境会影响入睡。

（5）睡前勿喝酒、咖啡、茶、吃大餐等。

（6）睡前避免观看紧张刺激的电视、电影、报纸，如凶杀案、绑架案等，以免造成心理不安而影响入睡。

（7）辗转难眠几刻后仍不能入睡，干脆起床做些轻松活动，继续躺在床上只会使你更加紧张，更难入睡。

17. 自杀有征兆吗

问：部队发生自杀是很严重的事，上级要求我们做好下属的思想工作，及时发现“重点人”自杀苗头。请问，日常生活中如何判断一个人有自杀倾向呢？

答：虽然目前还没有准确的标准用于预测自杀，但是当一个人在同一时间里出现下面几种表现时，自杀的风险就开始增加，比如，心情特别忧郁或抑郁；近期，特别是最近几天有严重的负面的生活事件；最近一个月以来生活质量很差；长期的生活、工作或者心理压力；曾经有过自杀的行为，或是亲友、熟人有过自杀行为。

（1）情绪变化。有专家做过调查，有自杀危险的人下面 5 点情绪变化最明显：①脾气变得很差；②感到悲观或伤感；③觉得非常孤独；④很多时候觉得自己的尊严受到了伤害；⑤开始怀疑生活的意义。

（2）生活事件。要留意身边的人近期是否发生下述事情，如果有的话，也要注意给予关注：①最近有家庭破裂，而自己不知道如何应付者。②人际关系恶化，常常一人独处者。③最近受到严厉处分或批评，自己不能正确对待者。④患抑郁症。⑤出现精神病性症状如幻觉、妄想、突发冲动行为者。⑥感情方面出现了很大的问题。⑦遭受了严重的挫败。⑧受到了极大的误解或冤枉。⑨被人或团伙欺负但又无力反抗。⑩遇到了严重的病痛。

（3）行为异常。①透露自杀意图，这是最常见的自杀预兆。事实上，有 2/3 的自杀者曾明确表示过他们的自杀打算；有 25% 的人寻求过心理医生的帮助，有 44% 的自杀者服用过新开的药物。自杀意愿有时是通过暗示和开玩笑的方式透露出来的，有时则只是在日记中写下自杀的念头。②写遗书。写遗书者通常自杀意念较坚决，大约 30% 的青少年自杀都会写遗书，而 17% 的成年自杀者会留下遗书。③社会行为退缩、懒散和冷淡，并流露出想死的念头。④对生活持黯淡、绝望的态度，而目前的生活事件强化了这种态度。⑤近期有自杀的企图，或有自杀未遂行为。⑥不能正常工作，无故旷工。不吃饭，闭门不出。⑦有明确的抑郁家族史。⑧频繁出现意外事故。一些人做出自我毁灭的或危险的行为，表现出求死的心态。⑨将自己的珍爱之物送人。⑩向亲友流露眷恋之情，或者突然向亲友告别。

18. **给想自杀者的提醒**

问：对于很多想自杀的人来说，似乎已没有别的出路可以选择。在那个时刻，死亡是他们世界的全部。当我们发觉有人想自杀时，应该怎样劝导呢？

答：当察觉周围的同事、战友或朋友确有自杀的想法时，心理专家建议应该这样向对方提醒：

（1）先等等，请看看下面是怎么说的。

（2）考虑自杀并不意味着你发疯了。它有可能意味着你没有看到解决人生难题的其他途径。巨大的内心痛苦使你难以忍受，于是孤独、抑郁、愤怒或紧张感油然而生，也许会感到无助、无望，觉得摆脱不了目前的困境，也可能感到疏离他人，认为无人能够理解或帮助自己。你并不是真的想去死，只是想用自杀逃避人生。似乎自杀是唯一的解脱，你是这样想的吧？你没有发疯，只是在质疑自我控制的能力而已。

（3）身陷逆境，只见荆棘。在遭遇困境的这段日子里，你会觉得自己像一只掉进杯底的小虫，如何掉进去的只有自己清楚。你在杯中急得团团转，却找不到出路。你拼命地往上爬，但总是又掉回杯底，所有的努力均以失败而告终。你最终丧失希望，认为自己只会永远困于杯中，接踵而来的是无助和绝望，有时会选择自杀（心理学讲：习得性无助达到极点的人会选择自杀）。如果想逃出这个杯子你将如何逃离？你做了一些事情或别人帮了你以后，你极有可能得到你想要的结果。人们一旦陷入特殊问题之中，大多数人都看不到自己的出路，至少单靠自己的力量难以办到。

（4）自杀是一种解脱，却无可反悔。用自杀解脱一时之烦恼，将是你人生中决定的终结，是无可反悔的解决方案。那么你能否在做出这样的决定之前，先尝试一下解决问题的其他途径呢？

（5）大多数有自杀倾向的人并非真的想死，只是为了逃避痛苦。做出自杀的决定大多不是一件容易的事。其实活下去的理由依然很多，只是人们把注意力集中于那些似乎是难以解决的问题之上，而忘却了那些继续活下去的诸多理由。什么是你活下去的理由呢？

（6）自杀是一种习得行为，因此，也可以不去习得。问问自己："我第一次考虑结束自己的生命是在什么时候？我认识的人里有谁自杀了？"家人、朋友、名人甚至陌生人都会成为我们效仿的例子。我们不能完全理解自杀者面临的难题，但我们能够确保自己不像他们那样去选择自杀。如果自杀是一种应对难题的习得方式的话，那么，我们也有能力习得应对问题的其他方式。

（7）不是难题本身击垮了你，而是你对其所思所为不同而已。人们在解决问题时所面临的困难之一就是认为自己必须把所有的问题都一次处理掉。通常情况下这是不太可能的，哪怕是非常能干的人也做不到这一点。如果你能将一个大问题化整为零，然后一个个地去解决，这样对你来说可能会更容易些。设立一些可行的小目标，然后一步步地实现，这是解决问题最便捷的方式。如果你努力去做，就会有收获，你肯定会越来越自信。

（8）情绪可以而且能够改变。情绪是你的一部分，正如手是身体的一部分一样。有时你的情绪太强烈似乎会压倒你，并且似乎左右着你的想法和行为。这种内心的痛苦看似让你难以忍受、无法逃避，永远摆脱不掉。换句话说，你认为自己不能忍受痛苦，痛苦会永无休止，永远无法解脱。令人欣慰的是情绪可以而且能够改变。即使外部的环境不能改变，但你对环境如何感受是能够改变的。有些研究表明，50%的人曾认真考虑过以自杀作为解决难题的方式。为什么这些人最终没有采取自杀行为呢？答案就是：时间。时间是一剂良药，即使没有专业的帮助，随着时间的流逝，大多数人最终还是会自愈的。人的处境是可以改变的，人的痛苦是可以减轻的，伤痛和愤怒的情绪也是可以缓解的。战友、朋友会帮助你，有人会听你倾诉，自我掌控感也会重新找回，情况会因改变而有所好转。你愿意给自己更多的时间让这种情况发生在自己身上吗？

（9）自杀也会因抑郁症而引起。人们大多认为抑郁（一段时间的低落、伤心或失望）是正常的，很容易随着时间流逝而消失，而不清楚抑郁也会严重到干扰生活的方方面面。抑郁症有轻重之分，可以影响一个人的情绪、思维、行为以及躯体的生理反应。其影响之一就是给人带来绝望感，继之产生想死或自杀的念头。大多数处于抑郁中的人会寻求治疗，并发现抑郁确实得到了缓解。抑郁症患者有时也会继发其他的疾病，药物治疗会有所帮助。你认为自己抑郁吗？如果是，那就不要继续徒劳地忍受着。请现在就考虑，向精神科医生或专业人员寻求帮助，治疗你的抑郁症。

（10）借用酒精消愁，只能是愁更愁。通常，苦恼的人会借助酒精来麻痹痛苦的感觉。这可能使你得到一时的解脱，但其结果只会蒙蔽你的心智，损害你的思维或理性能力。酒精加上自杀想法足以致命。当一个人将自杀看做一种出路时，他也许并不是真的想死，但酒精会歪曲他的想法、扰乱他的自我控制力。在这些物质剧烈的作用下，他可能去死，而在清醒状态下是绝对不会做的。在遇到困难不知道该做什么时，千万不要饮酒或使用毒品，否则情况会更糟。

（11）自杀不会是“轻轻地走，不带走一片云彩”。自杀就好比在认识你和关心你的人身边引爆了一颗炸弹——失去你的那些人成了牺牲品，他们将承受着你遗留下来的痛苦。越是和你亲近的人，越是痛苦，那么，最痛苦的莫过于你的家人。“我不在了其他人会活得更好”，其实是自欺欺人的谎话，他们不会活得更好。你无法使那些爱你的人对你的自杀有所准备，你可以设法去做，但是办不到。起初他们会非常震惊，不敢相信你真自杀了。随着震惊后麻木感的减退，痛苦会使他们撕心裂肺。他们很长一段时间都会处在你死亡的噩梦之中。他们会因你的离弃而伤心，但也会因你不给他们留下任何帮助你的机会而愤怒。假如他们做了对不住你的事，你的自杀就剥夺了他们改过的机会。下面是一位有过自杀的人醒悟过来说的话：

“我认为起先我是想（以自杀来）伤害他们，让他们知道他们曾对我的伤害有多深。我曾认为如果我离弃了他们，那就能够表明我带给他们的伤痛远远胜过他们对我的伤害。我不曾想过自杀是出于自私，而今我认识到了。”

（12）愿意帮你的人未必清楚你的痛苦。除非你把内心的想法或感受告诉他人，否则无人知晓。但是，有时甚至你把情况告诉了他们，他们也确实想帮助你，但他们不知道该如何做起。他们可能会告诉你换种心情，并给你些建议，告诉你应该做什么。他们心意虽好，却无法给你真正有效的帮助。如有可能，找到你所信任的人，请他们听你诉说，然后把你真实的想法和感受告诉他们。如果你仍然有结束自己生命的想法，就要考虑向心理医生、在线心理咨询师或精神科医生寻求专业帮助。要记住上面第二点所说的：考虑自杀并不意味着你发疯了，而是意味着此时你被人生的难题所击垮。

（13）再等等。现在，你已看完以上的内容，请你拿出时间——拿出足够的时间完整地思考自己的决定：选择活着还是死亡？

我们希望你选择活着。在这个世界上，你是独一无二的，不存在另一个同样的你，任何人都不能替代！

19. 如何保持心理平衡

问：平时，我在班里有活抢着干，战友病了我替其站岗。但由于我没有后台，不会巴结领导，所以一到评功评奖的时候就没我的份。我心里很不平衡。

答：不平衡心理是人的一种正常心理现象。它源于人的内心欲望，当人的内心欲望得不到满足时，就会产生不平衡心理。譬如，穷人看到富人，自然就会感到心理不太平衡；看到从小一起长大的同伴，有的发达了，心理自然也会不平衡，等等，这都是正常现象。平衡心理有积极作用的一面，也有消极的一面。当生活不如意时，敢于面对，多从自身找原因，努力改变生活现状，不平衡心理就成为一种动力，对人的发展起积极的作用；当生活不如意时，不敢面对，总是埋怨社会的不公，嫉妒别人的生活，不平衡心理就作为一种阻力，对人的发展则起消极作用。

那么如何实现心理平衡呢？

一是不盲目比较。心理失衡，大多是因为选择了错误的比较对象，总拿比自己强的人相比，总拿自己的弱点与别人的优点比。如果能够我行我素，不去比较，或者实在要比的话，就和与自己处于同一起跑线上的人比较，那生活中便会少一些烦恼，多一些笑声。

二是多从自身找原因。个人心理的不平衡，可能是因为别人干扰了你的生活而造成的，但自己没有处理好，没有调整好，原因还在于个人；也可能是自己该看淡的事情没有看淡，该抓住的机会没有抓住，不该有的欲望过于强烈，不该关注的事情自己关注了，原因更在于个人。一切烦恼都是因为自己没有找到排解的理由而造成的。不要过多地抱怨社会，总的来说社会对人还是公正的，它为每个人的发展都提供了一个平台。关系不够硬、能力不够强、目标达不到，这是心理不平衡，怨不得社会。

三是适当控制欲望。人不是不可以有欲望，基本的生理欲望、生活欲望是我们生活的动力，我们无法想象一个人没有欲望是个什么样子。但人的欲望有时是无止境的，由于人的能力是不同的，过高的欲望对于一些人来说根本不能实现，出现心理失衡的可能性极大。因此，我们要根据自己的能力控制自己的欲望，可以把自己的欲望定得高一点，但必须在我们的能力所及的范围之内，超出自己的能力去追求欲望是不现实的，结果只能会给自己造成更大的心理不平衡，给自己增加心理负担，影响自己的生活质量，降低自己的幸福指数。

四是适度情绪宣泄。你有权发火，怒而不宣会摧毁肌体的正常机能，导致体内毒素滋生，使人变得抑郁、消沉。适当的发泄可以排除人内心的怒气，可以使人重新鼓起生活的勇气。发泄的方法很多，可以向朋友、家人倾诉，也可以以独处时的怒吼来发泄，也可以对着某物打上几下，等等。就像以前听说过的某人在自己办公室里放了一盆沙子，愤怒时便用力去搓沙子，这样既不伤害别人也不伤害自己，不失为发泄的一个好方法。

五是切勿斤斤计较。翻看社会上成功人士的人生轨迹，能成大事者往往都能够从大处着眼，对别人的小过失、小错误都不会斤斤计较。在日常生活中，我们每个人都要心胸开阔，不钻牛角尖，要学会宽容，要学会大度，包括宽容伤害过自己的人，因为不宽容别人，受伤害最多的还是自己，不学会大度，影响的是自己的身心，对自身的健康有百害而无一益。学会了宽容大度也可减少很多不必要的忧虑。在日常交往中对非原则性的问题我们切不要斤斤计较，要做到以德报怨，宽容大度。

20. **学会无损发泄**

问：我是地方大学生入伍提干的，现在当排长。现实里，有些新兵本身就是大学生，有些新兵比我还有社会阅历，所以管好他们确实有点难。他们当中有些人发起火来，好像要顶破天似的，我有时不知怎么办，请您出出点子。

答：俗话说，月满则亏，水满则溢。在日常生活中，人的压抑、失落、郁闷等消极情绪积聚到一定程度，必然要发泄出来。如果这些消极情绪不能及时排除，则会影响和破坏人的免疫能力，进而影响身心健康。无论你的忍耐能力有多强，都无法长期处于负面情绪的包围之中。

所谓无损发泄，是指一个人在释放消极情绪时，所采取的行为既不会对自己，也不会对社会和他人造成伤害。

一般来说，人的消极情绪主要有两种发泄方式，即消极发泄和无损发泄。消极发泄是一种有损发泄，这种发泄具有一定的破坏性，有可能对自己或者他人、社会造成不应有的伤害和影响。而无损发泄则是一种积极发泄，它是通过积极主动的方式，将心中积聚已久的失落和压抑情绪，进行及时的疏导排泄，从而使心理处于平衡状态。从本质上看，无损发泄是在理性支配下的发泄，也是一种有道德、有修养的发泄。

美国南北战争期间，一位军官被一名士兵冒犯，他带着一肚子的愤怒、委屈和不满向林肯倾诉。林肯让他坐下，并给他倒了一杯水，然后说："这个问题不难解决，你只要写一封信狠狠骂他一顿，就可以迎刃而解了。"说着他拿来信纸、信封和邮票。在林肯的办公室里，这位军官很快地就把痛骂那名士兵的信件写好，他刚要贴邮票准备送到邮局，哪知林肯却和蔼地告诉他："既然心里憋的怒气已经发泄出来了，我看还是把这封信件烧掉为好。"这名军官按照林肯教的方法做完后，心里埋藏已久的怨气果然排除干净，心情好了很多。这是个无损发泄的典型案例。

现实生活中的无损发泄方式还有很多。比如你可以把自己的烦恼向战友和朋友倾诉，或者给远方的父母和亲朋好友写信或者打电话；也可以写日记，这是一种很好的自我发泄方式；你还可以通过自言自语和自我暗示，或者到无人的地方放声痛哭一场的办法，排除和发泄心中的低落情绪，使自己的心境得以平静。

21. 新官上任正确看待挫折

问：我去年年底被提拔为连长，开始时满怀憧憬，壮志凌云，决心把连队建设搞上去。于是，我每天坚持第一个起床，最后一个睡觉；在坚持制度上，我模范带头执行；在完成任务上，我和战士一样，战士干多少，我也干多少，并且每次都是最后一个离开。工作中，我不分白天黑夜，什么都考虑，什么都干，确实是一个大忙人。我原以为这样干可以得到官兵的爱戴和信任，可是在一次上级测评中，令我大失所望，不少战士说我“不务正业”，是个不称职的干部。面对这种情况，我不知如何是好，怎样干才能改变这种现状，你能帮助我吗？

答：新官上任三把火，你这样为连队建设操劳不分昼夜，然而却出力不讨好，遭受如此意外打击，实在令人怅然。

有句格言说得好：“人生难得无波澜，重要的是从从容容。”细想起来，成功与失败乃人生之永久话题，也是任何人都回避不了的现实。失败如同好马失蹄，爬起来再走就是了；亦如写字时的误笔，抹掉重写就是了。失败者不必失态失志，英雄气短，怨天尤人。何况，失败是宝贵的人生阅历，它会使人彻悟，给人以激励。

不经一番寒彻骨，怎得梅花扑鼻香？失败是成功之母。何不把这次的失败当做成功的阶梯，拾级而上。

（1）转变角色。你也许是一个能力很强的人，连里大事小事都能应付得绰绰有余。但当你从一个部属成为主官的时候，你的处事方式就得作点改变，再不能如以前那样每事亲力亲为。连队工作是按级负责，各司其职。若事无巨细，事必躬亲，必将孤掌难鸣，事倍功半。“身先士卒”不等于“越俎代庖”，当领导的要懂得“分责”“分权”给同级和部属，这样才能调动大家的积极性。

（2）以人为镜。身为基层主官，每天与战士在一起，通过察言观色，应能随时了解战士对自己的反应，并以此为鉴，规范调整自己的行动。即便工作中有所不当，也不至于积累更多的矛盾。不过，这次如能总结经验，吸取教训，以此为契机，与全连干部战士逐一谈心，必定大有裨益。

（3）莫做“讨厌的上司”。有一本书叫《讨厌的上司》，书中列举“锋芒太露的上司”“穷操心的上司”“不了解部属的上司”等数种，均属不受欢迎之列，尤以“干劲太足的上司”，每天忙得不亦乐乎，最为得不偿失。看看下面所列：①他的办公桌上文件堆积如山，他把那些文件逐件处理，速度不但快，也处理得正中要点。②一有电话，就亲自去接，当机立断，马上解决。③顾客前来抱怨，他也亲自接见，不厌其烦地解释。④订单之事一概由他处理。⑤有客来访，他也一手包办，满脸笑容地应付。⑥解决了这些事之后，立刻又回到办公室，麻麻利利地处理文件。⑦发生了涉外之事，他就撇下批文件的工作，亲自出马。

不明实情的人，看到他这种三头六臂式的“奋战”模样，一定称赞他一句：“多能干的上司!”也会认为，在这种上司之下工作的部属，一定干劲十足。事实上，部属对他的评价并非如此：是主任一个人在忙，我们可闲得发慌。他认为我们都是无能之辈，只有他才会把事情处理好。

（4）少做“曲高和寡”之事。“巴人谁肯和阳春？楚地由来贱奇璞。”（李白）唱“下里巴人”曲的有谁能跟上唱“阳春白雪”？楚国人从来是分辨不清璞玉和石头的。玉工卞和将得到的一块璞玉献给楚厉王，楚厉王以为是石头，便割断了他的左脚。楚武王继位后，卞和再献璞玉，结果又被割了右脚。看来，超出众人过远的东西往往不被理解，自古皆然。我们连队不是楚地，官兵也不是巴人。但“曲高和寡”的事总是少做为好。

但愿如上四条建议能给你的处境带来转机。如若仍不奏效，就要看是否另有原由。如是，可求助于时间。时间是贤明的哲人，时间能使隐匿的东西显现，时间的力量能改变面貌。可供翱翔的天空是那么广阔，可供回旋的余地是那么广大；东方不亮西方亮，旱路不通水路通。

22. 带兵应讲究言语方式

问：我是今年入伍的新兵，我一直抱着锻炼自己的心态适应部队生活，但有件事我想了半天还是给您讲一讲。分到连队半年了，我没少听班长或排长给我们讲："不准去""别乱动""给我站好点"……这些冷冰冰的缺乏感情温度的话语，让我心里很不是滋味。是我错了吗？

答：亲爱的战友，你没错。与其说下面的话是说给你的，不如说是给带兵骨干听的，希望他们能看到。

带兵骨干对战士严格要求没有错，但若一味板起面孔说教，效果就会大打折扣。在日常生活工作中，带兵人要学习新知识、新事物，不断拓宽自己的知识面。只有在头脑中积累灵感的源泉，才能做到谈资丰富，妙言成趣。二要培养高尚的情操。与战士们进行交流时，语言表达要轻松活泼而不晦涩低俗，使大家情不自禁受到感染，从而形成强大的"磁场"。三要采取一些年青战士喜闻乐见的方式进行沟通。比如，在平时的生活中用网络语言对战士进行教育引导："体能训练要 Hold 住不要伤不起"、"亲，心态上 happy，不要悲催哟"……一句诙谐的语言，一个幽默的手势，不仅能提升自身魅力，更能拉近与战士彼此的距离，在教育管理上会收到事半功倍的效果。

23. 叩开战士的心扉的有效途径

问：我是一名指导员，也看过一些心理学书籍。发现你们办的心理服务网很好，很多栏目很实用。我想请教一个问题，就是作为指导员，如何运用心理学知识，通过有效沟通叩开战士的心扉呢？

答：首先感谢你对心理服务网的肯定，我们会更加努力完善我们的工作。

所谓沟通，是指在工作和生活中，人与人之间通过语言、文字、形态、眼神、手势等方式所进行的信息交流。沟通既是一种文化，也是一门艺术。加强连队内部的沟通，既可以使管理工作更加顺畅，也可以使官兵大幅提高工作效率，从而增强连队的凝聚力和战斗力。指导员只有通过有效的沟通，才能获得战士的认同与理解，确保其决策的正确性与正确的决策得到贯彻和执行。但在现实工作中，由于指导员与战士之间存在地位、语言、心理、认知、环境和文化水平等方面的差距，造成一定的沟通障碍，影响方方面面的关系。这就要求指导员必须掌握并善于运用沟通的技巧，才能达成有效的沟通。在与战士进行沟通时要注意以下七个方面。

一要调整心态，以诚相见。人与人只有在相互尊重、相互信任的基础上，才能做到真正意义上的沟通。作为指导员，虽然与战士之间有职位高低、权力大小的差别，但在人格上是平等的。因此，决不能在沟通中摆出一副“长官”的架子，否则，必然会招致战士的不满，对你敬而远之。沟通时，要说真心话、用真感情，决不能说那些言不由衷的空话、大话、套话和假话，更不能用不冷不热、矫揉造作的假感情对待战士。只有这样，才能在沟通中叩开战士的心扉，达到沟通的目的。

二要换位思考，求同存异。准确地理解他人，采取换位思考的方式极为重要。只有站在对方的位置和立场上来思考问题，才能更准确地理解对方的想法和心理状态，真正找到沟通的结合点，增强沟通的针对性。战士有可能因为一点小问题而犯了错误，作为指导员，要学会换位思考，谅解其失误和缺点，以宽厚之心待人，这样才会赢得战士的信任与尊重。另外，在沟通过程中，要善于发现双方的共同点，以这些共同点作为谈话的切入点，并不失时机地加以强化，一旦达成了共识，双方便容易产生亲近感，沟通就容易达到一个新境界。

三要注意态度，调控情绪。指导员在同战士沟通时一定要注意情绪的控制，不要将自己的不良情绪带到沟通中来，要尽可能地在平静的情绪状态下与战士进行沟通，这样才能保证良好的沟通效果。另外，要注意防止误用体态语，把握好身体语言的尺度，尽可能不让战士感到紧张和不舒服，让其在轻松的状态下说出真实感受。作为指导员，你的眼神、表情、手势、坐姿等都可能影响沟通，专注凝视、低头皱眉或是左顾右盼都会造成不同的沟通效果。不少战士在与干部沟通的过程中注意力都非常集中，善于从干部的一言一行、一颦一笑中捕捉信息，揣摩干部的心思。因此，不当的体态语必定会对战士产生误导，进而影响沟通的效果。

四要主动询问，善于倾听。在沟通中，指导员要做好引导工作，当战士默不作声或欲言又止的时候，可以用询问的方式引出战士真正的想法，了解其意见与需求。这样，一方面可以为要说的话作铺垫，另一方面也可以营造比较宽松的谈话氛围。除主动询问外，还要善于倾听。古希腊先哲苏格拉底说，上天赐人以两耳两目，但只有一口，欲使其多闻多见而少言。寥寥数语，形象地说明了“听”的重要性。耐心倾听战士的意见是指导员应具备的基本功，只有广泛畅通渠道，带着兄弟般的热忱和真诚聆听战士的倾诉，才会获取最大上的信息量，从而作出正确的判断。

五要注重细节，莫辞小善。由于战士有时会非常在意一些小事情，他们会从指导员与战士沟通过程中的很多细节来分析干部、评价干部，从而影响到战士对干部、对单位以及对工作的看法。如果指导员疏忽了这些细节，在与战士的沟通与接触过程中“因善小而不为”，往往会影响沟通的效果。如果干部能够勤于在细小的事情上与战士沟通感情，经常用“毛毛细雨”去滋润战士的心灵，最终必然会结出丰硕的果实。

六要把握时机，情理交融。时机是影响沟通效果的一个非常重要的因素。指导员在同战士沟通之前，要选择好恰当的时机，尤其是要慎重对待批评教育等针对性比较强的沟通活动。那些不讲场合、不讲对象、不选择内容的沟通是失败的沟通，不但达不到预期效果，甚至会事与愿违。另外，在谈话时，要因人而异，使用不同的语言，做到情理交融。对性格内向的，语言要柔和一些；对直爽开朗的，要一针见血地指出问题；对文化层次高一点的，语言可以文雅一点；对文化层次低的，语言应该朴实一点；对年龄长、资历深的同志，谈话时哲理可以深一点；对思想单纯的同志，可以多用朴实的语言，深入浅出，析事明理。

七要着眼特点，搞好互动。针对战士在入伍前大多有上网经历，喜欢通过网络交流的特点，充分发挥政工网方便快捷、开放性强的优势，广泛开展互动沟通，使网络成为官兵之间“零距离”平等交流的“连心桥”。另外，还可以利用节假日组织各项体育比赛，强化团结协作、争先创优意识；也可组织读书演讲比赛，让大家走上讲台，畅所欲言，既能够提高官兵的心理素质和语言表达能力，又可以加强思想交流、密切内部关系。

24. 诱发训练伤的心理因素

问：我是一名地方大学生，现在当了排长。听说心理因素对训练伤有影响，是这样吗？

答：训练伤发生的原因很多，有组织不够严密和器材老化损坏方面的问题，也有官兵的技术不够熟练，或者训练强度大等方面的原因。除此之外，心理问题也是导致训练伤发生的一个原因。

（1）心理承受能力较差，情绪不稳。部分战士的心理承受能力较差，有的人当遇到突如其来的刺激时，易惊慌失措、紧张、焦虑、烦恼、沮丧、抑郁；有的人只要受到一点点刺激或者打击，就会坐立不安、承受不了，并且很快在行为上表现出来。这些现象在身为独生子女的战士中表现得较为突出。带着这样的一种精神状态参加训练，就可能会发生问题。在平常的生活工作中，应该多和有这样心理问题的战士沟通交流，了解他们的心理需求，及时对其进行心理疏导，稳定他们的情绪，引导他们正确地看待生活中的得与失，乐观地对待所遇到的挫折，树立正确的世界观、人生观、价值观，以一颗平常的心对待生活中发生的挫折，全身心地投入到训练中去。

（2）落差太大，自我认知失调。有战士带着很高的期望来到军营，到军营后发现落差很大，从而表现出失落、抑郁、沉默、消极等心理状态，在训练中表现得萎靡不振，感到训练枯燥无味，提不起精神，甚至敷衍了事、被动应付，容易发生问题。这样的问题在新兵中表现得较为突出。对于这样的战士，我们应该多给予鼓励和帮助，引导他们学会和过去的自己比，从而感到每天的进步和收获。特别是当他们情绪低落时，要帮助他们发现其在训练、工作中的“闪光点”，让他们体验到成就感，从而强化爱军习武的观念，不断学习，努力训练，尽可能地缩小理想与现实的差距。

（3）焦虑不安，精力不集中。训练中，一些战士精力不集中，对训练要求，左耳听，右耳出，这是导致训练伤发生的重要原因。对这样的战士，要积极做好心理疏导和思想工作，帮助他们解决实际困难，让他们放下包袱。同时，要引导战士明白“一心不可二用”的道理，到了训练场就必须集中精力，专心致志，来不得半点马虎。

（4）胆小畏惧，放不开手脚。现在的战士大多数都是独生子女，是在父母的精心呵护下成长起来的，许多事情自己都没做过，遇到问题时往往会感到束手无策，在训练中有时不敢去独立完成一些有危险难度的训练科目，特别是在进行实打实爆和一些难度大的科目训练时。因此，在日常训练中，要加强心理感知训练和心理行为训练，逐步培养战士的胆量，引导他们克服恐惧、畏惧的心理。另外，还可以通过做一些相关的心理行为游戏来辅助训练。

（5）争强好胜，不服输。有些战士好胜心强，生怕因为训练成绩差而被人瞧不起，于是便不顾自身的实际，一味地“硬拼”，尤其是当对难度较高的、危险性较强的科目还没有足够的心理准备时就开始训练，甚至麻木蛮干，训练强度超过了自身的身体承受能力，结果往往会导致训练伤的发生。这样的问题在正步训练、五公里越野、野外战术训练及器械训练中较易发生。对这样的战士，我们要经常进行心理教育，给他们讲述科学训练的重要性，让他们明白训练要循序渐进，应根据个人的实际情况进行训练，因为每个人的身体状况是不同的，有些科目别人能完成，自己不一定能完成，一定要因人而异，在身体允许的范围内提高训练成绩才是有效的训练，决不能因逞强好胜而不顾身体承受能力。

25. 摆脱预期焦虑

问：前段时间，连长让我准备在全连面前介绍器材维修方面的小窍门，这可把我难坏了。尽管我平时喜欢钻研，器材维修方面的技巧确实总结了不少，但我性格比较内向，平时话就少，在全连百十号人面前讲话，我心里发怵。如果讲得不好大家都不愿意听，或者上台讲话时结结巴巴，那就太丢人了，以后战友们会怎样看我？一连几天我觉都睡不好，满脑子都是我在台上出丑的情形，我该怎么办呢？

答：这位战友，你目前处于一种焦虑状态，是由于担心不能很好地完成连长交给的任务而导致的，在心理学上称为“预期焦虑”，也就是人们由于担心、害怕不能达到目标或不能克服障碍，致使自尊心与自信心受挫，失败感和内疚感增加，形成一种紧张不安的持续性精神状态。

这种“预期焦虑”在我们平时生活、工作中经常会出现，比如考试前担心考得不好、军事考核时担心不能顺利通过等。形成这种焦虑的原因主要有这么几个方面：一是有些人对自己要求很高，希望自己在众人面前表现得很完美，不能有任何差错。否则一点小小的失败都可能导致很大的情绪反应。二是有时将考核、讲课看成是非常重要的事情，担心做不好就会影响自己的前途、名声，这些夸大的想法会给自己很大的压力。三是以前可能有过相似的经历，比如考试考得不好受到家人、老师的严厉批评等，这些失败的阴影，特别是面对失败时的一些负性情绪（对自身能力的怀疑、严厉地自责、痛苦的体验等）便在大脑中保存下来。四是没有做好应有的准备，比如考试前没有好好复习、讲课前没有写好讲稿，也会引起紧张焦虑的情绪。

适当的焦虑情绪可以激发潜能，提高学习效率和工作成绩。但如果焦虑情绪过于严重，就会使我们心慌意乱、注意力不能集中、烦躁不安，发挥不出应有的能力水平，导致不能很好地完成工作、解决问题。要摆脱“预期焦虑”情绪，不妨从以下几方面入手：首先，正确认识面临的任务。比如这位战友，连长安排你讲课是为了让大家学习器材维修经验和你的钻研精神，你把掌握的知识和自己的心得体会告诉大家就完成了任务。不需要顾忌性格内向、口才不好等问题。其次，相信自己能成功。你的维修经验一定是得到了大家的肯定，所以连长才会安排你来介绍。你应该相信自己有实力完成任务。最后，如果讲课前紧张焦虑很明显，可以进行适当的放松练习，比如闭上眼做几次深呼吸，绷紧身上的肌肉，再慢慢放松等。

这位战友，希望你能发挥自己的能力和长处，做好几件力所能及的事情，增强自信心。我相信你一定能圆满完成此次任务。

26. 付出不一定得到回报

问：我与你一样，是个热心肠的人。但是，生活中有人经常“装傻”，不太感谢你的好意。我常困惑，我为他付出那么多，为什么得不到回报？

答：我们小时候，都接受父母无偿的付出，父母的要求也很明确，就是爱，只要你爱他们，父母就心甘情愿地付出。所以我们总会以为“付出换回爱这个公式是成立的”，但在其他人际交往中，这个等式并不成立。就好比你制作了一件名叫“我爱你”的商品，对方并不想买，他甚至可以拿起来把玩一下，然后再放下，这是他的权利，谁都没有权利逼着别人买自己的东西。“我爱你”不能换来“我也爱你”，甘心付出和必须接受之间，没有直接关系。

你付出是因为你愿意，如果在付出前，你没有考虑对方愿不愿意接受，这也是一种自私，对方当然有权选择不接受。我们都知道，接受了别人的付出却没能力偿还，都会内疚不安的，所以拒绝反而是很体贴的选择。这世界上很多事付出多少就回报多少，比如天天练习，就熟能生巧。但只有人际关系是不能一厢情愿的用付出交换的。只有不算这笔账，才能快乐地去爱。

27. 谨防“心理落差”

问：我怀着对军营的美好向往参军入伍，立志在军营建功立业。虽说刚入伍那会儿，感觉一切都很新鲜，但是时间一长，就感觉“三点一线”的生活方式、令行禁止的管理方式跟自己想象中的军营差别很大。我心里很失落，整个人没了精气神，导致训练积极性不高，生活中也不愿跟战友交流。请问这是怎么回事？

答：其实，很多新战士入伍，或多或少会有一定的心理落差。产生心理落差的原因有很多，一是新战士普遍不了解真正的部队。入伍之前，他们多数是通过影视了解部队的，实际上影视里的部队与令行禁止、作风扎实的真实部队相比存在很大的差异，这种差异难免会使新战士产生心理落差。二是新战士在入伍时都怀着建功军营的豪情壮志，但到了部队之后，感觉“三点一线”的生活跟建功立业好像“沾不上边”，由此造成了心理上的失落感。三是新战士面对快节奏的生活、高强度的训练、严格的规章制度都很不适应，产生一定的退缩、回避等心理反应。

从心理学上说，产生心理落差是一种正常的心理现象。

调整心理落差要从内、外两方面着手。从内部因素而言，一方面新战士自己要主动调节好心理状态。保持一个好心态，对待各项工作的态度就会大不一样。自觉地融入令行禁止、简单有序的军营生活，这是成为一名合格军人的必经之路。另一方面，新战士要正确看待成长成才的目标。要立足本职岗位建功立业。要坚信，在平凡的岗位上也能干出一番精彩的事业。连队是新战士生活、成长的外部环境，也要帮助他们调节心理落差。一方面，连队干部、骨干要主动跟新战士交流。军营对他们来说还比较陌生，要让他们体会到部队大家庭的温暖。发现他们有了积极性不高、失落、郁闷等苗头，就要及时与他们谈心交流，解开其思想疙瘩。另一方面，连队要开展相关教育，帮助新战士了解真正的部队。让他们意识到军营需要脚踏实地、任劳任怨地付出。同时，连队可以组织士官大讲堂、战士风采录，邀请扎根基层岗位的老同志做报告、谈体会，用身边典型消除新战士的心理落差，进一步激发他们投身火热军营的热情。

28. 工作倦怠的预防

问：我很厌倦搞文字工作，但每天又不得不面临一大堆的材料，常常一想到就心慌气短，精神紧张，我应该怎么办？

答：您好！从留言来看，你从事文字工作已有一定时间了，你提到“心慌气短，精神紧张”，看来这个问题困扰你已经很长时间了。

首先一点，我们需要明确，你是否不得不从事这项工作？如果没有更好的选择，那么建议你从以下几个方面考虑：

(1) 释放压力。在业余时间，多从事一些自己喜欢的体育活动，尽量不参加需要耗费脑力的活动，比如打球、跑步、逛街、听音乐、逛公园、和朋友随意聊天等。日常的体育活动需要坚持，由一天、一周、一月再到形成习惯。有了好的体能后，你精力就充沛了，干什么都好办。

（2）文字工作真的那么讨厌吗？我想，最初你既然从事这项工作，不管何种原因，或许你都应该比较适合这项工作。它变得讨厌，是因为工作多了、杂了，劳心费神，最主要的，我想是因为你对它失去了兴趣，失去兴趣是因为在进行文字表达时没有加入你自己的思想，你丢失了自我，被动地疲倦地应付。试着改变这种现状，慢慢地思考能否加入自己的思想。

（3）有选择地接受工作。一般我们从事的文字工作，不以我们自己的意志为转移，上级交代和上传下达的文字工作比较多。这个时候，对自己陌生的工作，可以向上级委婉地说明原因，看能否交给其他同志去做，实在不行，可以和其他同志讨论请求帮助。另外，对紧急的重要的文字工作，花主要精力，对不重要的少花精力。人的精力有限，追求完美是好的，但不能苛求自己。

（4）做文字工作是提炼思想的过程。我们都希望自己发展好，发展好的一个重要前提是有先进的思想。做文字工作是很清苦，但厚积薄发，条件成熟时其爆发的能量是很大的。纵观古今中外，传承至今影响大而持久的，无不是了不起的思想和理论，自然科学、社会科学都是如此。再看我们部队的领导、成功的典型，到地方的企业家、学者，都是爱学习、爱思考、爱探索的人，提炼思想是我们相当一部分人成长成熟的必要条件。文字工作，虽然苦但也是捷径。

（5）把功底搞扎实。部队公文，都有一定格式；领导讲话，都有他的思路；研讨性文章，都有政策性、思想性和操作性。把握这些特点，查阅工具书，多学理论，多看别人的讲话和成果，多读一些经典书籍，勤思、勤问、勤跑，熟能生巧，见多识广，做起来就容易。

如果经过上述这些努力，发现自己确实不适合做文字工作，那么建议你搞清自己的长处、优势，分析自己的劣势，换一个岗位也可以。

29. **国防生做好自我定位**

问：老师您好，看您在线，就打扰您一下。我是2009年毕业的国防生，12月份来到连队，刚开始当排长的日子一帆风顺，跟大家相处不错。可能是因为我毕业于名牌大学吧，机关领导对我的重视程度比较高，2010年4月21号我就进了团机关当了宣传干事。这是我的基本情况，有两个问题吧：①我感觉自己从小到大人际交往能力不强，不会主动跟陌生人打交道，除非是因为一个宿舍、一个办公室、一个连队等这样客观原因让我们能认识后，我对这些熟悉的人比较亲近。所以自从当了宣传干事后，需要同我们场站的人接触比较多，总是感觉很难沟通、交流。并且我害怕与领导沟通交流，这使我的工作有时候不被领导得知，领导以为我一天什么都不做，我也尝试同领导沟通，可是沟通时我什么都说不出来。我很苦恼，我感觉自己不适合处理人际关系，我喜欢一个人写写政工研究，写写小新闻，做做研究，每遇到要同别人沟通的事情，我就没有一点热情，所以感觉自己越来越不适合做一名干事，我想回去当排长，或者做一个专职的新闻干事。我很羡慕那些技术干部，但是因为我是文科生，又在作战部队，不能像在院校一样做一些研究，很是苦恼。②我总是担心很多很多的事情，为一些微不足道的事情担心，每次我同家人通话，希望得到安慰，可是不敢说出口，因为家离部队很远，怕家里人担心，家人也对我抱有很高的希望。并且爸爸妈妈身体都不是很好，我好想回家看看他们，可是因为团机关人少，宣传干事就我一个人，而且毕竟刚进机关，怕领导对我有什么看法。我不敢提出休假的请求，经常一个人掉眼泪。希望老师帮帮我，我真的很难过。

答：亲爱的网友，您好，非常感谢您对我的信任。

首先，非常欢迎你这位优秀的人才加入我们部队，从你的留言中可以看出你在部队还是干得相当不错的，能从一个普通大学生当好一个排长是非常不容易的，说明你自身的能力和综合素质很高，转变得也很快。可能也正因为如此，领导才会更加重视你这样的人才，把你从基层调到机关。虽然这体现了领导对人才的重用，却使你在短时间内又一次面对身份和任务的转换，而在这样的转换过程中出现心理压力和问题也是非常正常的，因为这需要你耗费大量的精力去适应你的新角色和执行新的使命任务。社会心理学中有一种角色理论，认为角色是“个人在社会关系体系中处于特定的社会地位、并符合社会要素的一套个人行为模式”。你先是从普通大学生的角色调整到一名合格的排长，再从排长到宣传干事，这些岗位和角色对于你来说都是陌生的，也需要你不断地去调整自己的行为模式来适应你的新角色。在这个过程中出现倦怠感和挫败感是非常正常的。虽然我没有从事过机关工作，但是以我个人的理解，机关工作人员是非常辛苦的，要协调各种事物，还要承担大量的材料写作工作，在此向你道一声辛苦。而从你的表述看，我认为你还是比较适合这个宣传干事的岗位的。首先你的文笔不错，自己也愿意写东西，这就是一个很好的优势。而与人交往和接触是可以锻炼的，没有人天生就是社交高手，我们可以根据自己的工作性质去调整自己的人际交往方式。而且当排长一样需要和战士沟通，既然你当排长干得不错，说明你人际沟通的能力不错。而与领导沟通，很多人都存在压力，毕竟领导的职务给人压迫感，使我们在与领导交流时需要仔细斟酌自己的话语，而一旦说错话给领导留下不好的印象，我们会担心影响领导对我们的评价。你有这样的沟通困惑也是非常正常的，这也需要一个适应的过程。毕竟你当宣传干事时间也不长，可以在今后的工作中慢慢摸索，给自己一个适应的时间，不要急于给自己下不适合当宣传干事的定论。而且部队不像地方，可以根据自己的意愿调整单位，如果干得不顺心可以跳槽，部队强调的是服务和奉献，我相信你选择了部队，对部队的这个特点也应当有所了解。其实我认为也正是因为部队的这个特点，对人的发展才是全面的锻炼，如果只专注于自己擅长的领域，那么综合素质的提升就会受到限制。而部队恰好给你提供了锻炼自己弱项的机会，等你干满 2 个月、3 个月，甚至 1 年之后，你会惊奇地发现自己又有了新的收获和进步，不仅原先擅长的写作更加熟练，在协调事物、处理人际关系方面也成了一个高手，你完全可以把这个岗位看成是对自己的挑战和训练，我相信你一样会干得很出色。

第二，马克思说过：“人是社会关系的总和。”我们生活在社会上，并不是孤单一人，我们身边有很多的社会支持系统，在你遇到困难和困惑的时候，就需要社会支持系统来帮助你支持你。家人、朋友都是你的社会支持系统，要善于利用这些资源，不要试图一个人全部承受，这样并不利于心理压力的排遣。人在他乡，思乡情重是非常正常的，记得我刚入伍时也是经常掉眼泪，想回家。而当时的电话和网络还没有普及，我只能写信和家人沟通。现在有很多通讯渠道可以和家人联系，虽然不能直接见面，但是电话和网络都可以帮助我们和亲人交流沟通。如果你担心父母的身体，那可以和朋友交流，同龄人更能理解你的压力。而且你曾经当过排长，也可以和原来带过的战士进行交流，多进行一些体育运动，这样可以放松心情排解压力。其实你来部队的时间不长，但有这样的成绩已经相当优秀了，相信自己的能力，如果还有什么问题欢迎继续留言。祝你成功！

30. 登台演讲紧张不安的对策

问：我是学指挥的，现在当了连长，但我一直以来就怕登台讲话。而且现在需要发言的机会越来越多，一到开会的场合我就紧张，一紧张就脸红心跳，甚至出汗发抖。每当有领导参加的会议，我在会议的前一周就会紧张，越是临近开会时间就越紧张，紧张得晚上都睡不着觉；坐在会议桌前发言，心跳比平时快很多，双腿在桌下不住地抖，声音也发抖，不敢看领导一眼。即使准备得很充分，还是经常忘记要说的话，即使拿着写好的稿子念，也念得不顺畅，眼神极不自然，拼命控制也不行，特别期待马上结束发言，离开会场。现在只要一想到要开会，我就紧张，可是当上了连长，不发言又不可能，有什么办法可以解决我的问题呢？

答：带兵干部，开会发言的机会非常多。有的人在发言时能够游刃有余，轻松驾驭，但有的人却像你一样很难轻松面对。这些人在会中发言时，易出现紧张不安、心跳加快、脸红、出汗等状况。

有位诗人写过这样的诗句：“没有人能自全，没有人是孤岛，每个人都是大陆的一片。”社会交往本来是人类最主要的活动之一，但因为焦虑和恐惧占据着许多人的心灵，以至于无法走出灵魂深处的那片孤岛，甚至为此焦虑成疾。在人群中，尤其是在高素质的干部队伍中，真正属于社交恐怖症的人比较少，但是特定场合的社交焦虑大多数人都会有。社交焦虑，是一种对公开场合感到恐惧或忧虑的精神状态。你开会时害怕发言就是社交焦虑的一种表现。

对于像你这样的带兵骨干来说，害怕开会，害怕在会议上发言，有以下几点建议可以试试：

（1）接受紧张情绪。公开发言都会有些紧张，毕竟大家都在关注，大家都在等着信息。每个人都想表达得好一些，都想得到别人的良好评价，因此，发言时会很在意自己的表现。这种在意、关注，就会使得人们的心理活动高度集中，从而产生紧张感和压力感，这些感觉并不可怕，没有必要完全克服。心理学研究表明，中等程度的焦虑紧张情绪有助于提高业绩，因为紧张状态可以激发我们的主动性、能动性、积极性和创造性。我们可以一方面保持这种紧张状态，接纳紧张状态；另一方面逐步将关注点放在即将进行的活动当中去。也就是说，接纳自己的紧张，投身于将进行的发言中。这个时候，不管自己脸有多红，也要坚持把话讲完。结果你会发现，紧张的情绪像潮水一样，在不控制它时，它很快就过去了，也许有些不舒服，但并没有发生什么可怕的事。这就是心理学上非常有名的“顺其自然，为所当为”的原则。

（2）充分准备，做好计划。对发言内容要有充分的准备，要做到心中有数，心里有底，这样就能坦然自信地表达和描述。对提前通知的会议要提前做好文字准备，而不是临时用脑子想。想法多，变数也大，用笔写下来，思路会清晰很多，印象也更深刻。发言稿不仅要条理清晰，观点明确，最好还要有自己独到的见解；有了文字材料和提纲计划，在演讲时就不至于临场混乱。几次有准备的发言，赢得了信心，赢得了力量，就能更加自信，慢慢地就能做到以理服人、以情动人、风趣幽默，内容也会变得更加有吸引力、感染力。

（3）加强语言表达训练。语言表达是一种技巧，需要训练。俗话讲“艺高人胆大”，当我们确实掌握了语言表达的相关技巧时，我们就会信心百倍，正所谓胸中有雄兵百万，胜似闲庭信步。但语言表达能力并不是一下子就能训练出来的，必要时参加专业训练班，迅速而专业地提高自己的表达能力。经过长期训练，就能做到毫无惧色，不紧张、不怯场，做到自信、从容、轻松、自如、顺畅、生动地表达自己的内容，而且逻辑清晰、重点突出。

有以下几个方法可以参考：

速读法：大声朗读，用嘴去读，而不是用眼去看，快速朗读有助于锻炼人口齿伶俐，语音准确，吐字清晰。

背诵法：首先把某篇演讲辞、散文背下来，既要会背，还要会诵，背得准确，诵得有感情。这种训练的目的有两个，一是培养记忆能力，二是培养口头表达能力。

模仿法：选择适合自己的对象，注意他的声音、语调，他的神态、动作，边听边模仿，边看边模仿，慢慢地你的口语能力就会提高不少，而且会增加你的词汇，增加你的知识面。

角色扮演法：像演员那样去演戏，在语言上扮演不同的人物，这样能够培养人的语言的适应性、个性，争取做到绘声绘色、惟妙惟肖，还要配以一定的动作和表情。从这个角度看，这个训练是有一定难度的。

讲故事法：分析故事中的人物，把握主人公的个性特点，先把故事材料改造一下，改成适合我们讲的故事；一边讲，一边注意自己的表情和动作。

（4）接纳并不完美的自己。海滩上到处都是贝壳，一个年轻人每捡起一个，瞧一瞧，然后就随手把它扔掉。就这样，他已经捡了一下午了，却始终没有找到最完美的贝壳。终于，他找到了一颗硕大而美丽的珍珠，但是有一点遗憾，珍珠上面有一个小小的斑点。他想，若是除去这个斑点，该有多么完美呀。于是他刮去了珍珠的一部分表层，但斑点还在；他又狠心刮去一层，斑点依旧存在。于是他不断地刮下去…… 最后斑点没有了，而珍珠也不复存在了。

完美是一个错误的信念，只有勇敢地接纳自己的不完美，才会一步步接近完美。世界上不存在完美的人，每个人都有自己的优势，同时也有自己的短处。或许发言时你有口音，声音还会有点颤抖，可是你是实干家，困难的工作到了你的手中就会得到妥善的处理。可能踏踏实实地做事是你的长处，而发言似乎差了一点。这就是你，不完美但完全胜任工作的你。开会发言只是为了传递信息，不是表演，把讲话内容表述清楚是你最大的目的，只要做到这一点就可以了。

31. 勿让“路怒症”掌握方向盘

问：我是司机训练大队的一名车管干部，我们在每一批学员离队前，都要上一堂警示课，要求大家遵守交通规则，避免开车途中发怒动火、与人争吵。但总有学员毕业回到原单位后发生一些不该发生的问题。请问我们在工作中如何开展教育工作呢？

答：带着愤怒去开车，被称作“路怒症”，具体而言就是汽车驾驶人员有攻击性或愤怒的行为。此类行为可能包括：粗鄙的手势、言语侮辱、故意用不安全或威胁安全的方式驾驶车辆，或实施威胁。

一项关于“路怒症”的调查显示，61%的司机认为自己患有路怒症。在情绪烦躁时，31%的司机在开车时会“焦躁不停地按喇叭”，几乎20%的司机会“以牙还牙、报复违章行为”。有67%的司机发现别人违章时会发怒，认为这不道德，认为“欠揍、该教训一下”。路怒症产生的心理原因，可谓五花八门。一个关键原因是开车人有一种不正确的期望，他们下意识里认为可以完全按照自己设定的方式和时间从甲地开到乙地，没有任何意外事项应该阻挡他们。

通常这类“马路愤怒者”开车时的5种幼稚心态包括：

（1）即使完全没有必要赶时间，司机仍会给自己设定一个预期时间，规定自己在多少时间内到达目的地；

（2）喜欢在马路上和其他司机竞争，超过对方就高兴，被对方超过就懊恼；

（3）如果旁边的汽车打方向灯想变换车道，本能反应是加速跟上去，不让他超车；

（4）看到别的司机错误或不守规矩的动作，尽管一点都没妨碍自己，但厌恶的情绪仍会油然而生；

（5）觉得别人侮辱了自己，会产生报复心态，并很难克制住这种心态；

（6）堵车。

路怒症有时会导致严重的后果。那么如何有效预防路怒症呢？

首先，要时刻关注自己的情绪。要知道，人一定会有情绪，这种情绪下烦躁、易怒也是“正常”现象。意识到自己状态不佳才能及时地调节，避免进一步的情绪“恶化”。所以，学会体察自己的情绪，是情绪管理的第一步。

其次，要学会适当表达、抒发自己的情绪。平时在家我们可以大吃一顿，可以睡个好觉，可以有各种抒发情绪的方法。可是在车里憋着，这些方法就用不上了，所以只能想想别的办法：听听音乐，转移转移注意力、和同车的朋友聊天等，实在不行，可以大吼几句“真烦人”也行，但是千万别把自己的情绪发泄在别人身上，否则就得不偿失了。

第三，出门前准备周全。行驶了一段路程才发现自己忘记一些物品，由此心中会念叨着，无形中也会影响自己的情绪，精神不集中。其实车主在每次出发前，给自己一两分钟“缓一缓”，想想是否带齐物品，这样可以避免因为匆忙出门而导致的不安情绪。

最后注意几个细节，如开车时与前行车辆保持一定车距；开窗让新鲜空气进入车厢；感觉累了就将车停在路边稍事休息；车上放一张家人幸福的小照片，不开心的时候看一看，等等。

32. 怀才不遇感觉的克服

问：我觉得自己能力超过别人，写的材料比别人多，加班时间也比别人多，但调整岗位的时候，领导似乎总是忽视我。几次都这样，我有点怀才不遇的感觉。我也试图安慰自己，但就是走不出心理阴影。请问我该怎么办？

答：一个人怀才不遇一定有其原因。人可能短时间怀才不遇，但如果是长时间怀才不遇则需要反思，为什么自己会陷入这样的命运？如何调整才能走出这种悲哀的命运呢？

（1）寻找适当机会展示自己。有适当机会要敢于展示自己，让领导注意到自己的业绩、才华，看到自己的努力，不要总做默默无闻的无名英雄。领导的眼睛并不总是盯着你一个人，当机会来临时，一定要紧紧抓住，如果在机会来临时畏首畏尾，有很多顾虑，那么领导便不会看到你的特别之处，反而会认为你畏畏缩缩，不够勇敢，不足以担大任。

（2）正确看待客观因素。不要以自我为中心，而是要尝试正确看待客观因素。假如领导暂时没有发现你的长处，要设身处地站在领导的角度看问题，领导也是平凡人，难免会有失误。比尔·盖茨有一句名言：公司给予员工的报酬，其中50%是员工的动手报酬，另外50%是员工的动脑报酬。不仅仅是领导叫你做什么就做什么，不叫就不做，而是要认真思考如何才能把工作做得更好，从单位的利益出发，真正地帮领导分忧。

（3）反思自己的性格缺陷。无论是怯弱，还是自视清高，都要经常反思自己，认识到自己的性格缺陷。性格虽是天生的，却有不断完善的可能。学会客观分析事物，纠正自己的非理性观念，学会尊重和信任他人，加强自己的团队合作精神，不断完善自我。

（4）保持乐观、积极的心境，学会坚持和等待。如果你是匹千里马，早晚都能遇到你的伯乐。或许你现在还没有遇到，那只是因为时机未到。因为你的才能是一种现实的存在，你现在的领导或许忽略了它的存在性，却无法磨灭它的存在性。但在将来的某一天，或许你的才能将被他们认同，现在只是时机未到，所以你只需认真工作，坚持等待。

33. 任务繁杂，时间紧，觉得压力大

问：我总觉得每天的工作都比较具体繁杂，常常是手里的活儿还没有完成，又来了新的任务。领导交代的任务，我不敢拒绝。虽然每天早上都对一天的工作有个时间安排，但经常是做着一件事又想起另一件事，这样原来的事情就被打断了。尽管自己已经很努力了，但工作好像总是做不完，似乎每天都在疲于奔命。我非常焦

虑，担心做不完，做着这件事，却想着还没做的N件事情，总是踏实不下来，该怎么办呢？

答：任务繁杂，觉得时间不够用，关键就在于对时间失去了掌控感。无论事情如何繁杂，只要把握到位，总是会有时间去完成的，实在忙不过来，只要规划合理，还可以寻求支持或者替代完成。能否顺利完成任务，关键取决于是否能够成功管理时间，合理安排时间。

那么哪些原因会使我们对时间失去控制呢？

（1）缺乏合理规划。没有对任务进行合理规划，尤其是在面对众多繁杂的任务时，总是很难冷静，甚至会产生逃避心理，时间紧和任务多这对冲突常常使人无暇去考虑这些任务之间是否独立？是否可以进行分类？是否有急有缓？如果不能对过多的任务进行有序的分析和规划，那么自然就会觉得时间紧张、不够用了。

（2）对时间估计不足。我们每个人对时间都有一个主观的判断能力——时间知觉，在完成一件事或者到一个地方之前我们都会估计这需要多长时间……有很多因素会影响我们对时间的感受，如注意力、情绪、预期和前后背景等因素。有的人对处理一件事需要的时间估计不准，往往要花费比他们预期的更多的时间，即使有了时间表，做完了一件事，抬头看表已经多用了很长时间，后面的事情又要往后拖，不仅要加班，内心也会感到焦虑和挫败。在时间面前，他们就像一个迟到者，总是在不停地“赶场”，身心疲惫。

（3）不懂得拒绝的“好人”。在我们身边总是有一些“好人”，他们有求必应，不会拒绝别人的任何要求，即使自己加班加点也要完成答应别人的事情，即使有些事不是自己分内的事，即使自己已经不堪重负，也从不敢对领导讲明。他们可能怕得罪领导或是习惯性地不愿意拒绝别人，他们是非常“好”的人，但这样做通常是以牺牲自己为代价。因为实际上他们并没有足够的精力和时间，但他们的反馈方式，会使别人认为他们还有余地去接手新工作，这样就不可避免地造成了任务和时间不成比例的局面。

几点建议：

我们每个人每天的时间都只有24个小时，下面这些方法也许能够帮助我们更有效地利用时间。

（1）掌控时间始于规划时间。要想不成为时间的奴隶，被“紧张”的时间拖得精疲力竭，我们就需要对时间进行有效的管理。时间管理就是用技巧、技术和工具帮助人们完成工作、实现目标。时间管理并不是要把所有事情都做完，而是更有效地利用时间。时间管理的目的除了要决定你该做什么事情之外，另一个很重要的目的是决定什么事情不应该做。

你首先要做的就是每天早上上班后把要做的工作按轻重缓急分类，然后一件一件地完成，化被动为主动。这不仅可以提高工作效率，还能缓解焦虑的情绪，因为同时完成几件事往往会使人产生焦虑情绪，注意力难以集中，工作效率大大降低。相反，每当处理完一件重要的事情，就会体会到成就感，好的感觉可以帮助我们更加有信心完成后面的工作。

（2）日程安排需要足够弹性。即使我们把事情按轻重缓急进行处理，但每天还是会遇到一些意外的事情打断我们原定的计划，所以一定要给自己留出足够的弹性时间来处理新出现的紧急事务。我们每天至少为自己安排一小段的空闲时间，可以来处理一些不紧急的事情，或者思考一下，下一项工作该如何来完成，这些空闲时间可以分散在每个任务后面，这样对时间就会有更多的控制，工作起来会感觉更加顺畅，即使出现意外，也不会过于焦虑或者烦躁。

如果在设定日程安排的时候过于僵硬，我们就会感觉自己好像在被时间牵着鼻子走，觉得自己的整个生活都被时钟控制，变得毫无趣味了。

（3）提高时间判断力。对做一件事需要用的时间的估计总是过于乐观、大于实际客观时间的人来说，可以通过练习来提高判断时间的能力。在做一件事之前，先自己估计一下完成这件事所需要的时间，然后将完成时间与实际时间做对比。通过不断感受实际的客观时间，慢慢地提高精确判断时间的能力。

（4）学会拒绝，主动应对。工作中，我们首先也是最重要的事是把自己的本职工作做好，在完成自己本职工作的前提下，本部门同事需要帮助时，可以鼎力相助；如果你的时间安排已经非常紧凑，那你应该勇敢地讲出不能帮忙的理由，明确告诉对方你现在确实很忙，并告诉他你现在都在做些什么，表示如果很需要，可以在完成自己的事情后再帮助他们；如果是其他部门要求的工作，需要跟自己的领导做好充分的沟通，得到允许后再去做。

当然，工作的环境并非真空，不是我们自己能够决定的，很多时候都会有突发的紧急事件，或是上级临时安排让我们去完成的事情。如果你手上确实有很多紧急事情需要处理，就需向上级领导汇报目前的工作状态，请求重新分配时间和任务，不要自己一个人默默承受时间的压力。良好的态度，不仅能得到上级的体谅，也会为你赢得时间。

34. 如何面对委屈

问：我大学学的是财务专业，分到部队后领导叫我当排长，一位领导答应我一年半载后调后勤部门工作，可一干就是三年。马上到时间调连职了，我向那位领导提出要求，他却说我是自愿留下的。我觉得很委屈，怎么能这样呢？

答：孟子曾说："故天将降大任于是人也，必先苦其心志，劳其筋骨，饿其体肤，空乏其身，行拂乱其所为，所以动心忍性，曾益其所不能。"委屈对人生来说，其实就是一种磨练。曾白手起家、现在风光无限、创造亿万资产的马云，在谈起创业的艰辛时也说过："胸怀是委屈撑大的。"在生活中，人常常会遇到很多委屈，时不时地使你内心受到折磨。但是，又不可否认，每个人尤其是成功者都是伴随委屈成长起来的。

人生的胸怀是为承受委屈而存在的，或者说胸怀是对委屈的自觉忍耐。每个人的胸怀都是世态的炎凉、岁月的沧桑熬制出来的。那些胸怀宽广的人，对批评清风能感，对误解热血能化，对诽谤修竹有情，对压抑兰香有怀。而受到冤枉，则做清水淡饮；遇到嘲讽，笑看清风拂面。乍逢喜事，淡然不颠；突遇悲愁，泰然不惊。

李嘉诚在茶馆里当过跑堂。每天天不亮就开门迎客。面对三教九流、达官贵人的冷眼和漠视，他还要强颜欢笑，迎来送往。靠着他自己顽强的奋斗，最终成为全球华人首富。当然，博大宽广的胸怀，不是先天生下来就具有的，也不是在一个早上就能得到的。它是知识、智慧、人格、品德、情操相结合的产物，它需要陶冶、磨砺、培养和追求，它是一种生活给予和回报生活的良性循环。

联想创始人柳传志曾对杨元庆说："人生在世，注定要受许多委屈。而一个人越是成功，他所遭受的委屈也就越多。要使自己的生命获得极值和炫彩，就不能太在乎委屈，不能让它们揪紧你的心灵、扰乱你的生活。你要学会一笑置之，你要学会超然待之，你要学会转化势能。智者懂得隐忍，原谅周围的那些人，让我们在宽容中壮大。"世间，总有一些委屈是你无法解释，必需学会自己去承受的。当你觉得委屈的时候，请再坚持；觉得委屈的时候，请再笑一次；觉得委屈的时候，请再看看身边还在承受委屈的同伴；觉得委屈的时候，请再让自己更委屈一点；觉得委屈的时候，请再固执一点，把友谊的手伸给给你委屈的人。哪有那么多委屈？理解来了，委屈真的就都走了。

生活中有很多类似的事。一些人会因为遭受小委屈而发狂、动怒。为了一点小事就和别人翻脸，甚至大打出手。这样的发怒是根本没有必要的，因为一点委屈而气伤了身体，或是与朋友撕破了脸面、弄糟了关系，得不偿失。所以，犯不着去跟一些小人计较，即使你赢回了面子，却输掉了时间和精力。而小人恰恰相反，他无所谓面子，却有的是时间和精力。两者比较，你输得更多。我们应该对他人的误解和羞辱有足够的承受能力，要把精力集中在更重要的事情上。就像一个人在经过一棵椰子树时，被猴子丢下的椰子打中了头，他并没有暴跳如雷，反而摸了摸肿起来的头，然后把椰子捡起来，喝了椰汁，吃了椰肉，最后还用椰子的外壳做了个碗。

当因为小事而怒不可遏的时候，不妨问问自己："这是我生活目标中至关重要的事情吗？为此花费时间和精力值得吗？"

35. 做事不必追求完美

问：我自感办事认真，多次受到领导表扬。但前段时间单位举办一场大型活动，领导让我来操办。事前我考虑到了每一个环节，然而在实施的过程中却不尽人意，甚至有同事跟我吵架，说我太较真，最后还耽误了进度。大家把情况反映到了领导那里，领导毫不留情地批评了我，说我太过于追求完美，降低了效率，这样下去还能成什么大事。最近这件事一直在我心里纠缠着，吃也吃不好，睡也睡不好。怎么办?

答：事情还没有做，细枝末节的东西就想得特别多，因此产生很多忧虑。不把过于细节的东西琢磨一遍又一遍，就不想开工，明知有些事情不需要这样多虑，但是还是控制不住自己，结果不仅工作效率越来越低，生活也受到了影响，情绪非常低落，为什么会这样呢?

（1）追求“完美”过度。凡事追求完美，希望能得到最好的结果，这本没有错，然而如果为了追求完美，办事拖拖拉拉，思前想后，效率低下，就是追求完美过度。完美主义倾向者做事讲求条理、善于分析、精细准确、一丝不苟，他们很少会盲目行事，这是一种做事的态度和方向，是他们的优点，但是当这种做事态度演变为凡事都过于苛刻地去追求事情的结果时，追求完美就变成了弱点，并会对工作和生活产生消极影响。特别是理想和现实存在巨大反差时，完美状态不能实现，就会产生巨大的心理压力，如果压力得不到释放，就很容易产生抑郁、焦虑等症状，影响自己的心理健康。

（2）期望太高，不会“偷懒”。不管对人还是对事，都高标准、严要求，力争尽善尽美；即便做得非常出色，仍然不能满意，这样的人，堪称完美主义者。完美主义者对自己的期望很高，总希望在同类人群中出类拔萃，他们给自己设定远大目标，并努力达到，从来不会“偷懒”。例如，加拿大的芭蕾舞演员克伦·凯因，享誉国际芭蕾舞界，表演超过1万场次，但她在自传中表示，只对其中大约12场较为满意。因为努力，他们往往容易得到社会的承认，获得一定的社会地位。然而也正因为期望太高，他们也更容易陷入自我批判，情绪沮丧，做事犹豫不决，总担心自己做错，把自己弄得身心疲惫。

（3）过分在意别人的评价。小时候，我们很在意别人的评价，以别人的评价作为自己是否有价值、是否可爱的标准。随着年龄的增长，我们逐步学会自我评价，把别人的评价作为参考。然而，有些人依然没有脱离儿时的阴影，仍然以他人的评价作为自己的价值评判标准。他们总以为别人对自己有更高期望，于是为之不断努力。认为只有事情做完美了，自己才有价值。他们在做事情时格外细心、谨慎，总是思前想后，考虑别人的想法，总想做到尽善尽美。当他们觉得达不到别人的要求时，就会自我否定，妄自菲薄，甚至产生自杀的想法。他们不愿意尝试新事物，因为害怕给别人留下愚蠢的印象。他们喜欢在人前展现完美，不愿意请求他人的帮助，一切问题都自己扛，使自己活得很“累”，同时也会对身边的同事或下属高标准严要求，要求他人也要十全十美，这样把周围的人也搞得精疲力竭，人际关系受到不良影响。

几点建议：

人人都想成为完美的人，但谁都做不到极致。追求完美是一种生活态度，但也是一种十分危险的幻想。有时，它不仅无法为你提供动力，反而会消耗你的精力。“水至清则无鱼，人至察则无徒。”所以，有时候完美并不是最美的，就像断臂的维纳斯，有缺陷也是一种美。那么该如何缓解完美主义者的压力呢？

（1）恰当把握“完美”的度。法国大思想家卢梭说得好：“大自然塑造了我，然后把模子打碎了。”可惜的是，许多人不肯接受这个已经失去模子的自我，于是就用自以为完美的标准，把自我重新塑造一遍，结果却失去了自我。一个长得非常漂亮的女孩，却不断地向亲人索要金钱，奔波于各大美容院，整一下鼻子、整一下嘴唇、整一下胸部。那么怎样才算是漂亮呢？她心里早就没有固定的标准了。

做事过度追求完美，就不是为了做事本身了。西方心理学家指出，过度追求完美是一种病态心理，不利于身心健康。所以，完美主义者要降低标准，允许自己有缺憾，缺憾其实不也是一种完美吗？

（2）给所做事情一个期限。如果你是个完美主义者，你很可能会有拖延症，因为你总坚持尽善尽美，把事情考虑周全，这将会浪费你不少时间。为了克服这个毛病，你需要给所做事情设置一个严格的时间限制，规定自己在一定期限内必须完成。时间一到，无论是否完成了工作，都要马上撤出来，开始着手另外一项工作。严格限定每项工作的时间，学会制定现实的目标，将会受益很多。过一段时间，你就可以养成不再拖延的习惯。一旦养成习惯，就可以帮助你改变自己的心态，投入更加多姿多彩的生活。时间长了，相信你的心理满意度以及做事效果都会有所改善。

（3）降低期望，学会“偷懒”。追求完美的人总是给自己制定太高的目标。通常，一个完美主义者如果未能达成既定目标，他会制定一个更高的目标来补偿。譬如一个体育锻炼者，本来计划跑800米，但没完成，第二天他就会努力跑1000米作为补偿。如果完美主义者学会制定现实的目标，学会偷懒，将会受益很多。然而，要求完美主义者降低自我标准是一件非常困难的事情，因为他们非常抵制这么做，害怕这么做没有成就也得不到别人的尊重，或者得不到爱。他们并不知道，爱是不以成就为标准的；学会适当接受自己和别人的缺点，不但不会使自己平庸，却可以使自己拥有美好的生活。所以，完美主义者要学会偷懒，允许自己能有几次未能按既定计划完成工作，看看自己会受到什么处罚。你一定会惊讶地发现，一切照常运转，你所担心的结局并不像你想象的那么糟糕。

（4）允许自己犯错。要想战胜完美主义，最有效的方法莫过于允许自己犯错。生活中总是充满了各种错误和瑕疵，而不敢犯错是对自己的一种折磨。一个人的能力有限，在追求完美的同时，也要接纳自己的弱点，允许自己犯错。犯错有什么好怕的？天会塌下来吗？害怕犯错就不敢冒险，而一个人如果不敢冒险，他就永远都长不大。在现实生活中，有些错误会带来危险，比如说酒后驾车、打架斗殴等，但这不是生活的全部，生活给大大小小的错误留有很大的余地。过度追求完美就是吹毛求疵，不仅让人心烦意乱，还会导致经济上的损失。只有那些在犯错和完美之间找到平衡点的人，才能生活得更幸福，更简单，也更经济，正所谓“人无完人”。

36. 尽快调适好节后亚健康心理

问：我今年春节休假回家的半个月时间里，白天走亲串友，晚上忙着娱乐，天天玩得不亦乐乎。长假结束回到单位，我却发现自己无法从节日的情绪里“跳出来”，老想着假期再延长几天就好了，感觉身心疲惫、无精打采，有时还会坐立不安、神情恍惚，明显不能像节前那样精神抖擞地投入到工作和训练中去。我该如何调整呢？

答：每当春节、国庆节等长假过后，总有不少人会出现像你一样的心理失调情况，请不必过度担心。只要我们保持轻松心态，进行适当的心理调整，就可以让心理“马达”很快地恢复正常运转。

你目前的这种心理状态，我们称之为“节后心理亚健康综合症”，是指人们在节日期间不注意休息，娱乐没有节制，生活没有规律，等到长假结束后，又不注意心理和身体的调整，由此表现出失落焦虑、烦躁不安等症状。那么，我们该如何走出“节后心理亚健康综合症”的阴霾，尽快步入正常的工作状态呢？

一方面，要正确认识“节后心理亚健康综合症”。平时，战友们都适应了军营中简单而有规律的工作与生活。但在长假期间，丰富多彩的娱乐休闲活动，会使大家紧张、规律的生活节奏被打乱。等到长假结束，必须重新全身心投入工作时，松弛下来的“弦”一时适应不了紧张繁忙的工作，心理上便会出现一系列的不适应，影响假期后的正常工作。对此，战友们应当认识到节日期间给自己放放松、休息消遣一下，都没有错，但是要把握好度，千万不要让放松变成了放纵，消遣变成了过度消耗。

另一方面，面对“节后心理亚健康综合症”的困扰，战友们也要学会自我调节。如果不及时进行调适，不但会影响工作训练和学习，更会危害我们的心理健康。下面我就向战友们介绍几种自我调节的方法。

一是调整心情重新出发。战友们要迅速将节日期间还没有处理完的事情尽快了结，不要再让它们牵扯自己的精力。同时，可写一张便签式的备忘录，将未尽事宜和上班后头几天要办的事情罗列其上，这样可做到心里踏实。要常常在心里提醒自己：假期结束了，工作和生活应当尽快步入正轨。这种经常性自我心理暗示，能够帮助大家尽快从节日放松状态中跳出来。

二是放松心态释放压力。刚刚从悠闲自在的休假状态进入紧张有序的工作状态，战友们难免会感到压力大，这时我们在工作中应保持平和的心态，舒缓紧张情绪。既不要和别人攀比，也不要妄自菲薄，而要努力使自己保持身体健康和心情愉悦。如果觉得自己实在提不起劲，精神无法集中，不妨试着做一些简单的有氧运动，或是通过听音乐、读书等方式，进行自我调节。

三是平缓过渡循序渐进。节后上班，战友们要注意合理安排自己的工作和生活，可以充分利用刚开始上班、工作还不是很紧张的时机，调节好自己的心态。

战友们要适时转换“角色”。在假期快结束前的一两天，大家就应逐渐减少休闲娱乐活动的频率，抓紧时间进行自我调节，按时作息、规律睡眠；饮食要恢复清淡，多吃些易消化的食物，避免食用过冷、过硬、过辣的食物，以减轻肠胃负担；提前制订节后工作学习计划，努力让思维方式逐渐恢复到平时那种规律有序的运行模式，尽快使自己融入工作环境。

战友们在重回工作岗位的前两天，可以相互聊聊在假期里发生的趣事，讨论一下最近的工作任务，努力把自己的情绪调整到正常的工作学习轨道上来。

37. 敢于走上前台

问：我是一名军校学员，看了你们的网页觉得办得很好，就想请教个问题。我总觉得自己浑身一无所长，不敢表现自己，队里组织的各种活动，能躲就躲。但每次看到身边的战友在公众场合落落大方、潇洒自如时，又恨自己为什么没那个胆量和能耐。能给个建议吗?

答：你的这种表现属于胆怯心理，不少新学员的内心都曾有过。这种心理常常处在自我表现和自我保护之间。一方面，很想借助各种平台充分展示自己的才能，获得大家的认可；另一方面，又担心自我能力不足，一旦表现不佳会适得其反。正是这种对自我能力的评判不足，削弱了表现自我的勇气，使自己把握不住机会，自我失去信心，时间一长，这种胆怯心理便吞没了自己能力的发挥，磨平了自己刚入校门时的锐气。其实，出现这种心理主要是自我转型不及时，没有用信心和勇气跨过“胆怯”关口。军校学员队为充分发挥学员的主观能动性，普遍采取见习制度。但这种制度仅让少部分见习骨干得到了锻炼，大部分学员作为教育接受者，逐渐形成了一种被动的思维习惯，表现在学习跟着教员走、工作跟着命令走、生活跟着制度走。面对主观上的压力感、怕挫败感，一些想提高自身能力的学员便打起了退堂鼓。

要想驱除胆怯心理，其一，可采取“最坏结局法”。俞敏洪说过，当你去做一件事的时候，即使失败了，对于你本人而言，并没有失去什么。面对遇到的机遇，试想出现最坏的结局不过就是进不了最终的决逐，而相对自己，却是一种难得的锻炼机会，抓住了这个机会，大胆尝试，充分发挥自身特长，自然能走出一条属于自己的成功之路。其二，可采取“自我减压法”。每逢国际重大赛事，一些顶尖高手越是临近比赛，越放松自己。身处军校，同样会面临各种各样的竞争，面对展示风采的平台，每个人都希望能露一手。而要展示出最完美的自我，就要丢掉一些不必要的心理包袱，打开减压的阀门，给自己营造一种轻松的氛围，大胆地走上前台，消除胆怯心理的束缚，才会有意想不到的收获。其三，可采取“自我激励法”。李阳疯狂英语的秘诀就是大胆地说出来。特别是一些人数众多的公共场合，以最大的声音、最快乐的心态对自己说：我行！我能行！这种经常进行自我心理暗示的方法，其实就是一种自我激励。这种激励能够培养克服困难的信心，增强表现自我的勇气。工作学习中，经常以一些积极的心理暗语激励自己，剔除心理上的胆怯，增强表现自我的欲望，提高展示自我的信心，就能把握各种成功的机会。

38. 如何见人不紧张

问：您好！我有个心理问题向您请教。我当兵三年了，按理说也经过了很多大的场合，可就是跟人交往时不敢正视别人的眼睛，一说话就手心冒汗，在众目睽睽之下脸红心跳，春节回老家探亲时，家人让我与一个女孩子见面，可一见面我就紧张，那女孩子还笑我不像个军人。我很苦恼。我怎样才能克服这个毛病呢?

答：这位战友，您好！类似的问题我前面已经提到过了。今天我教你一招，就是通过社交行为训练，解决一开口就脸红心跳的尴尬，你不妨一试。

第一，学习与人礼节性交往的技能。遇见熟人时，要主动迎上前去，注视对方的眼睛并微笑着向人问好；学会观察别人的长处，然后以礼貌而真诚的态度称赞对方；别人为你做了事，你要用具体的行为表达谢意。在练习的最初阶段，可以选择外向、开朗、随和的同龄人，能够达到更好的效果。

注意，与人交谈的沟通技巧至关重要。要选择那些别人有兴趣而又不会引起太多争议的公共话题。比如，青年男性多喜欢体育，而青年女性则更多喜欢文艺。如果你的话题引起了别人的积极回应，你就可以继续此话题；若别人表现出不感兴趣，你就要换个话题或注意参与别人提出的新话题。

第二，肢体语言要积极。人的躯体语言和言语相比，前者传递的信息高于65%，因此与人交流时要配合积极的肢体语言。在与人交谈时，人际空间距离要适中；坐姿放松，微微倾向于对方；目光专注，正视对方；面部表情微笑；语速热情有活力。

第三，掌握插话的艺术。可以就你不清楚的地方提问，也可以就你知道的地方加以补充，还可以表达你的不同意见。在表达不同意见时最好用这类句式："你讲得有道理，但在这点上我的看法是……"或"我理解你的意思，但在这点上我的看法和你不太一样……"

最后，适时换个话题。换话题的最好方式是，就对方讲话中提到的某个直接问题展开讨论，可参考的句式有："你刚提到……你是怎么看这个问题的?""我一直对你刚才提到的……问题感兴趣，你能就此再谈点吗?"

归根结底，一句话：多与熟人聊天，脸就不会红了。

39. 谁是我的伯乐

问：我觉得自己的能力并不差，但总是不被领导看重。身边有的人能力并不比自己强，但比自己进步快。我觉得现在缺少“慧眼识珠”的领导。

答：这位战友，我倒不觉得你说的是牢骚话，而是出自内心的感觉。今天我不讲领导的赏识是否真的很重要，但就我们个人来说，你是否敢承认自己就是名副其实的“珠”呢？你是否能充分认识到自身的成色、品质呢？我们不排除少数领导干部缺乏爱才之心、缺乏识才慧眼，但我们要深信，机遇面前人人平等，通过改善自我来影响外因，以突出能力和良好形象赢得组织和领导青睐才是关键。要想做到这些，首先要有明确的奋斗目标，注重修炼内功，将自己打造成本行业、本部门出类拔萃的人才，这样才能得到被赏识的机遇。其次是关键时冲得上、做得好，甚至能鼓足勇气、毛遂自荐。不少内向型人才就是因为不会推销自己，最终失去不少机会。再次是一旦有机会，要爆发式地将自己的聪明才智发挥出来。同时，作为单位领导，也要注重用“集体选珠”取代“慧眼识珠”，通过完善制度、坚持标准、强化监督等有效形式，真正让思想道德好、综合能力强、责任心和群众基础拔尖的“珠宝”类人才脱颖而出。

40. 穿针心理的克服

问：我有个问题想咨询您，就是为什么我一到关键时刻就掉链子。比如，老师都说我成绩很好，可高考差3分就被录取；连队考核我成绩都过关，但代表连队参加团里的比武就输得不明不白。我知道有人私下说我成不了大器，真是这样吗？

答：有这样一个故事，一个老板爱好广泛，尤其喜欢收藏古董，简直着了迷。前些天，他气鼓鼓的，原来，他家的保姆在给古董除尘时，失手把一件最值钱的古董狮头瓷瓶给摔坏了。真是邪门了啊！哪件都没摔坏，就摔最值钱的。他承认，保姆几年来与他们家相处得很好，不可能使坏啊。最可气的是，这个瓷瓶刚买回来的时候他就对保姆说，这是家中最值钱的古董，擦拭时一定要小心。日后，怕她重视不够，又多次提醒她，千万要小心，别摔坏了。可不愉快的事情偏偏发生了。

心理学家曾做过这样一个实验：在给小小的缝衣针穿线的时候，你越是全神贯注地努力，线越不容易穿进去。这种现象，科学上称为“目的颤抖”，俗称“穿针心理”，就是目的性越强越不容易成功。这种现象在生活中并不鲜见。

有一个姓张的杂技演员，脚蹬大缸已有多年，可谓驾轻就熟。因为年龄偏大，他决定改行。在告别舞台的那天晚上，他把亲朋好友都请过来观看。亲戚朋友为表示心意，有的拉起了标语，有的举起了小旗，有的送上了花篮……场面十分热闹。然而，正当人们为他精湛的演技喝彩时，他却“失手”了：由于一脚蹬偏，偌大的瓷缸重重地砸在他鼻梁上，他当场昏了过去。

事后有人问他：“凭你的技术，怎么会出此意外呢?”他说：“那天，心里总是想，这是自己杂技生涯的最后一场演出，而且请了这么多亲朋好友捧场，一定要表演得很出色，千万不能出错。谁知道表演时一走神，就出事了。”

从表面上看，“失手”是偶然的，其实却有必然性。因为人都有这样的特点：当某件事情过于重视时，心情就会紧张起来；而当心情一紧张，往往就会出现心跳加快、精力分散、呼吸急促、动作失调等不良反应。

很多人在人生的关口“失手”的重要原因就是由于心理过于紧张和焦虑。因此，对任何事都怀有一颗平常心，做事反而顺手和容易成功。

41. 给新兵的十二个字

问：我是一名新兵，入伍后发现部队很多地方与想象的不太一样，难免有些灰心丧气。请问我该怎样面对以后的部队生活?

答：参军入伍，是每位新兵的人生转折点，从家庭、学校步入社会，从不成熟、半成熟走向成熟，从依靠亲人师友转为自为自立。很多新兵抱着锻炼自己的目的来到军营，但现实总与心中的憧憬有些区别，部分新战友开始反悔、沮丧、闹脾气、耍性子。

作为一名老兵和心理教育工作者，我送给刚入伍新兵尽快实现心理适应十二个字。

炼其心。成功人士是以健硕的体质作为基础，再以强大内心力量战胜对手。合格的战士应具备勇敢、坚韧、包容、善良、血性等特定品质，而这种心理素质的培养正是从新兵训练开始的。起床号响起至熄灯号停止一整天，新兵的每个节奏、步骤乃至每个动作，都整齐划一规范着一个人的行为，塑造着一个人的性格。只有不抱怨，主动适应，才是心灵成长的唯一途径。记住一句话，把自认为合理的叫训练，把自认为不合理的当作磨练，不管合理不合理，对自己都是锻炼。

劳其骨。几乎每位新战友说得最多的是一个字“累”，军事体能训练真累。这是事实。但要懂得军人的天职是战斗、打胜仗，没有强壮的体魄哪能在战场上冲锋陷阵？部队早已积累了科学的体能训练方式方法，只有训练量提高到合理水平，肌肉、骨骼重塑才能在短期内实现。累的时候记住一句话，不经历风雨，怎能见彩虹？

坚其志。每名新兵都是带着一定目的、或叫理想、或叫目标、或叫志向入伍的。训练环境的优劣，带兵骨干的风格，饭菜是否合口，都会影响新兵情绪。有的人对此有心理准备，并无怨言；而有的人无心理准备，遇到问题牢骚顿生，进而忘记自己入伍的初衷。环境不易改变，唯有改变自身。谁见过鸟类因为天气而改变迁返线路？谁见过虎豹奔向水源时转而攻击近在咫尺的猎物？这都是定力在起作用。每个人都有追求，要记住，困难是意志力高低的试金石，挫折是挡住懦夫的门户。

修其德。人之初，性本善，之所以出现人品高下之分，是后天影响潜移默化形成的。军营是塑造高尚道德的理想场所，德高者方能服众。不因身为小卒而不修德，也不因身为将星而忘修德，德是一个人立身之基、孚众之要、成事之本。修德要始终牢记一句话，性情的修养，不是为了别人，而是为自己增强生活能力。

42. 让你充满自信的10个动作

问：您好！我大学毕业入伍来到部队，因为不是军事院校毕业，总觉得军事素质不如其他人。看到团长在众人面前潇洒自如的动作，我很羡慕。都说身体语言能够提高自信，真的是这样吗？能否给我介绍一些简单实用的身体语言？

答：在人们开口说话之前，很多相关信息就被身体语言泄露出去了。一个人在自信时和紧张时的站立和步行往往姿态判若两人。要给人充满自信的感觉，就必须关注身体语言。下面我提供“让你充满自信的10个动作”。

（1）避免手插口袋。当我们感觉不舒服或不自信的时候，就可能会不知不觉地将手插入口袋。当我们感觉紧张的时候，我们就会本能地藏起双手。只要你将手插进裤子口袋，就会给人留下“自信不足”的感觉。而将双手置于口袋之外则是自信的表现，传递的是“君子坦荡荡，没啥可隐藏”的信息。另外，双手插进口袋还会让人更容易表现懒散，给人留下不好的印象。专家建议，将双手置于臀部或大腿外侧，可让自信倍增。

（2）不要手足无措。手足无措是神经紧张的最明显标志。如果一个人无法保持安静，则说明其内心非常忧虑和慌张，自然是不自信的表现。双手动作最容易出卖一个人的内心感受。因此，要增强自信就必须管好你的双手，努力保持手势平静另外，身体坐下之后，应该避免快速抖动双腿的坏习惯。抖腿也是神情紧张的一个下意识动作。专家建议，控制好手脚，防止不该发生的小动作。

（3）双眼直视前方。在各种身体语言中，双眼视线的处理方式是最能体现自信。独自行走的时候，人们往往自然微微低头，双眼关注脚步。然而，在人际交往过程中，“低头看脚”给对方留下的印象却是“我不想参与谈话”或者“我不想与你互动交流”。如果你在这方面注意不够，那么在交际过程中，也许就会习惯性地保持这种姿势。专家建议，平时就应该培养“抬起下巴，双眼前视”的习惯，即使独自一人走在大街上的时候，也应提醒自己注意这一点。

（4）挺胸站直身体。站直身体是保持自信最重要的10个动作之一。如果你在平时生活中始终低头垂肩没精打采，那么挺胸站直肯定具有挑战性，但是必须克服困难。站直身体是在交流过程中展现自信的最重要方式。在走路或站立时，双肩稍稍后拉，胸部微挺，即有助于养成保持挺直站姿的习惯。这一小幅度简单动作可以让你的站姿发生巨大的改观。专家建议，试试在镜子前保持挺胸站直动作，你会惊讶地发现，这个动作的确会让你自信倍增。

（5）走路大步流星。自信者的步态绝不会被描述成“疾步乱窜”“缓缓爬行”“偷偷摸摸”或“鬼鬼祟祟”。步态与自信关联密切。通常走路大步流星是自信的表现。专家建议，走路时步子迈大些，会让你看起来更具有果断性，内心平静，处事不惊。这些都表示你是个充满自信的人。

（6）握手有力。在英语中，人们往往用“像握住了一条死鱼”来形容交际中出现有气无力的握手动作。见面介绍后，相互握手时软弱无力，表明缺乏自信。相反，握手有力则是自信的体现。如果初次见面，握手时应该充满自信且有一定力度。而与曾经见过面的人握手时，不妨考虑使用双手，一只手握住对方的手，另一只手则可放在其肘部，这会显得更加热情。专家告诫，握手毕竟不是掰手腕比赛，握手时切忌用力过猛，捏痛对方的手，另外握手时间也不宜过长。

（7）打扮得体。试想，如果你走进一个有许多美女或同事的房间，自己却仪容不整、头发乱糟糟、皮肤很粗糙，活像“后街男孩”。房子里的人对你的反应可想而知。其实，衣着打扮是一种“客观语言”，同样在交际过程中可以传达重要信息。整洁的衣着、得体的发型、清洁的面容和吸引人的身体气味等因素，都可为提高自信成功交际助一臂之力。专家建议，必要时可适当使用适合自己的美发美容产品。

（8）保持微笑。自信者之所以可以笑对一切，是因为他们没有可担忧的事情。不妨做这样一个试验：当你走在街上或者走进办公室的时候，对与你擦肩而过的人微笑，再看看对方有何反应。结果是，十有八九，对方也会对你微笑。由此可见，微笑对人的影响是巨大的。专家建议，微笑可以增添自信，可以拉近人际距离。

（9）社交时不要交叉双臂。当我们感觉寒冷、紧张或戒备的时候，往往会双臂交叉合抱于胸前。这种防御性动作传递的信息包括：封闭内心、心情不好、不想与人交流，或者是掩饰不满、焦虑等情绪的消极心态。试想，在俱乐部门口齐刷刷站立着一排身材魁梧高大、粗大的双臂交叉于胸前的保镖。他们看上去会是你乐意谈话、开玩笑或共事的理想人选吗？答案可能是否定的。保镖的职业要求他们必须表现出这种具有威慑力的姿态。然而，绝大部分工作都要求人们看上去更可爱、开放和自信。专家建议，社交中应适当放松，不要交叉双臂。

（10）身体接触表达欣赏。身体接触动作可表达善意和亲密。轻拍后背这一动作就可表达欣赏和支持。因此，当朋友或同事妙语惊人或表现不凡的时候，不妨轻拍其后背。大多数人不会因为你的这一动作而兴奋得忘乎所以，但是肯定会对这一肢体动作所表达的爱和尊重大加赞赏。

43. 自吹自擂是虚荣

问：我是一名班长，我们班小张是士官，他喜欢在战士面前吹嘘自己以前当兵和当班长时的"辉煌经历"。刚开始，大家还有些新鲜感，可听多了之后就觉得腻烦，于是便躲着他。然而，小张却毫无察觉，还是逢人便"吹"，到处讲他"那点旧事"，搞得大家对他都有点反感了。作为班长，我该如何做小张的工作呢？

答：小张的这种行为属于典型的虚荣心理，虚荣心理实质上是期望拥有但实际上并未拥有某种荣耀，而在行动上竭力"虚构"出拥有某种荣耀的扭曲心理，是为了取得荣耀或引起外界普遍关注而表现出的一种不正常心态。年轻人争强好胜的心理比较强，喜欢事事都要高别人一头，喜欢处处"证明"自己。然而，一个人的阅历、能力毕竟有限，不可能事事都比别人优秀。在这种情况下，向不明真相、不了解自己的人"吹嘘"，一方面可以使对方"高看"自己，另一方面可以不费吹灰之力获得"虚荣"，这是满足虚荣心理最好的方式。然而，一旦吹嘘上瘾，成为习惯，时间久了，便会被大家厌烦、疏远。当一个人长期被他人疏远之后，轻者会变得更加自我迷恋、孤芳自赏，成为孤家寡人或成为阿 Q 式的人物，即便有人与之接近，也可能只是为了"取乐"；重者变得自我封闭、冷漠孤僻，对周围人产生误解隔阂，有时还会产生危险的动机，造成不良后果。

走出“自我吹嘘”的阴影，须做到以下几点。首先，要正确理解荣誉的意义。想要获得荣誉，是一种健康的心理期望，是推动官兵进步的强大动力。人人都有自尊心。然而，自尊与尊重他人、重视他人是不矛盾的。个人获得荣誉，固然值得宣扬。然而，众人拾柴火焰高。个人的荣誉永远没有集体荣誉那么耀眼。如果能把个人荣誉与集体荣誉结合起来，会让人觉得更加可贵。其次，要树立活在当下的心态。活在过去的人被过去束缚，不思进取；活在未来的人被未来迷惑，不切实际；只有活在当下，才能看清真实的世界，从而把握现在，实现自己的人生价值。如果能立足当前与实际，踏踏实实做好本职工作，在现实中取得成绩，就不会沉溺于昔日的“辉煌”，做到“好汉不提当年勇”。第三，要养成虚心进步的习惯。一个人只有虚心好学，不知足，善于接受别人的意见，甚至批评，虚心学习他人长处，敢于正视自己的不足，勇于自我深刻剖析，才能实现自我健康成长。最后，要调整好自己的精神状态。要养成健康的生活、思维与心理卫生习惯，一个人只有心理正常了，才能管理好情绪，保持谦虚谨慎、乐观向上的心态，才能从“自我吹嘘”的阴影中走出来。

44. 爱面子让人活得累

问：这么多年我都一直被一件事困扰着，那就是我特别爱面子，这让我感觉到很累。举例子说吧，上大学的时候，我家庭条件不太好，我也很体谅父母，不乱花钱。可一到同学一起出去吃饭的时候，我总是抢着付钱。结果往往是早早花光了生活费，要吃馒头、方便面维持大半个月的生活，还要满不在乎地和同学说，自己胃口不好，不想吃油腻的，“打肿脸充胖子”大概讲的就是我这种人吧。我自己要面子，也不愿意驳别人的面子，所以我也是大家公认的好人，因为我总是对别人有求必应，即使是自己很难办到的事，为了显示自己有能力，也爽快地答应。比如别人找我借钱，我总是说没有问题，到现在还有十几个人欠着我的钱。我的爽快，只是让更多的人有求于我。因为爱面子，我也很少求人，所以可以说我的付出也很少有回报。而且，我还发现大家反而更在意那些

“不好惹”“难说话”的战友，不敢冒犯他们，而对于我则完全没有顾忌，我心里真的很不平衡，可是我就是不敢说“不”，我也不知道我在怕什么。我真的想不明白，同样的生活，为什么我要过得这么累？我该怎么改变呢？

答：其实这名战友是典型的为爱面子心理所累。很难说爱面子有什么不好，中国人最爱面子是世界公认的。但是如果像留言中的战友一样，因为顾及面子、取悦他人而背负巨大的心理压力，就要思考一下自己是否有问题了。美国心理学家莱斯·巴巴内尔认为这种压抑内心不满取悦他人行为是出于一种病态心理，称之为“取悦病”，也称“认同依赖症”。这类人貌似很强大、很自信，为大家所喜欢，其实他们内心多是自卑而又缺乏安全感的。所谓“最在乎的恰恰是最缺少的”，爱面子的人潜意识中认为自己是不被认可“没有面子”的。所以，他们才会比其他人更渴望得到别人的认可和赞扬，害怕否定和批评。同样道理，对于损害自己面子的人和事他们也会很难释怀，因此一种矛盾而扭曲的心态就产生了，一方面非常热心，乐于助人，而另一方面他们又压抑自己，把不满埋在心底，对他人怀有戒心。因此他们常感觉到痛苦、孤立、空虚、罪恶感、羞耻感、愤怒和焦虑，这样对身心健康极为不利。

那么，该如何来克服过于爱面子的心理呢？

一是要坚持原则。要想改变过于爱面子的现状，首先要学会坚持原则。我们要明白，这个世界上有形形色色的人就有形形色色的价值观，我们做得再好，也无法赢得所有人的认可。那我们为什么还要花费不必要的钱买本来不需要的东西，花费不必要的精力去做没有意义的事呢？与其费尽心机去投他人所好，不如轻轻松松做真实的自己，坚持自己的原则，哪怕自己做的事情会有某些人甚至很多人不满意，也要坚持做下去，只要内心觉得这件事是对的，有价值的。生活是要踏踏实实落在每一天、每一秒、每个当下，而不是给别人看的，因此我们真的没必要去为了获得别人那瞬间的“敬佩”的目光而委屈自己，要知道为了面子“取悦别人”的同时，我们正在“失去自我”，做本色的自己才是最快乐的。

二是学会拒绝。爱面子的人因为过于在意自己在别人眼中的形象，他们怕别人拒绝自己，同样拒绝别人的话自己也说不出口。一则怕得罪别人，二则怕别人认为自己没有能力。所以，即使别人提的要求伤害了自己的利益，心里非常不满，脸上仍一如既往地堆满笑容，对别人的请求满口答应，生怕别人对自己做出负面评价，殊不知一个请求满足了，自己变成了周围人眼中的“能人”，就有更多的请求相继而来，久而久之只会让自己身心疲惫，“死要面子活受罪”形容得就很贴切。所以，过于爱面子的人想要改变自己，必须首先学会拒绝“不合理”的请求。要知道很多时候求助的人只是抱着试试看的态度，其并没有对你抱有过高的期望，你拒绝后他还会想别的办法，也许会找到更合适的人，事情办得更有效率。伪装强大只会让内心越发虚弱，学会勇敢地说“不”，你会发现拒绝并没有那么难。换个角度来看，如果一个朋友不能设身处地地替你着想，理解你的困境，那么，这样的朋友失去也不可惜。

三是努力充实自己、丰富自己。过于爱面子的人对拒绝和失败的恐惧归根结底还是内在虚弱的表现，真正自信的人是不怕丢面子的。正如一个亿万富翁不会怕人说他穷酸，一个学者不会怕人说他没文化一样，如果一个人内在足够强大，对自己充满信心，也就没有这么多畏惧了。所以，不如把取悦别人的时间和精力用来充实自己的内在。讨好人不如影响人，一个内涵丰富而又充满自信的人是会从内而外散发出人性魅力的，这要远比一个善于讨好巴结的人更能赢得他人的尊重。人生的路是一步一个脚印、踏踏实实走出来的，专注于充实自己、丰富自己的人注定会拥有芬芳的旅程。

45. 轻松应对紧张生活

问：我是一名新兵，入伍前听说部队的紧张生活，但真正到了部队，发现实际上比我想象的还紧张，我有点不知所措，请问我该怎么办？

答：军营生活节奏快，从早晨起床到晚上熄灯，集合、站队、穿衣、吃饭、训练、学习等一切活动都要踩着钟点，都必须在规定的时间内完成。因此，不少新兵会出现紧张、焦虑，甚至失眠，引起情绪波动、心理烦躁、血压增高等生理心理变化，不仅影响工作、学习和个人进步，而且对身体健康不利。

遇到这样的情况可以从以下几个方面做起：

（1）掌握部队一日生活秩序和规律。部队生活虽然紧张，但却井然有序，有规律可循。只要熟悉掌握了部队一天的工作和生活程序、规律以及制度，增加了预见性和主动性，就可以做到忙而不乱、紧而有序。

（2）学会做时间的主人。养成尽可能在限定的时间内完成计划任务的良好习惯。俗话说：一步慢，步步慢。如果在遵守一日生活制度上总比别人慢半拍，难免就会产生心理压力，从而延长了不适应期。

（3）加强技能技巧的培养。熟练的技能技巧不仅能节约时间，更重要的是能减轻心理紧张度。因此，提高各种活动技能也能促进对部队生活的尽快适应，如空闲时练习一下叠被、打背包、穿衣等。

（4）休息时间学会放松。比如，和战友开开玩笑、打打球、下下棋、唱唱歌，等等。

46. 落榜考生，昂首走过“心理雨季”

问：我今年参加军校考试，领导和亲友对我有很大期待。但自己不争气，成绩就差那么几分。知道落榜的消息后，我一直在众人面前抬不起头来，请问我这心理疙瘩如何解开？

答：人生总有许多沟坎需要跨越，跨越了就会成长；生命总有许多迷茫需要领悟，领悟了就会成熟。

全军文化考试成绩出来后，落榜的考生自然会心情不好，这是正常现象；但部分战友因此情绪低落、懊恼自责、暴躁易怒，影响了训练和工作。

有人金榜题名自然有人名落孙山，胜败乃兵家常事，战友们需用平常心对待考试落榜。俗话说：“三百六十行，行行出状元。”在这个选择多元的时代，人生不是只有上军校这一条路可以走。“专家士官”朱桂全、“全能士官”宗道辉、“铁甲精兵”贾元友等一大批先进典型告诉我们：战士岗位作为不小，普通一兵也能成才。我军波澜壮阔的现代化建设需要一大批高素质的士兵，坚信只要踏实努力，一样也能干出人生的精彩。

当然，年轻官兵面临失利难免会出现沮丧、失望的心理，只要积极调整、宣泄内心积压的负能量，就能很快走过这段特殊的“心理雨季”。课余时间，战友们通过听音乐、阅读书籍和体育运动等方式转移注意力，也可以多跟亲人、战友沟通倾诉，宣泄内心的负面情绪。

既然落榜已成事实，就不要再为打翻的牛奶哭泣，不如从头开始，从战士岗位起跳。祝落榜战友在军营道路上取得成功！

47. 塑造阳光心态

问：生活中谁都会遇到不顺心的事，我总觉得好的心态会使人处理各种挑战变得简单，而不良心态无助于事情解决，反而给自己增添烦恼。我想请您给我们解释一下怎样才能塑造阳光心态呢？

答：阳光心态是什么？阳光心态是积极、乐观、自信、知足、感恩、善良、达观的一种心智模式。每一个人都渴望拥有灿烂的人生，但真正能够活得精彩无限，有滋有味儿的，却是那些始终以积极的方式回应生活的人。生活就是一种态度，你能驾驭自己的心态，其实就开始了你的精彩人生。

的确，我们在日常生活中会经常遇到各种各样的麻烦和困扰，比如工作环境不称心、经济条件不宽裕、评优评先没有份、受冤枉挨批评，等等。如果总是想不开，就会导致情绪失控。一些同志为了芝麻大点儿事，出言不逊，更有甚者，干脆连工作也不干了，破罐子破摔。这样的行为会使自己的人品大打折扣，同时人际关系也会严重受损。而他们却往往以诸如“怀才不遇”“生不逢时”为托词来为自己开脱。一个宽容豁达的人，面对同样的困境就能持积极心态，妥善对待和处理好这些事情，他们的人生就可谓顺风顺水。这种豁达、乐观开朗的心态，就是我们所说的“阳光心态”。

塑造“阳光心态”，个人的内在修养至关重要。《庄子》中有一则故事：在一个大雾迷漫的清晨，一人划船逆流而行，忽见一只小船顺流而下，向自己驶来。他大声呼喊：“小心，注意！”但对方却不理不睬。就在两船擦肩而过的瞬间，他发现原来那是一只空船。此时，他满腔怒气立即烟消云散，还为自己躲避得及时而暗暗庆幸。以后他很少再发脾气，因为他把每个人都看成是“无人的空船”。如果我们的心态修养能达到把对方当作一只“空船”的境界，自然会获得一种“不计较”的洒脱。积极的心态就是一缕温暖的阳光，它能驱散心中的阴霾，哪怕遇到再多的艰难险阻，也能享受到其中的愉悦。

电视剧《士兵突击》中的许三多，新兵下连就被分到荒无人烟的大草原上。残酷的现实，对于向往火热军营生活的人来说无疑是当头棒喝。在这样的环境下，许多人选择在无所事事中虚度青春。而许三多心中却有一个念头：“不抛弃，不放弃”，始终保持积极向上的“阳光心态”，坚持每日作息时间，坚持每天的军事训练。同时，他还凭着坚韧不拔的毅力，独自修了一条当年一个加强排都没有修下来的路，给偏远的哨所增添了亮色，给周围的战友带来了激励。有个哲人说过，生活中并不缺少美，而是缺少发现美的眼睛。所以，我们应该养成一种习惯，用心灵的摄像机经常去发现生活的美好。不管周围环境如何变化，既来之，则安之。

《小窗幽记》中有这样的诗句：“宠辱不惊，看庭前花开花落；去留无意，望天空云卷云舒。”让我们给自己的心开一扇窗，让阳光进来，塑造积极健康的“阳光心态”，去勇敢面对充满挑战的未来。

48. 军人素质和气质的养成

问：有人说当兵后悔三年，不当兵后悔一辈子，这句话说得挺有意思。不管怎么讲，我个人觉得，当兵是尽义务、走出家门，我不后悔到部队这个大熔炉来锻炼和学习。我当兵前崇拜的就是品行诚恳，办事果断的军人。我提问的问题是，如何形成军人特有的气质呢？

答：军人的骄傲可能写在你的脸上，可能表现在你的举手投足间，可能表现在你的言谈里，也可能体现在别的什么地方，即使是身着便装或者解甲归田，人们见了你还是会说：你是军人吧？或者说：你当过兵吧？要问为什么，对方准保答道：凭你身上的军人气质。

那么，军人的那种特有气质到底是什么呢？概括起来有以下几点。

一是沉稳。面对险情沉着镇定，不会手足无措，慌乱莽撞，凡事先思考后再下结论。这就是常人说的老成持重。

二是细心。军人绝不是大块吃肉、大碗喝酒的代名词，而是粗中有细，见微知著，善于从细节发现问题。平时做事有板有眼，有条不紊，物品摆放井然有序。

三是胆识。胆识不一定表现在危难时刻，就是在平时也会体现在举手投足之中。比如，遇到困难时会想到别人想不出的办法和点子，勇于尝试新方法、新手段，任何时刻都不放弃希望，任何时候都自信勇敢。

四是大度。对人大度，对事大度，不刻意贬低别人，不推过揽工。勇于奉献，勇于吃亏。在必须有人牺牲或奉献的时候，自己走在前面。

五是诚信。诚信是所有优良品质中最好的一种，诚实守信，说到做到，不耍小聪明。可以说诚信是一个人的品牌，外人评价一个人，关键就是评价其诚信度高低。

六是担当。在需要检讨过失的时候，先从自身或自己人开始反省。事情结束后，先审查自己过错，再列述功劳。担当是一个男子汉的体现，是一个人成熟的象征，唯有敢于担当者才能成大器。

那么，如何在平日点点滴滴中塑造军人的气质呢？下述几点供你参考。

（1）在自我磨练中培养品德。磨练是一种修行，是一种积累经验和增强自身能力的修行。它与奋斗者不同，磨练者注重过程。比如说，僧人每日朝起夕憩，食素坐禅，他们并不看重这种磨练最终会带来什么天大的好处，他们只是在月月年年的修行中平静自己的心灵，洗净自己的灵魂，在磨练过程中提高境界，在修炼的过程中体会愉悦，这便是磨练者的幸福。

（2）在与人相处中塑造形象。青年官兵在人前首先应当表现得乐观、开朗、有自信心。军人在任何时候都没有理由悲观，更没有理由消沉。其次表现出稳健、坚定、有自制力。毛泽东的雄伟气魄、刘少奇的深沉思考、朱德的稳健步履、周恩来的敏捷动作和诙谐谈吐……都在人民心目中留下了不可磨灭的印象。这些都值得我们学习，在时时处处注意把握自己，逐步完善自己，我们完全可以培养自己良好的风度。

（3）强身健体，优化体型。强壮的身躯，隆起的肌肉，洪亮的嗓音，这些都是男性特有的刚强象征。如果站没站姿、坐没坐姿，会显得老态龙钟，锐气全无。

（4）不忽视细节。“合抱之木，生于毫末；九层之台，起于垒土；千里之行，始于足下”。做事要认真，不管你是否认为它有用没有。养成一切行动听指挥习惯，命令一下不论是什么情况都坚定不移地执行；行动迅速，说做就做；培养自信的语言，把“我不行”换成“我行，我一定能办好”；让笑容像阳光一样时时展露出来，并感染周围的人；用知识来武装自己，用音乐来熏陶自己，用锻炼来强壮自己。总之，要培养军人的气质，就要时时注意自己的形象，做个懂得静修的人。

49. 成长路上的蘑菇效应

问：我学的是军事指挥专业，大学里那真是“书生意气，挥斥方遒。指点江山，激扬文字。”一想到分到部队后就等于迈上成为将军的路途，心里十分得意。可来到部队，身边个个都是我这样的人，个个好像都有各自的“独门绝技”，我突然觉得当将军绝非易事。心理茫然，不知今后的路怎么走。

答：不想当将军的士兵不是好士兵，然而，将军也是一步一个台阶走过来的。我想给你讲个心理学的效应——蘑菇效应。

蘑菇长在阴暗的角落，得不到阳光，也没有肥料，自生自灭，只有长到足够高的时候才会开始被人关注，可此时它自己已经能够接受阳光了。人们将这种现象称之为“蘑菇效应”。“蘑菇效应”很形象地诠释了多数人的工作经历：一个刚参加工作的人总是先做一些不起眼的事情，而且得不到重视。当他默默无闻地工作一段时间后，如果工作出色就逐渐被人关注并得到重用；如果工作不出色就逐渐被边缘化，甚至被人遗忘。从传统的观念上讲，这种“蘑菇经历”不一定是什么坏事，因为它是人才“蜕壳羽化”前的一种磨练，它可以消除一些不切实际的幻想，从而使人更加接近现实，能够更加理性地思考和处理问题，对人的意志和耐力的培养具有促进作用。

可是，人们如果用发展的眼光来看，“蘑菇效应”也有着先天不足：对一些真正有才华、有抱负的年轻人来说，“蘑菇经历”有可能耗费一生中最美好的时光，甚至有可能因不受重视（长在阴暗的角落），得不到必要的指导和提携（得不到阳光，也没有肥料），而最终被埋没（自生自灭）。

那么，如何尽快长成“大蘑菇”呢？

首先不要永远被动。希望别人赏识自己，是人的本性。应学会主动承担更多工作。遇到难题，多向上级请示，自己主动去解决。但也要明白，上级自有他的工作范围，切勿事无大小都去请示，那样会显得自己无能，任何时候都要及时报告工作的进展。

其次是不违背上级的意志。有的年轻人血气方刚，觉得自己什么都懂，不把上级放在眼里，最终与上级为敌，自然断送了自己上升的路子。只有在尊重领导的前提下发表自己的意见，才能合适地表达自己。

第三，把困难当做对自己的磨砺。如果没有困难，人人都可成功，正因为有困难，才吓到了一批意志力薄弱的人，使自己人生路上少了许多竞争对手。俗话说：“吃得苦中苦，方为人上人。”

50. 老觉得自己的生活很不幸怎么办

问：我平时总有种忧愁萦绕在心中，但又说不出到底是种什么忧愁。在军校读书时有这种感觉，分到部队后仍有这种心理，老觉得生活得很不幸。请帮帮我。

答：看过《红楼梦》的人，都会对总是以泪洗面、悲悲戚戚的林黛玉留下深刻的印象。从心理学的角度讲，一个人如果偶尔有忧郁的情绪状态，倒不是什么问题，但如果像林黛玉那样，使自己的情绪长期处于低落状态而不能自拔，久而久之，便会形成忧郁的性格。

具有忧郁性格的人，有这几方面的表现：其情绪较长时间地处于低潮，甚至有悲观厌世的念头；生活缺乏乐趣，对工作缺乏热情，对前途缺乏信心；常常感到疲劳，吃饭没胃口，睡眠困难。忧郁的形成，主要有三个条件：其一，严重失落感。失去亲人、失去荣誉和尊严、失去社会承认和支持，都可能产生失落感。其二，自我认识发生偏差。常常倾向于自我低估和自我责备，对前途缺乏信心，甚至愿望丧失，陷入忧虑状态中。其三，缺乏安全感。总认为自己孤独无助，长期被动地承受着心理压力。

因此，要及时走出忧郁的阴影，就要做到：多一点乐观。俗话说，乐能忘忧。当人快乐时，会觉得什么事都涂上了快乐的色彩。相反，当人忧愁时，看什么都不顺眼，好像一切都在与你作对。从这里可以看出，乐而观之与悲而观之是两种不同的心理状态，对人的意义也截然不同，乐观使人振奋，悲观使人消沉。一个“乐天派”，往往健康长寿，而多愁善感、抑郁寡欢的林妹妹最终是积郁成疾，早早夭折。当然，乐也有积极与消极之分。消极的乐，恐怕会越乐越忧；积极的乐，才能“乐而忘忧”。因此，我们必须创造和享受积极的乐。第一，助人为乐。世界上对快乐体验最深的人是那些乐于助人的人，只有给人快乐的快乐，才是真正的快乐。第二，苦中有乐。这包含着与苦斗其乐无穷，也包含着从苦中寻得的乐是最大的乐。第三，自得其乐。在军营中到处都有积极的乐，听一段音乐，会把你带进美妙的旋律世界；与战友下盘棋，可享受竞技的乐趣，等等。总之，多了快乐就会少了忧愁，有了乐观就少了抑郁。

多一点辩证思维。人的忧郁大都起因于思想方法不太正确，拿起了辩证的武器，忧郁的情绪就会失去存在的思想基础。人们平时常说“知之深，才能爱之切”，讲的就是这个意思。因此，要走出忧郁的误区，非常需要辩证地对待和处理问题，特别是与个人利益极为密切的问题。如在个人“得与失”的问题上，不为一“得”而张狂，不为一“失”而伤感，不为个人有所“得”而让集体有所“失”，乐于个人有所“失”而让集体有所“得”；看到许多“失”其实是“得”，而有的“得”可能是“失”或会导致更大的“失”。看透这些，还有什么问题会让自己忧郁呢？

多一点自我激励。幸运与不幸、成功与失败、幸福与悲哀总是相伴同行的。每个人都有可能遇到不幸，这不可怕，可怕的是不能勇敢地面对不幸。要知道，忧郁永远不可能战胜不幸。“自古英雄多磨难”，人就是在不断地同不幸作斗争中成长进步的。正如高尔基所说：“一个人是在同周围环境的反抗中创造成功的。”自我激励，实质上就是在困难中激励自己，在艰苦中鼓励自己，以使自己永葆高昂的精神状态，心力永远指向成功的目标。

51. 成功需避免约拿情结

问：我高中毕业后入伍，说老实话，我入伍的目的就是考军校。结果今年考试后被解放军理工大学录取，这不但出乎家人和朋友的意料，也出乎自己的意料。可是，一想到马上就要去军校报到、学习了，我心里就紧张。我自己知道这是心理毛病，可毛病出在哪儿呢？

答：蝴蝶效应、青蛙效应、羊群心理等名词在心理学中常常被引用，人们对之也比较熟悉。但是，心理学上还有一个需要被人们重视的“约拿情结”，尤其是在军营里的很多青年官兵正处在世界观、价值观的形成与发展时期，因此，需要对约拿情结的概念、表现形式、成因及其克服的措施给予重视。

首先，约拿情结是美国著名心理学家马斯洛在《人性能达到的境界》中首先提出的一个心理学名词。约拿是一个基督教的概念，意为“鸽子”。鸽子的性情是驯良的，鸽子的工作是传递信息。约拿在完成了神托付的一件大使命以后，就把自己隐藏起来，不让人纪念他，觉得自己名不副实：他做工作是不得已的，是承蒙了神的大恩才完成的，把众人的目光引到神那里去。简单地说，约拿情结就是对成长的恐惧，是在成功面前的畏惧心理，它反映了一种“对自身伟大之处的恐惧”，并导致我们不敢去做自己本来能够做得很好的事情，甚至逃避发掘自己的潜能。它来源于心理动力学理论上的一个假设："人不仅害怕失败，也害怕成功。"约拿情结的另一个问题还在于，自己怕出名，但如果别人出了名，他又会嫉妒，心里巴不得别人倒霉。约拿情结是一种复杂的心理现象，它的存在也许有一定的合理性，例如可以平衡内心心理压力；不过，从自我实现的角度来看，这是一种阻碍生命成长和自我实现的心理障碍因素。

其次，在日常生活中，约拿情结可能表现为缺少上进心，或称"伪愚"。在表现上，约拿情结一方面是表现在对自己，另外一方面是表现在对他人。对自己，逃避成长，拒绝承担伟大的使命。对他人，嫉妒别人的优秀和成功、幸灾乐祸于别人的不幸。人类的心理是复杂而奇怪的：我们渴望成功，但当面临成功时却总伴随着心理迷茫；我们自信，但同时又自卑；我们对杰出的人物感到敬佩，但总是伴随着一丝敌意；我们尊重取得成功的人，但面对成功者又会感到不安、焦虑、慌乱和嫉妒；我们既害怕自己最低的可能状态，又害怕自己最高的可能状态。简单地说，这些表现，就是对成长的恐惧，既畏惧自身的成功又畏惧别人的成功。约拿情结如果发展到极致，就是自毁情结，即面对荣誉、成功、幸福等美好的事物时，总是浮现"我不配""我受不了"的念头，最终到手的机会放弃了。

再次，我们大多数人内心都深藏着约拿情结。约拿情结作为一种普遍存在的心理现象和社会现象，究其产生的根源，有以下几点：一是一个人由于自身条件的限制以及其他各方面原因的影响，在面对各种事物时，心中产生"我不行""我办不到"的想法，为其在今后的成长过程中埋下了隐患和伏笔。在我们小时候，由于本身条件的限制和不成熟，心中容易产生"我不行""我办不到"等消极的念头，如果周围环境没有提供足够的安全感和机会供自己成长的话，这些念头会一直伴随着我们。二是周边环境的影响。因为周边环境不能提供一种安全感和成长机会供自己成长，加之先前留下的"隐患"，会使人产生一种患得患失的感觉，从而会失去有利的时机和机会。三是民族文化以及从众心理的影响，诸如"出檐的檐子烂得快""枪打出头鸟"的惯性思维，往往会使人包装成

“谦虚”的外衣，甚至刻意去迎合大众心理，使自己的棱角被磨平，从而导致自甘平庸。

最后，克服约拿情结是一个非常复杂的心理问题、文化问题、社会问题。第一，每个人必须清楚地了解自己的内心状况，大胆承认约拿情结的存在。在面对责任和压力时，要克服恐惧和害怕心理，鼓起勇气，坚定信心，相信自己，明知山有虎，偏向虎山行，不管遇到怎样的困难和挫折，要有破釜沉舟、血战到底的勇气和信心。第二，克服成长过程中的恐惧，同时也要看到自身的不足。世上无难事，只怕有心人。只要我们每个人尽了最大的努力，发挥了自己应有的潜能，假如失败了，虽败犹荣。尽管失败了，但起码可以积累一些经验和教训，这样离成功的日子也就指日可待了。第三，要具备毛遂自荐的勇气和信心，与其等待别人发现自己，倒不如最大限度地展现自身的才华。

希望在军营里的青年官兵在面临机会的时候，要敢于打破平衡，认识并克服自己的约拿情结，勇于承担可能导致失败的风险、责任和压力，最终抓住并获得成功的机会，让约拿情结远离自己。

52. 人生成长，先了解自我

问：听了几堂专家给我们上的心理辅导课，有个问题总弄不明白，那就是“自我概念”。我觉得“自我概念”说到底就是“自我认识”，不知是不是这样理解？我还要问个问题，生活中如何精准地认识自己呢？

答：你这个问题很有意义，说明你确实深入了解心理学常识了。你说得对，自我概念就是自我意识，也就是自我认识。这也提醒我们，今后讲心理学知识时，一定要用接近大家理解的语言讲解。

如何“精准”地认识自己呢？我还真不知道如何做到这一点。但我知道生活中如何较恰当地认识自己，那就是根据别人对自己的评价来认识自己，换句话说：“别人就是我们了解自己的镜子。”

我们通常把别人当做镜子来进行自我感知，别人如何评价我们以及我们怎样知觉别人对我们的评价都会影响我们的感知，公认的成就也能增强我们的自我概念。

心理学家跟踪研究了一些出生 3 ～ 18 个月的孩子，他们将一点红色的油墨涂在孩子们的鼻子上，观察孩子们在镜子前的反应。出生时间超过 5 个月的孩子在镜子中看见自己的形象之后会摸自己的鼻子，他们已经知道镜子中的鼻子就是他们自己的鼻子。而出生时间小于 5 个月的孩子会去摸镜子上的鼻子，他们还不知道镜子中的形象就是他们自己。

一般来讲，人在出生 5 个月以后会形成对自己的意识，知道镜子中的形象是自己。而在生活中，我们时常通过观察他人对自己行为的反应而形成对自己的评价。社会心理学家将个体把别人当做镜子进行的自我感知称为镜像自我。

如果一个人经常得到周围的人合理、积极、肯定的评价，他的“镜像自我”就是积极的，他就会自信，行为处事也多朝着健康、积极的方面发展；相反，如果一个人总是遭到周围人的批评或消极评价，他就很容易自卑、退缩。

当然，别人对我的评价可以被“我”改变。社会心理学发现，与我们的自我概念有关的并不是别人实际上的评价，而是我们觉得他们如何评价。也就是说，我们最后获得的别人对我们的评价是我们“加工”之后的结果。我们可能会因此而高估或低估别人对我们的评价，“镜像自我”会因我们的心理“加工”而变化。

需要说明的是，心理学家认为，一味在乎别人的评价并不明智。因为别人理解的价值观或者秉承的行为准则并不见得比你高明，大多数时候并不是一种“真实的存在”，而是一种模棱两可没有实际意义的话语片断，如果试图从这些无稽的评价里寻找直接实质性的结果或意义，只会让自己陷入一种虚妄愚蠢和无所适从的状态，从而处处碰壁。这一点从我国古代的一则寓言故事中也能看出来：

一对父子赶着毛驴去集市。半路上父亲对儿子说：“你走累了，骑上毛驴吧。”人们聚集在一起指着儿子说：“这是个不孝之子。”儿子赶忙把毛驴让给父亲骑，人们又指着父亲说：“这是个硬心肠的男人。”父亲只得让儿子一起骑上毛驴，人们又围上来说："这只瘦弱的毛驴多可怜呀，你们真能狠得下心来呀！"父亲只好和儿子一起下来赶着毛驴走。这时人们又惊讶地拍着手说："哈哈，这两个人真傻，有毛驴不骑，要在地上走。"父亲和儿子就这样在别人不断的评价声中走走停停、上上下下，直到太阳落山他们也没有赶到集市。

想一想，在现实生活中，有多少人像这对父子一样迷失在别人的评价里？

有时，无视评价才是正视评价的最好方式。文学评论中有一句老话，叫"一千个读者心中就有一千个哈姆雷特"，充分说明了同一个对象可能激起无数种看法和观点，而这些观点和看法的客观性和准确率你根本无法考量和验证，在这样的情况下，无视别人的评价反倒是正视评价的最好方式。

53. 合理比较，正确取舍

问：我进步不快，经常用"比上不足，比下有余"来安慰自己，觉得对调整心态挺管用的。可老婆骂我不求上进、没出息。我该怎么办？

答：我也觉得"比上不足比下有余"这句话挺好，并不时用来激励自己或自我解嘲。我大学同学中有做行政工作的，已经当了正师级干部，有的转业早的，现在已腰缠千万，可大部分同学跟我一样平平庸庸，只不过有个稳定工作而已。与地位比我高的、钱财比我多的同学相比，我心理是有些羡慕；可对于不如自己的同学，也没有笑话的理由。有时看到确实比自己好的，就想想情况不如自己的小时候的伙伴和以前的同学，自己该知足了。这样一想就坦然多了。

小品王赵本山给全国亿万人民带来了欢乐，可他自己也有自己的烦恼。有一次记者问他如何给自己调节，赵本山说："自己掌握不住自己的时候，就赶紧回农村，一看啥都清楚了。我是从那小房子出来的，在那山砍过柴，看看我同学，长得跟我爹似的。在那种环境下，我知足了。"

往上比是问题应对，要看到自己的不足，不断积极进取。往下比是情绪应对，以保持良好的情绪。但一个人不能老是往下比，那样就不会努力，无需进步了。一个人只有不断往上比，同时又随时往下比，随时调整情绪，学会这两种比较和应对法，才是一个心理健康、适应良好的人。

54. 遇到不公平的自我疗法

问：您好！我自认为平时工作兢兢业业，却不如那些能力比自己差但会和领导搞关系的人，我总觉得自己没有得到公平的待遇。这种事情在我们基层较普遍，有时我们讨论，但也谈不出个所以然来。我想请您给我们提供实现心理平衡的方法。谢谢！

答：美国心理学家亚当斯提出一个“公平理论”，认为职工的工作动机不仅受自己所得的绝对报酬（即实际收入）的影响，而且还受相对报酬（即与他人相比较的相对收入）的影响，人们会自觉或不自觉地把自己付出的劳动与所得报酬同他人相比较，如果觉得不合理，就会产生不公平感，导致心理不平衡，不公平感可能对健康产生的消极作用十分明显。因此人们必须采取措施来消除这种不平衡的心理，使心境稳定。一般来说，当事人应采取下述做法。

第一，不必事事苛求公平。人的心理常常受到伤害的原因之一，就是要求每件事都应当公平。其实，世界上根本就没有绝对的公平，所以我们不必事事都拿着一把公平的尺子去衡量，否则就是自己和自己过不去。

第二，设法通过自己的奋发努力来求得公平。比如，有些人认为只要工作踏实肯干、业务能力强就应得到领导的青睐，而把主动与领导搞好关系的举动错误地当成了溜须拍马。其实，领导也是人，而人都需要得到别人的尊重与肯定，所以有些看似不公平的事正是自己不成熟的观念与言行造成的。

第三，改变衡量公平的标准。不公平是一种进行比较后的主观感觉，因而只要我们改变一下这种比较的标准，也就能够在心理上消除不公平感。比如，自己这次没评上先进，觉得很“不公平”。但是如果换一个角度想想，就会发现这次评选先进的名额有限，许多和自己条件一样甚至强于自己的人也没评上，也许这样一想，你心里就会舒服多了。

55. 人生少算计好

问：我发现有些人很会算计，算计如何博得领导喜欢，算计如何立功受奖，生活中可以说连一个芝麻大的东西都计较。都说老实人不吃亏，可为什么占便宜的都是这些精于算计的人呢？

答：先举个例子，我去菜市场买菜，为了买到物美价廉的西红柿，我花了半个多小时货比三家。从质量到价钱，做了一番比较后，最后选定了一家。经过和小贩的讨价还价，又便宜了一毛钱。我买了五个西红柿，回家做西红柿炒鸡蛋用去两个。一个礼拜后，发现剩下的那三个西红柿竟然烂掉了。我甩甩手，把它们丢进垃圾桶。原来，我当初算计了半天，为了得一星半点的小利沾沾自喜，而更多的东西，却不去珍惜。

很多时候，我们都太喜欢算计了。为了名，为了利，即使是蜗角浮名，蝇头小利。算计到最后，得不偿失，白白让自己身心负累。

斤斤计较得来的东西，真的是你想要的吗？有的时候，你算计来的东西，就像空中楼阁，在你得到的瞬间，会轰然倒塌。你给自己设了一个欲望的钓钩，为了一个小小的诱饵，丢掉了本应属于你的东西，比如时间、心力、平和的心境等。

不算计，该是你的，还是你的；不是你的，算计来了，也会失去。不算计，就没有锱铢必较的狭隘，你的胸怀就会豁达一些；不算计，就没有对手间的剑拔弩张，你与别人之间的关系就会很和谐，生活中，少一些枕戈待旦的争斗，梦也会安然；不算计，就会少一些疾风骤雨的紧张，多一些云淡风轻的悠然。

有的时候，人真应该像植物一样生存。不去算计阳光雨露，大自然也会恩赐给你；不去算计地盘，大自然也会给你生存的领地。生在园圃里，就以娇艳的姿态生存；生在瓦砾里，就以不屈的姿态生存；生在岩缝里，就以倔强的姿态生存。

不算计，得之淡然，失之泰然，人生不亦乐乎？

56. 防人之心别太过

问：中国有句古话："害人之心不可有，防人之心不可无"，我觉得有一定道理，但是不是任何时候都得有防人之心呢？有防人之心是成熟的表现吗？

答：害人之心不可有，防人之心不可无，这话本身或许并没有错，但如果因为设防便怀疑一切，顾虑重重，杯弓蛇影，草木皆兵或小题大做，便会弄巧成拙，最后成了自寻烦恼。首先它会使人与人之间失去信任。一个人如果不是豁达一点，大度一点，而是成天怀疑别人背后会如何议论自己，如何算计自己，甚至如何诋毁自己，便会见谁都觉得不可靠，不值得信任，从而不免影响彼此间的感情。同时还让人感到你这个人不好接触，处处设防，逢人只说三分话，心眼太小，疑心太重。这样，周围的人就不愿与你交朋友了。其次影响自己的情绪，心情会过于沉重。处处设防，因害怕别人算计自己，整天忧忧郁郁，有了烦心事无人可诉，有了牢骚无处可发，面临选择无人可问，内心充满孤独寂寞，会活得比较累。

其实，人活在社会中，被别人议论是难免的，而有些方面的议论也不一定是坏事，尽管我们一再倡导"闲谈莫论人非"，但有的人敢于当面陈辞，而有的人由于某种原因可能要在背后发几句牢骚，如果你真正做到了问心无愧，对别人的议论也用不着大惊小怪，别人不议论你也难潇洒。即使别人背后的议论被你听见了，也许对你还有用处。有则改之，无则加勉嘛。

天下本无事，庸人自扰之。人际之间不当设防的不可设防，不必敏感的也不要太敏感，疑心过重，不好接触，只会进一步加深自己与他人的隔膜，而这种隔膜正是自己一手造成的，何不撇了它？

57. 命在我不在天

问：有个事一直憋在我心里，小时候母亲带我去算卦，说我命好运不好。考大学时，我因大病一场而进不了大学校门；当兵后一同来的老乡留在了城市，我却被分到山沟里；中学时的女同学本来与我有联系，可现在也断了。难道我人生真的没好运吗？

答：首先，我不认同命运"定死"之说，关于是否有命运仍在讨论，但命运至少部分掌握在自己手中，这个观点也得到普遍认可。所以，还是要相信努力是可以改变命运的。

其次，每个人都会遇到这样那样的挫折的，你遇到的“困境”对你来说重要，但放在人的一生里来看、放到茫茫人海里来看，眼前的困难还真算不了困难，充其量算是不如意吧。

第三，所谓好运，说白了就是机会。我认为，人生机会肯定不只一次。俗话说的“机不可失”，说的是机会的宝贵性和易逝性，并不表明机会仅此一次，一旦错过便没下次。不灰心、不泄气，努力奋斗，坚持前行，机会就一定会再次出现。这不是无奈之下的自我安慰，而是人生旅途中的真实风景。

每个人生活的道路都很长，过了这个村还有那个店，远不至于一次机会定终身。社会的发展给人们实现抱负提供的舞台日益广阔，为有志者创造了愈来愈多走向成功的机会。虽然谁都无法具体预测机会会在什么时候以什么方式降临，但只要心里燃烧着追求的热情，就或迟或早会有机会。“再没机会了”是懦者的推托之词，错失一次机会便一蹶不振，是永远看不到新的机会的。正如印度诗人泰戈尔所说的，“当你为错过太阳而落泪时，你也将错过月亮。”

有的人错失机会后怨天尤人，觉得时运不济，造化弄人。其实，错失机会的原因虽然各人不尽相同，但大多见之于主观方面。机会不戴有色眼镜看人，没有故意冷落谁，能不能抓住用好，主动权操在各人自己手中。事不遂愿满腹牢骚怨天尤人无济于事，一味强调客观必将误事。想再次得到什么，就要搞清楚为什么曾经丢掉。人最难认识的是自己，但毕竟自己的问题得在自身找答案。“自见之谓明”。正确的做法应该是：冷静下来，好好回顾梳理一下事情的前前后后，躬身自问一番，当机会来临的时候，是不是反应不够敏锐，视而不见，闻而不知？是不是思想不够解放，担心风险，未敢尝试？是不是性格不够果断，犹豫迟疑，拖延不决？是不是意志不够坚强，畏难怕苦，有始无终？只有这样，才能平复心境，消除不必要的烦恼，才能吃一堑长一智，有效地应对下一次机会。

有的人错失机会后守株待兔，祈望上苍关照，好运再来。其实，机会固然重要，但为迎接机会而做好准备更为重要。人不怕没机会，就怕没本事。机会与懈怠、庸碌无缘，抓住机会的概率与事先准备的程度成正比。时不空过，路不空行，人生的每一笔都由各人自己写就。在这方面，我觉得最重要的是做好眼前工作，根据现有条件重新规划未来，树立一个长远目标，一步一个脚印，迟早你会实现你的心愿的。

58. 走还是留的困惑

问：我本来准备退伍回老家，父母已经为我找好了工作，但我现在却有机会转为士官，可以继续留在部队。两种选择各有利弊，现在我不知道怎样选择，天天吃不下饭，晚上也睡不着觉，心里非常痛苦。我该怎么办？

答：回老家还是留在部队，这种选择的困惑是老兵们经常遇到的问题。选择之所以会让人痛苦，是因为必须要有所放弃，而放弃必然会引起内心的激烈冲突。心理学有个著名的“双趋式冲突”理论，即当有两个具有同样吸引力的目标，动机同样强烈，但却不能同时获得，只能选择其一时，人们的内心往往会产生强烈的冲突。鱼与熊掌不可兼得，正是双趋式冲突的具体表现。双趋式冲突虽然让人多了一种选择，但也可能给人带来一些茫然，因为意料之中的选择会给人以确定感，意料之外的选择则会使人产生一种不确定感，而人类对于不确定的东西总是怀有某种焦虑而又期待的心理，所以有的人有时候甚至会通过算命等方式来获得心理安慰，试图以此来找到解决问题的方法。

想回老家是因为已经找到了合适的工作，这让人产生一种确定感，但继续留部队这一意外的选择则打破了原来的心理平衡，但对于在部队的发展结果又难以确定，越是这样，越是有所期待，越会因此焦虑，所以出现选择的困惑也在情理之中。如果这两种选择的利弊一目了然，那么一切烦恼也就不会出现了。至于晚上睡不着觉、胃口不好、心情痛苦等，都是这种心理冲突下的正常反应，对其不必过分忧虑。

这种情况下，切忌一时冲动就做决定，而应冷静下来后再做取舍。建议你与父母、战友、同学等多谈谈，尽可能地听取多方面的意见，但是，任何人都无法替你做出选择，决定权在于自己。为了做出更为理性的选择，你可以试着这样做：找一张白纸，把两种选择的“利”与“弊”一条一条地列出来，在罗列的时候一定要发挥最大的想象力，想得越周全越好，同时要参考他人的意见，然后将这些有利和不利之处一一进行比较，在此基础上再做出自己的决定。如果觉得有必要，可以间隔一段时间后在保持心情平静的前提下再做一两次。

59. 沟通之中有技巧

问：您好！我是一名国防生，毕业后来到部队。没想到组织让我走上排长岗位，这倒没什么。我想向您咨询一件事，就是我知道自己交际能力差，不知道如何与上级、同事进行交往，尤其不懂得与人交流的技巧。

答：您好。在生活中，与人交流占了很大一部分，人际交往在人生成败中起着重要作用。如何与人有效地交流、沟通，下面几点我觉得比较重要，供你参考。

一是当你与人交谈时，请选择他们最感兴趣的话题。他们最感兴趣的话题是什么呢？是他们自己。把这几个词从你的口语中剔除——“我，我自己，我的”。用另一个词，一个人类语言中最有力的词来代替它——“您”。你是否对谈话感兴趣并不重要，重要的是你的听众是否对谈话感兴趣。当你与人谈话时，请谈论对方，并且引导对方谈论他们自己。这样你就可以成为一名最受欢迎的谈话伙伴。

二是巧妙地令别人觉得重要。人类一个最普遍的心理是渴望被承认，渴望被了解。你希望能在人际关系中如鱼得水吗？那么，请尽量使别人意识到自身的重要性。请记住，你越使人觉得他自己重要，别人对你的回报就越多。

三是如何巧妙地赞同别人。绝对不要忘记任何愚人都可以反对别人，而只有智者和伟人才会赞同，尤其当对方犯错误时。“赞同艺术”可概括为以下 5 点：①学会赞同和认可；②当你赞同别人时，请说出来；③当你不赞同时，千万不要告诉他们，除非万不得已；④当你犯错时，要勇于承认；⑤避免与人争论。

四是巧妙地聆听别人。聆听越多，你就会变得越聪明，就会被更多的人喜爱，就会成为更好的谈话伙伴。当然，成为一名好的听众，并非一件容易的事，这里我有4点建议可供参考：①注视说话人；②靠近说话者，专心致志地听；③提问；④不要打断说话者的话题。

五是巧妙地影响别人。促使人们按照你的意愿去做事情的第一步，是找出促使他们这样做的原因（即他们想要什么）。和别人说他们想听的东西，他们就会感动。你只需简单地向他们说明，只要做了你要求他们做的事情之后，他们便可以获得他们想要的东西。“了解人们所想”的方法是多询问、多观察、多聆听，再加上自己的不懈努力。

六是巧妙地说服别人。当你说一些有利于自己的事情时，人们通常会怀疑你和你所说的话，这是人的本能的一种表现。更好的方式就是：不要直接阐述，而是引用他人的话，让别人来替你说话，即使那些人并不在现场。因此，要通过第三者的嘴去讲话。

60. 不给自己自卑的理由

问：我来自山区，从小养成节俭的习惯。来到部队后，发现来自广东的战友出手很大（方），节假日他们总请我们吃饭。还有，那些大学生战友很有文化，他们自成一圈经常在一起，我被排除在外。总之，我觉得很自卑，请问有无办法克服呢？

答：著名心理学家阿德勒用3个孩子初次被带到狮笼面前的表现来说明自卑感的不同表现方式。第一个孩子躲在母亲的背后，全身发抖地说：“我要回家。”第二个孩子站在原地，脸色苍白地用颤抖的声音说：“我一点都不怕。”第三个孩子目不转睛地盯着狮子，问他的妈妈：“我能不能向他吐口水？”事实上，这3个孩子都已经感觉到自己所处的劣势，每个人都依照自己的生活风格，用自己的方式表现他的感觉。

阿德勒认为：“当个体面对一个他无法适当应付的问题时，当他表示他绝对无法解决这个问题时，此时出现的便是自卑情结。”其实，每个人都有不同程度的自卑感，因为我们都希望改善所处的地位。没有人能够长期忍受自卑感，他一定会采取某种行为来解除自己的紧张状态。自卑感本身并不是变态的，而是人的地位不断变化的原因。即使是最优秀的人，也会面临不断出现、尚待解决的问题。

如果仅仅知道自己存在着自卑情结，而不知道如何克服和正确认识，就只会加重人的自卑感。重要的是寻找战胜自卑、培养勇气的方法。这里介绍一些可能对你有帮助的具体训练程序。

变恐惧为动力。紧张恐惧意味着挑战，恐惧也是一种动力。一味地畏惧将一事无成，面对困境要树立畏惧造就“超人”的信念。例如，一旦形成了我是勇敢者、我应该勇敢无畏的信念，你就会表现得所向披靡。因此，要不断地进行自信心训练。

提高心理适应能力。突发事件、完全陌生的工作环境会增加人内心的紧张情绪，在现实生活中设置可能出现的各种复杂情况，使人在复杂、危险和奇异的训练情况下产生对艰苦工作的切身体验，提高克服恐惧心理、解决实际问题的能力。

坦然面对危险。在危险的工作条件下，心里产生紧张是非常自然正常的现象。但是，经过训练的人，在危险的关头善于把这种消极的情绪隐蔽起来，不去关注自己的紧张情绪，而是积极地寻找解决问题的方法。在这种情况下最大的敌人就是自己，这时面对恐惧的最好办法也许就是让自己多害怕一会儿，无论多么紧张害怕，只要坚持下来就是胜利。

敞开心扉。当你感到非常紧张恐惧时，不要把这种心理当做极端的隐私，可以向好朋友或家人、心理咨询工作者讲出自己的感受，尽快搞清自己的这种感受是正常的还是“自设”的，及时调整心态，清除心理垃圾，不要让它形成问题。

61. 生活是一盘下不完的棋

问：您好。我常常觉得活得苦、活得累，我知道自己的心小，对什么事都敏感。有时担心的事没发生，不担心的事反而发生了。

答：这位战友，您好。我不太明白你所提问题的意思。我估计你是想问生活中烦恼事很多，如何应付吧？我先给你讲个故事。

一位少妇多日焦躁不安，茶饭不思，夜里难眠，身体乏力，日渐消瘦。老中医为她把过脉，说："你心中有太多的苦恼事，体有虚火，并无大病。"少妇听了如释重负，便向老中医倾诉心中的种种烦恼。老中医听罢问她："丈夫对你感情如何？"少妇脸上有了笑容，说："很疼爱我。"老中医又问："有孩子吗？"少妇眼里闪出了光彩，说："有一个女儿，很聪明，很懂事……"老中医边问边写，然后把写满字的两张纸放到少妇面前，一张写着她的苦恼事，一张写着她的快乐事。他对少妇说："这两张纸就是给你治病的药方，你把苦恼事看得太重了，过于焦虑，忽视了身边的快乐。"说着，老中医让徒弟取来一盆水和一只猪苦胆，把胆汁滴入水盆中，只见那淡绿色的胆汁在水中散开，很快便不见了踪影，老中医说："胆汁入水，味则变苦，人生何曾不是如此？"

不是我们承受了太多的痛苦，而是我们不善于用快乐之水冲淡苦味。其实，在我们叹息、痛苦、焦虑，甚至流泪时，快乐就在身边朝我们微笑。心理学家为了研究人们常常忧虑的"烦恼"问题，做了下面这个很有意思的实验。心理学家要求实验者在一个周日的晚上把自己未来 7 天内所有忧虑的"烦恼"都写下来，然后投入一个指定的"烦恼箱"里。

过了三周之后，心理学家打开了这个"烦恼箱"，让所有实验者逐一核对自己写下的每项"烦恼"。结果发现，其中 9 成的"烦恼"并未真正发生。然后，心理学家要求实验者将记录了自己真正"烦恼"的字条重新投入"烦恼箱"。又过了三周之后，心理学家又打开了这个"烦恼箱"让所有实验者再一次逐一核对自己写下的每项"烦恼"。结果发现，绝大多数曾经的"烦恼"已经不再是"烦恼"了。实验者切身地感到，烦恼这东西原来是预想的很多，出现的很少。

心理学家从对"烦恼"的深入研究中行出了这样的统计数据和结论："一般人所忧虑的'烦恼'，有 40% 是属于过去的，有 50% 是属于未来的，只有 10% 是属于现在的。其中 92% 的'烦恼’未发生过，剩下的8%则多是可以轻易应付的。因此，烦恼多是自己找来的。这就是所谓的烦恼不寻人，人自寻烦恼。”

那么，对现代人而言，该如何走出放大苦恼的误区呢？第一，认识痛苦与焦虑的客观性。我们的情绪并不是主观意志能完全控制的，如在众人面前讲话时紧张，常常是越想控制紧张，则紧张越厉害，越想控制焦虑，则焦虑越甚。相反，如果对待痛苦与焦虑采取接纳的态度，痛苦产生后告诉自己：我痛苦了，这是一种难受的感觉，但我自己控制不了，我只能接纳它。这样，虽然看来好像是一种消极的态度，然而，任何情绪的过程都有它发生、发展、高潮、下降及结束的过程，只要我们接纳它了，最终它也就是消失了，正所谓“无为而无不为”。第二，试着寻找放大苦恼背后的心理原因，如是否自己太过追求完美、太看重事物的结果、太注重他人评价等。第三，正视现实的压力。苦恼的产生，常常有着一些我们不愿面对的现实压力、心理冲突，如婚姻的矛盾、工作的压力、人际的冲突等，我们要学会正视并及时解决它们，逃避只能使问题更为复杂和麻烦。第四，寻找多途径的愉快来源，我们的愉快来源越多，我们就越少惧怕失落，越少痛苦和焦虑。生活是多彩的，只要我们愿意，每时每刻我们都能享受到生活的愉快。第五，主动寻求心理医生的帮助。

62. 如何找到合适的伴侣

问：我是“奔三”的人了，一直没对象，家里老是催我。不是我不放心上，而是没有合适的。大家说我挑花了眼，我也开始怀疑自己的“情商”了。请问什么样的伴侣才算合适呢？

答：很多青年面临同样的问题，我是过来人，根据经验，我觉得适合的伴侣应当大致具备下列条件，仅供参考。

首先，要有共同的人生观、价值观。物以类聚，人以群分。朋友间都应该在人生观、价值观上基本一致，更何况要做夫妻。

其次，彼此能充分了解信任。了解对方是人际交往的基本、前提，对对方的家庭背景、受教育情况、性格脾气、个性特质、生活习惯等都应了解。在了解之后，要能够接纳这东西，还得充分地信任对方。

第三，遇事彼此容易沟通。有矛盾不可怕，可怕的是彼此无法沟通，而让矛盾发展、激化到不可收拾的地步。所以，能够长久做夫妻的一个重要条件就是遇事彼此能够顺畅沟通。

第四，双方都能做到宽容大度。由于夫妻之间是近距离接触，更容易发现对方的缺点和错误，因此，应有一颗宽容大度的心，能正确地理性地看待对方身上的缺点和所犯的错误，既不吹毛求疵，也不无原则地纵容。

最后，要有基本的经济条件做基础。婚姻除了浪漫，更多的是柴米油盐醋的现实生活，没有一定的经济条件做基础，婚姻生活也不可能长久。

63．正视人生的缺憾

问：入伍近20年了，回头看看自己走过的路，总觉得有这样那样的缺憾。假如当初自己不是那么固执，假如当初自己稍微努力一下，那么我一定不是现在的我。我知道历史没有假如，人生也如此，但有时仍摆脱不了对以前某件事的后悔。

答：很多时候，缺憾也是一种美丽。在日常生活与工作中，我们不能杜绝缺憾，但我们可以超越并升华缺憾，并且在缺憾的人生中不断地追求完美。如果我们能把缺憾当作追求成功、追求完美的某种动力，我们就大可不必为所谓的种种人生缺憾而耿耿于怀了。

佛学把这个世界叫做“婆娑世界”，翻译成中文就是能容忍许多缺憾的世界。人的世界本来就有诸多缺憾，不完美才是完美，太完美了就是缺憾。从前有一个圆，被弄掉了一个边，它总想找到那个小边，好让自己变成一个完美的圆。可是，由于它的不完整而滚动得非常慢，也因而领略了沿途鲜花的美丽，它和虫子们聊天，它充分享受阳光的温暖。它找到许多不同的碎片，但都不是原来那一块。它坚持着找寻……直到有一天，它实现了自己的愿望。然而，成了一个圆以后，它滚得太快了，错过了花开的时节，忽略了虫鸣……当它意识到这一切时，它毅然放弃了历尽千辛万苦找回的碎片。

人生没有绝对的完美，也就是说人生从不曾完美过，人生就是这个样子，永远是有缺憾的。所以，在生活中，我们不要为有缺憾而烦闷和忧愁，应当积极地去面对人生。这样，我们就会发现正是缺憾让我们达到了人生真正意义上的完美。

在美国，《独立宣言》是广受尊重的历史文件，其地位也许仅次于《联邦宪法》。《独立宣言》的原件珍藏于华盛顿国家档案馆，是美国的无价之宝。然而，这样一份神圣的、庄严的文件，有谁能料到，其中竟然有两处“缺憾”。原来，当初这份文件成稿以后，大家发现遗漏了两个字母，但是，没有人认为应该重新抄写一遍，只是在行间把这两个字母加了上去，并打上了“∧”符号。在上面签字的56名美国精英，并未因此认为这有辱于这份赋予国家自由的文件的圣洁。

世界上完美无缺的文件很多，但成为国宝的有几件呢？富有智慧的人往往只看重事物的内容，而不看重事物的形式。生活中，追求完美是很多人心中的一个结，为了这个结，他们放弃了那些看似不完美的东西。

人生虽然有许多不完美之处，每个人都会有这样或那样的缺憾，但是，没有缺憾我们就无法去衡量完美。仔细想想，缺憾其实不也是一种完美吗？当我们认识到缺憾也是另一种意义上的完美时，我们就可以笑对缺憾，并从中获得快乐。

64. 人生需要妥协

问：我从小学到大学，成绩在班里一直是前三名，毕业下连队后，从排长一路干到营教导员，其中收获了不少荣誉。可最近很多事情让我困惑，先是不知哪儿出了错，还是潜规则作怪，我竟然没能进入团级后备干部队列；后来师里大比武，我本来十拿九稳的强项竟丢了不少分；还有，好像领导看我也不顺眼了，净挑毛病。很烦啊！

答：我们不妨去追求最好——最好的生活、最好的职业、最好的婚姻、最好的友谊，等等。但是，能否得到最好，取决于许多因素，不是光靠努力就能成功的。因此，如果我们尽了力，结果得到的不是最好，而是次好，次次好，我们也应该坦然地接受。人生原本就是有缺憾的，在人生中需要妥协。不肯妥协，和自己过不去，其实是一种痴愚，是对人生的无知。

首先，要从太想要的东西中跳出来。一样东西，如果你太想要，就会把它看得很大，甚至大到成了整个世界，占据了你的全部心思。一个人一心争利益，或者一心创事业的时候，都会出现这种情况。我的劝告是，最后无论你是否如愿以偿，都要及时从中跳出来，如实地看清它在整个世界中的真实位置，亦即它在无限时空中的微不足道。这样，你得到了不会忘乎所以，没有得到也不会痛不欲生。

其次，明白什么是真正的好东西。只有你自己做了父母，品尝到了养育小生命的天伦之乐，你才会知道不做一回父母是多么大的遗憾。只有你走进了书籍的宝库，品尝到了与书中优秀灵魂交谈的快乐，你才会知道不读好书是多么大的损失。世上一切真正的好东西都是如此，你必须亲自去品尝，才会知道它们在人生中具有不可替代的价值。看见那些永远在名利场上操心操劳的人，我常常心生怜悯，我对自己说：他们因为不知道世上还有好得多的东西，所以才会把金钱、权力、名声这些次要的东西看得至高无上。

第三，就是换一个眼光看发怒者。领导受到更大领导的批评，心情不佳，迁怒于下属，本也正常。有的人跟我说真是受不了了，我劝他道："你何不换一个眼光看情绪发飙的人，把他当做病人？"来者若有所悟，面露微笑。这情况与你的境况何其相似？其实，我们每一个人，至少在某个时刻，例如在发怒时，都是一个病人。如果我们能够这样去看别人，尤其是自己的亲人，许多冲突都可化解。

65. 人际交往不宜过度投资

问：我的处事原则是你敬我一尺我敬你一丈，可有时候我对别人付出很多，但却得不到应有的回报。我很伤心。

答：心理学家霍曼斯早在 1974 年就曾经提出人与人之间的交往本质上是一种社会交换，这种交换同市场上的商品交换所遵循的原则是一样的，即人们都希望在交往中得到的不少于所付出的。其实岂止是得到的不能少于付出的，如果得到的大于付出的，也会令人们心理失去平衡。

人际交往要有所保留，初入社交圈中的人常犯的一个错误就是“好事做到底”，以为自己全心全意为对方做事会使关系融洽、密切。事实上并非如此。因为人不能一味接受别人的付出，否则心理会感到不平衡。“滴水之恩，涌泉相报”，这也是为了使关系平衡的一种做法。如果好事一次做尽，使人感到无法回报或没有机会回报的时候，愧疚感就会让受惠的一方选择疏远。留有余地，好事不应一次做尽，这也许是平衡人际关系的重要准则。

留有余地，适当地保持距离，因为彼此心灵都需要一点空间。如果你想帮助别人，而且想和别人维持长久的关系，那么不妨适当地给别人一个机会，让别人有所回报，不至于因为心理的压力而疏远了双方的关系。而“过度投资”，不给对方喘息的机会，就会让对方的心灵窒息。留有余地，彼此才能自由畅快地呼吸。

66. 何谓好朋友何谓坏朋友

问：社会是个大舞台，周围的人鱼龙混杂，我如何分辨出我身边的人哪些是好朋友？哪些是庸俗的朋友？

答：人生在世总要交些朋友，交友是人类最基本的社会实践活动。朋友就像一块砖，是成就事业的基石；朋友就像一本书，通过他可以打开通往世界的窗口。因此，人们总爱把高朋满座、胜友如云，当成人生一大快事。

但是，朋友也有好坏之分，好朋友可以给你的工作和事业带来很多帮助，坏朋友却会给你的人生和事业带来烦恼和厄运。这样的例子不胜枚举，厦门特大走私案主犯赖昌星就是一个通过“交朋友”作奸犯科的人，其“交友”招数就是诱之以利，用糖衣炮弹将目标击中，使之充当其走私犯罪的保护伞。可见交朋友马虎不得。

那么什么是好朋友？什么是坏朋友？作为军人尤其是领导干部如何交朋友呢？

这就需要我们首先弄懂什么是“朋友”。后汉刘玄曾说过：“同师曰朋，同志曰友”，就是说志同道合才可能成为真朋友。而假朋友则是形形色色五花八门的。有当面说好话，背后使绊子的；有视你为傻瓜，甜言蒙骗你的；有当面不批评，背后搞中伤的。古人把朋友分成若干种，有“道义相砥，过失相规”的“畏友”；有“缓急可共，生死可托”的“密友”；有“甘言如饴，游戏征逐”的“昵友”；更有“利则相攘，患则相倾”的“恶友”。正因为“朋友”良莠不齐，再加上交友如染丝，“染于苍则苍，染于黄则黄”，所以，交友必须有所控制，慎重选择，慎重交友。孔夫子将正确择友视为交友的第一要义，他把朋友分为有益、有损两大类，指出了“益者三友”，即“友直、友谅、友多闻，益矣”；“损者三友”，就是“友便辟、友善柔、友便佞，损矣”。清朝的曾国藩与孔子所见略同，认为：“一生之成败，皆关乎朋友之贤否，不可不慎也。”一些领导干部被别有用心的人拉下马，不正是由于滥交朋友而跌入陷阱，走上犯罪道路的么！

真朋友、好朋友的一个重要标志，是能够对朋友的错误思想和行为进行严肃认真的批评。就像陈毅所说的“难得是诤友，当面敢批评”。人非圣贤，孰能无过？一旦自己犯了错误，或者有犯错误的苗头，能够得到朋友的及时提醒，那是一件很幸福的事，这样的朋友越多，自己犯错误、走弯路的几率就会越少。列宁与高尔基的友谊脍炙人口，但当高尔基写了有错误倾向的作品时，列宁及时对他提出严肃的批评，同时劝告党内同志正确对待高尔基。在科技界，无论牛顿、爱因斯坦，还是李四光、钱学森，都有他们同时代携手共进、相互砥砺的交友佳话，正是他们的互相鼓励，互相启迪和帮助，才催发他们在各自岗位上的昂扬斗志。

选择朋友，就是选择生活。因此，择友要有方，交友要有度。我们应该慧眼识“真朋”，锐眼去“假友”，多交诤友、益友，远离昵友、恶友。这样，我们才会远离厄运灾祸，创造向上的人生。

67. 老婆太多疑，丈夫怎么办

问：我和妻子结婚两年了，最近争吵越来越多。妻子是个敏感的人，例如我和女同事打电话，她会审问一番，回家晚了，也要问来问去，还会偷偷查看我的手机。我知道她很爱我，却受不了她的多疑敏感，请问我该怎么办？

答：女人敏感多疑是婚姻中较为常见的事情，一般多由于女人自身缺乏自信和男人平时缺乏责任感所致。

首先，如果男人心中无鬼，真心爱某个女人，就要学会退让，让她慢慢放松下来。

其次，夫妻之间的猜疑和不信任多是由于双方交流沟通不足造成的。当某个问题出现时，最直接有效的方法就是及时有效地沟通。沟通的时候，不应该过多地强调自己，要善于站在对方的角度去看问题，最好能找到一个合适的场合，在对方也是真心想交流的时候进行。

再次，男人心里要清楚，自己的妻子一般对哪方面的事情敏感多疑，是对精神方面还是对物质方面？会不会总是因为某一个人醋意大发？然后尽量避免这些问题出现。

最后，女人适度敏感是必要的，但若太过度，就是一种病态，这时适当咨询心理医生，帮助她走出困扰，才是爱她的表现。

68. 怎样说话爸妈爱听

问：我从小木讷，现在结婚生子了，每年回老家见父母一次。请问怎样说话才能讨老人欢心？

答：看来你真是一名孝子。很多人有孝心，但确实不善于表达出来，尤其不敢对父母说出“我爱你”三个字，也难怪，中国人天生含蓄。

谁都知道，爱在父母子女间代代传承，我们给下一代的爱总会超过上一代。因此，细心的你一定不能吝啬，表达对父母的感情。

态度上充分尊敬。面对父母时，一定要心怀敬畏，让他们感受到自己的价值和权威。可以把遇到的问题向他们请教，或者放低姿态、主动找他们商量。这样做不仅会让我们自己受益，父母也会非常有成就感。

感谢的话挂在嘴边。把对父母的感恩之情表达出来，会让他们得到最大的安慰。因此，取得成绩时最好向爸妈“汇报”一下，比如“我今年受表扬了，多亏爸爸给的建议”。感恩节、父亲节、母亲节等特殊日子，也可以趁机送上真诚的谢意，比如“送给为我们的家操心30年的妈妈”等，让父母感到温暖。

缺乏信心马上鼓励。年迈的父母，经常会因为体力、脑力的衰退而对自己的能力产生怀疑。此时，儿女一定要及时鼓励和肯定，找一些他们的“拿手绝活”来夸夸他们。比如对妈妈说“您做的红烧肉真是越来越好吃了”，帮父母树立积极、健康的心态。

做好精神支持者。老人有时对一些事情容易害怕、畏缩。因此，当他们想做又迟迟不去做时，不要催促，而要表达贴心的理解与支持，比如对他们说“我明天陪您去检查一下身体”，而不是“您快去看看心脏吧”。

下篇　部队心理案例

【案例1】**职场新人的“心”困扰**

问题类型：成长与发展性问题/情绪问题

个人描述：我军校毕业分到新单位工作两个月了，由于业务还不熟悉，加之个人能力欠缺，面对领导的批评，心理压力很大，甚至出现了失眠。

严重程度：一般。

咨询师分析

1. 咨询师观察、了解到的情况

（1）观察到的情况：求职者身材瘦高，脸色泛黄，目光黯淡，眼窝有些深陷。着装朴素，不是很干净，但也不太脏。进入咨询室的时候有些犹豫，不知道该坐在哪里，通过咨询师的指示才坐下来。神情多少有些不自然，看了咨询师一眼后，就把头低下，双手放在两个膝盖上。回答问题时，声音不是很大，但能够回答清楚，较为合作。自治力完好，有主动解决问题的渴望，未见明显的精神病性症状。

（2）了解到的情况：①既往史。以前身体健康，体重偏轻，但属于正常范围之内，无重大的器质性疾病史、无手术史、无传染病史、无输血过敏史、无高热抽搐及外伤昏迷史。轻度近视，没有验光配镜。②个人史。生长在农村，三代务农，家庭经济条件尚可。16 岁开始出外求学，一直到现在，都在城市中工作和生活，偶尔回家，次数较少。学习成绩一直名列前茅，个人上进心较强。朋友不多，但知心好友有三到五人。与父母关系良好，亲属关系正常，没有发生过重大矛盾。

2. 心理测验的结果与解释

（1）测试结果：SAS，标准分为 52 分；SDS，标准分为 56 分。

（2）结果解释：①按照中国常模结果，SAS 的标准分的分界值为 50 分，其中 50 ～ 59 分为轻度焦虑，60 ～ 69 分为中度焦虑，69 分以上为重度焦虑。求助者 52 分为轻度焦虑。②按照中国常模结果，SDS 的标准分的分界值为 53 分，其中 53 ～ 62 分为轻度抑郁，63 ～ 72 分为中度抑郁，72 分以上为重度抑郁。求助者 56 分，为轻度抑郁。

3．评估与诊断

（1）综合临床资料，对求助者的初步诊断是：一般性心理问题。

（2）诊断的依据：①根据区分心理正常和心理异常的原则，该求助者的主客观世界统一，精神活动内在协调一致，个性相对稳定，对自己的心理问题有自知力，属于主动咨询。无逻辑思维混乱，无幻觉、妄想等精神病性症状，因此，可以排除精神病性问题。②该求助者的主导症状是焦虑和抑郁，并且在压力的应对方式上亟需改进，其程度与其个人经历和处境相符合，内心冲突为常行，可以排除神经症性问题。③通常情况下，对青年人来说，关系到个人前途发展的事件，大致属于高刺激源，求助者职场第一步走得不好，频遭打击，心境持续低落，而且这种情况仅仅持续一个月左右，说明该求助者的不良情绪没有泛化。根据以上分析，初步诊断为一般心理问题。

（3）对该求助者的资料进行整理，得出该求助者产生问题的原因是：①生理原因。求助者没有器质性伤害、住院经历和遗传因素，因此，没有明显生理原因。②心理原因。对挫折缺乏正确的认识；对压力缺乏有效的方法；被抑郁和焦虑困扰。应对方式存在缺陷，不能积极面对、有效应对。③社会原因。受重大生活事件的影响，刚刚参加工作，进入新的环境；在社会支持上，领导的批评给求助者很大的打击。

咨询方法和建议：

1．咨询目标的制定

（1）学习放松的方法。

（2）减低求助者的焦虑情绪。

（3）降低求助者的抑郁情绪。

（4）学会有效应对压力和挫折的方法。

2．咨询方案的制定

（1）针对本案例，计划采用的咨询方法以及咨询原理如下。

①咨询方法：采用放松训练和认知行为疗法，具体来说包括五

个步骤：a. 放松训练，使得求助者掌握降低焦虑、抑郁情绪的方法。b. 确定问题和目标。c. 检验认知错误，识别习惯式思维。d. 纠正核心错误观念，矫正不良行为。e. 巩固新观念，强化新行为。

②咨询原理：顾名思义，认知行为疗法就是从内在认知和外在行为两个维度进行咨询，该疗法既有认知疗法的细致入微，鞭辟入里的分析，又有行为疗法便于操作，立竿见影的效果。认知行为疗法的代表人物贝克认为，错误的认知及其推论导致了人们的心理障碍，所以对认知的“真实性检验”尤为重要，在这个检验过程中，新的观念应运而生。随后，要求求职者按照这些新的认知结构去实践，检验它是否切实可行，如果可行，将其固化。

（2）向该求助者明确双方的责任、权利和义务：①求助者的责任。面对咨询师要尽可能敞开心扉，倾诉事实，把咨询师看做是最亲密和最值得信任的朋友，与咨询师一起探讨解决问题的方法和途径，完成双方商定的作业，并且积极地做出反馈。②求助者的权利。有权了解咨询师的受训履历和执业资格；有权知晓咨询的基本原理，具体方法和详细过程；对咨询方案有知情权、协商权和选择权；有权随时中止咨询或者提出转介，更换其他咨询师。③求助者的义务。遵守咨询机构的相关规定；遵守和执行商定好的咨询方案；尊重咨询师，遵守预约时间，如有特殊情况提前告知咨询师。④咨询师的责任。遵守职业道德，遵守国家有关法律法规；最大限度地帮助求助者解决问题；严格遵守保密原则，并说明保密例外。⑤咨询师的权利。有权利了解与求助者心理问题相关的个人资料；有权利选择适合的求助者；本着对求助者负责的态度，有权利提出转介或终止咨询。⑥咨询师的义务。向求助者说明自己的受训背景，出示营业执照和执业资格等相关证件；遵守咨询机构的相关规定；遵守和执行商定好的咨询方案；尊重求助者，遵守预约时间，如有特殊情况提前告知求助者。

（3）咨询时间：每周一次，每次60分钟左右。

3. 咨询过程

（1）咨询阶段大致分为以下几个。

①咨询关系建立。

②心理帮助阶段。

③结束与巩固阶段。

(2) 具体咨询过程。

①第一阶段：咨询关系建立（第1次或第2次）。

目的：了解求助者基本信息，掌握求助者工作生活情况和社会支持，建立良好的咨询关系；探寻存在问题，找出症结所在，确定咨询目标；和求助者一起协商解决问题的方案。

方法：会谈，心理测验

过程：请求助者填写基本信息，向求助者介绍心理咨询的原则和应遵守的规则；了解求助者所要咨询的问题和目标指向；进行心理测验（轻度抑郁焦虑）；对测量结果进行解释（新入职场，压力过大，不会排解）；进一步细化问题症结，同时将目标具体化。

②第二阶段：心理帮助阶段（第3～11次）。

目的：学会放松，降低焦虑抑郁值；客观地分析出不良的观念和思维，以及由此产生的行为模式；正确认识压力，学会应对方法。

过程：

进行放松训练，缓解焦虑抑郁：

a. 讲清放松训练的目的和原理。

b. 咨询师示范，讲解放松的要领。

c. 求助者自身体验，自主练习。

检验错误观念，审视负性思维：

a. 求助者进行自我审查，说出对自己的看法，咨询师澄清求助者对自身的不正确认识。

b. 运用语义分析技术，纠正核心错误观念。例如，求职者说："我是个弱者"。主语"我"太过泛化，将其具体化为与求助者有关的事件和行为——刚刚进入职场的我，而不是以前的求助者，也不是将来的求助者。其次，将表语"弱者"，进行标准化的处理，找出弱者的标准在哪里？

c. 技能的获得和不断的复述。让求助者反复练习类似情景：将"我怎么样面对和处理这个压力？"转化为"用什么样的方法解决这个压力源?”

矫正不良行为，形成合理应对：

a. 设定相似的情景，让求助者在理想的状态下，矫正不良的行为，体验成功的情绪体验，咨询师跟进强化这种成功体验。

b. 将这种合理的应对方式进一步固化，使得求职者形成新的行为模式。

③第三阶段：结束与巩固阶段（第12～15次）。

目的：强化新观念，巩固新行为，将咨询的效果进行延伸。

过程：布置家庭作业；让求助者阅读有关认知疗法的材料。

咨询效果的评估：

a. 求助者评估：自我感觉良好，精神状态提升，对待压力，能够进行合理有效的应对。

b. 咨询师评估：求职者经过15次的心理咨询后，思维模式和行为方式上有了很大的改观，对自己的客观认识也较为明晰了，职场新人的光环慢慢退去，工作逐渐上手。

c. 求助者领导和同事的评估：基本胜任本职岗位，能力素质提升很快。

d. 心理测量结果：SAS：22分；SDS：20分。没有抑郁和焦虑。

f. 求助者社会适应情况：情绪稳定，适应了环境。

【案例2】工作压力大的烦恼

问题类型：情绪问题。

个人描述：现在我们的工作还都忙不完，上级机关还整天要什么研究文章，说是分给领导的，可到头来，还是机关完成，机关工作实在太累了！我该怎么办?

严重程度：一般。

咨询师分析：来访者对自身的具体情况表述不是很清楚，只是描述了一般性的烦躁表现及简单原因，表面上看这是由于工作压力过大引起的暂时性的情绪问题，但是通过其对某些工作表现出的抵触和不满情绪可以看到其认知模式和应对方式的不合理、不成熟，即对自身和所从事的工作没有一个清晰、客观地分析和评价。

咨询方法和建议：咨询方法主要以调整认知结构为主。使其对自身的能力、需要和发展趋势有正确的认识，对所从事的工作进行正确的界定，引导其肯定自我价值和工作价值，产生深层次的情感认同。

同时辅以放松训练。帮助其根据自己的工作情况和身体情况制定一个详细的放松计划表，比如在每完成一项工作或者工作取得较大进展的时候，可以奖励自己听一首愉快的歌曲、喝一杯香甜的奶茶、玩一会儿游戏、踢会儿足球，等等，时间充裕可以外出旅行。引导其用定期放松和娱乐来调整应对方式，缓解压力反应，以便形成应对压力源的长效模式。

【案例3】失眠案例

问题类型：失眠。

个人描述：两年前出现失眠，并伴有明显情绪低落，易紧张、忧虑，可能与工作压力有关；对婚姻不满，又无法决定离婚，心态矛盾，尤其与爱人一起时严重失眠，但在单位留营时睡眠较好。

严重程度：这是一起由长期心理冲突导致的失眠。

咨询师分析：该患者本人及家族无重大疾病史，失眠的起因是工作压力大，更与其婚姻方面长期的心理冲突有关。

咨询方法和建议：治疗应以心理行为治疗为主，帮助患者面对而非回避内心冲突，了解内心真正需求，还可以请其配偶、子女参与家庭治疗。同时，因患者在严重失眠时有较明显的抑郁、焦虑情绪，应注意防治抑郁、焦虑障碍。

【案例4】“大学生连”

问题类型：成长与发展性问题/情绪问题

个人描述：自从当上指导员以后，感觉到压力越来越大，比自己想象中的工作难度更大，本想让大家都能够在当兵过程中有所收获，可是一步一步走来却越来越难。连队大学生较多，占十分之一，是单位大学生兵最多的，因为岗位和职能的要求，所以全连队层次差距较大，自己想通过努力缩短这个距离，整体提高连队层次和能力素质。从侧面了解，战士们反映也是在连队待着比较难受，说“指导员天天让我们学这学那，我们实在是受不了了，我们根本就不是那块料啊！”工作干得很辛苦，最后也没有个好结果，不知道该怎么办才好？

严重程度：比较严重。

咨询师分析：该指导员工作劲头很足，动力也很强，期望值很高，对于官兵的基本了解与信息反馈做得不够，方法不当造成如今的自我压力过大，理想与现实脱离越来越远。

在这里同样出现了“焦虑转嫁”的问题，指导员的压力过大，长期处于焦虑状态，原因是自我要求过高，对战士的期望值过高，在能力不够、对官兵具体情况了解不够的情况下，便盲目地进行教育与管理，致使矛盾双方问题日趋激化。

咨询方法和建议：这位指导员努力地想成立一个所谓的“大学生连”，方式方法应用不当，在没有准备好的情况下实施，势必使问题日益增多。为此，咨询建议如下所列。

（1）给官兵一些空间。这里的空间主要是指心理空间。在官兵的培养过程中，注重听取他们的意见和想法，并试着从他们的角度去思考。这个时候，“包办式”的决定往往会起到相反的作用。此外，入伍官兵正处于人生的探索期，不知道当前自己该何去何从，选择哪种方向与工作，学习什么，并仍存有一定的叛逆性，表面上他们服从命令接受了，但事实上在他们心中却是反对的、不喜欢的。因此，给官兵一些空间，提前搞一些调查，让他们自己去选择和决定是否需要这些“额外的”教育。

（2）加强自我成长。基层主官责任重大，日常工作繁杂，但在这样的情况下，仍然需要加强自我学习与提高，以应对各种困难和问题。除了必要的政治理论知识外，还要注重结合心理学专业知识进行补充，学习必要的方式方法，如何引导官兵接受教育，接受你的引导。同时还需要通过学习提高自身能力素质，增进对官兵的了解，知心才能够“理心”和“暖心”，才能够进一步的“贴心”。此外，在对官兵进行引导的同时，加强对问题的辩证分析，

“焦虑转嫁”多数情况是由于引导者自身处在压力调整不良的“混乱期”，也可以说是由于工作和家庭，甚至生活上的压力造成一定时间内的焦虑，在对下属官兵引导过程中无意识地将自己的焦虑转嫁到了官兵身上，如果这个时候意识到了自身的焦虑处境，问一下自己：“到底谁在焦虑?”也许就能解决这个问题，调整自己的引导策略。

（3）升华“爱兵”的方式。“爱兵”的方式有很多种。首先，“爱兵”要先“知兵”。了解下属官兵真正的需要，他们是否是真的需要把自己变成“大学生”，或许他们只想干好自己的本职工作。俗话说：“一个巴掌拍不响”，没有对方的配合，舞台上的音乐剧再好看，台下却是一群盲人、聋人，想必结果也不会很好。其次，“爱兵”要“守法”。很多时候我们基层主官面对各方面压力的时候，容易陷进“迷失”的深潭，迷失在以“权力”来谋事，以物质来激励，应该更多地考虑一下官兵的人格成长和心理需求。

此外，丰富自己的业余文化娱乐生活，就算工作再忙，也要给自己一些时间进行梳理和总结：

①每天给自己15分钟思考一天的活动。想想那些事做得比较圆满，哪些事做得还有欠缺，下一次提醒自己。

②培养一些兴趣爱好，发展兴趣爱好。爱运动是最好的选择，爱音乐是陶冶情操的妙招，爱写作是提高自身综合素质的最佳方式。

③多与战士们一起活动，融入他们，了解他们，除了领导外，你还是他们的大哥哥，能够对他们起到指引和模范带头的作用。

【案例5】心如海浪（新训骨干的困扰）

问题类型：危机事件。

个人描述：实在是没辙了，用尽了各种方法就是不管用，怎么会有这种兵呢！其他的战士都没有像她这样能折腾的。现在搞得自己天天像丢了魂似的，因为这样一个“不着调”的兵，整个二排都给拖了后腿，天天晚上就想着明天她会有什么新的情况会出现，这几天有些失眠，睡不着觉了！我怎么就这么无能呢，再怎么说我也当了一年的兵了，也看到、学到了好多班长的管理方法了呀！唉，这样下去整个连队早晚会让她搅和乱了。

严重程度：比较严重。

咨询师分析：该战士处于新训的初期，遇到了多数骨干会遇到的普遍性问题，加之个人经验较少，动力较足，短时间内无法实现自身愿望，一时无法找到合理的方法，挫败感较突出，形成了应激状况，影响了个人的正常工作与生活。

咨询方法和建议：

(1) 客观分析目前状况。之所以找不到解决的方法，可能是由于其个人对于目标追赶的过于急切，过于热烈，很想按照自己的方式下尽快达到目标，那么当前的状况便对自己的初衷带来了比较大的阻碍。此时可以适当疏泄其不良情绪，体谅其感受，同时引导其客观理性地看待这个问题。这对与解决问题来说可以说是基本的一步。

(2) 纠正其不合理观念。每个人的成长都不是一蹴而就的，都是经历了一番或几番的坎坷，甚至是磨难的，不管怎样，在理解和包容的基础上体谅战士，用心去引导和关注才是解决问题的关键。这位新训班长的“非黑即白”的观念，以及问题解决不了就怎样怎样的想法有些极端化，需要引导其进行客观看待，并能够正常理解，找到自己的平衡点。

(3) 循序渐进，“海浪”式引导。如海浪，有时惊涛骇浪，有时风平浪静，也有时波澜不惊，也有时轻拍海岸。对于人的管理也需要掌握好合适的“节奏”和“火候”，“火”大了会“烧焦”，火小了会有“夹生饭”，犹如海浪，时不时地也要“静一静”，进行一下冷处理，很多时候也要给自己一些时间“静一静”，给自己空间，想一想，总结一下，思考一下有哪些问题和不足，或是与他人沟通一下找找自己的问题和优点。“心急吃不了热豆腐”，合理发掘出自身的潜力，客观理性地进行思考和总结，让工作“快乐”起来。

【案例6】**失恋情绪问题**

问题类型：婚恋问题/失恋问题

个人描述：去年谈了个对象，今年6月份分手了，谈了13个月，她是我的初恋，在谈对象的时候只要我能做到的我都去为她做，虽然我脾气不好但是我从来没有骂过她一句，可能是因为我太惯她了，刚开始她在网上的网恋让我知道了。我原谅了她并且相信了她，后来她又网恋过，我也原谅她相信她了。直至今年3月份我休假回家，我给她买了很多东西（包括黄金），休假的时间绝大部分是和她在一起的。我给她找房子、工作，给她买被子、褥子、枕头、电磁炉，等等。我把每月大部分的工资全部给她直至6月份。今年6月份我知道她有外遇了，我一肚子的火，这13个月她骂过我打过我，我都没有说什么，我都是憋在心里（因为我感觉我在部队当兵她一直在等我不容易）。后来我俩分手了，分手的时候我特别的伤心，心里还是舍不得她，我们大约5个月没有联系了，前几天我俩通了个电话，她说她过得挺好，加我QQ聊了几次然后又把我拉黑了好几次，她手机号第二天也换了。我最近几天心情很不好，干什么都没有心思，从分手到现在我一直觉得她是在利用我。

严重程度：一般。

咨询师分析：求助者在恋爱中积聚的负性情绪没有得到及时的释放，失恋后导致情绪低落和愤怒。其心理原因主要来自于恋爱中的生活事件和不合理的观念和态度。

咨询方法和建议：首先采用合理宣泄法，让来访者通过哭泣和诉说等多种方式把失恋后压抑在心头的苦闷、怨恨等消极情绪得到疏泄，平衡其心理、稳定其情绪，促进理智状态的恢复，进一步解决深层次问题。接着采用认知疗法，帮助来访者冷静分析失恋原因以及他们之间关系发展的两种可能。使其认识到他的女友对感情不专一，这种分手本身就是幸运的，从而打消对她的愤恨情绪。通过“合理情绪疗法”最终帮助来访者形成正确合理的恋爱观，替代原先不合理的认知。也可采用注意力转移法，建议来访者把自己的注意力集中到现在应该做的事情上，从痛苦中解脱出来，振作起来。

【案例7】**我不想这样生活**

问题类型：成长与发展性问题/情绪问题。

个人描述：爱人在原籍（贫困落后地区）和母亲一起生活，2012年育有两个双胞胎女儿，但因早产，孩子体弱多病，经济压力较大。最近因婆媳关系紧张，自己很为难，心情很郁闷，最近三周睡眠较差。我曾作为旅训练尖子参加电子对抗部的军事比武取得第三名的好成绩，平时自我要求很严，上进心强。今年又面临比武，担心自己发挥不正常被淘汰。自己认为工作、生活中许多事情处理得不好，觉得很累，最近老胃胀，吃药也不管用，感觉自己活得不像别人那样轻松、快乐。

严重程度：一般。

咨询师分析：

（1）先前事件是长期以来孩子体弱多病，家庭经济状况不佳，经济负担过重引起的压力；后继事件是婆媳关系紧张，儿子和丈夫的双重角色让他左右为难，无所适从。加之自己的人格因素，工作上面临比武筛选，生怕成绩不佳而破坏自己在领导和单位的形象，压力很大。

（2）这些事件导致的情绪问题，是求助者长期以来压力过大积累的结果，这些情绪问题导致抑郁等情绪反应和胃胀等生理反应。

咨询方法和建议：

（1）充分运用倾听和共情技术让求助者表述他的经历和各阶段的感受。

（2）接纳自己的情绪，正确面对现实问题。学习催眠放松技术，减轻压力，调整抑郁的情绪状态。

（3）用自我意象对话技术，与自己的胃建立沟通，解决胃胀的情绪问题。

【案例8】**新兵入伍的失落**

问题类型：成长与发展性问题/情绪问题。

个人描述：初中毕业后被父母安排到某职业技术学校学习，毕业后就一直留在家中待业。父母为了锻炼自己独立生活的能力，加之自己对军营的向往，便报名入了伍。入伍前对部队的了解主要来自于电视媒体，很崇拜军人的勇敢和潇洒，感觉部队生活很有意思，作为军人很威武。可是来到部队后才意识到自己认识上的误区，严格的部队纪律和规范的生活秩序让他感到无法适应，一切约束都过于严格，这是自己在家里从未体验过的失落：没有人把你放在核心，每个人都是孤独而寂寞的，身体上的疲乏更让自己觉得心灵上的空虚。开始觉得自己选择部队是个错误，都快一个多月了，每天都在想着该怎样离开部队，怎样逃离这个环境。前个星期，有战友借着外出购买生活用品的机会逃了出来，没想到不到一天就被抓回来关在了禁闭室，我怕自己也会有同样的遭遇。现在身体上虽然被部队禁锢住了，也正常参加连队的训练劳动，可自己心里时时刻刻都在向往着入伍前那种无拘无束的生活，向往着逃出去，迫切希望能通过心理咨询让自己有所改变。

严重程度：一般。

咨询师分析：根据对其成长背景、生活习惯、家庭状况及临床资料的收集，综合其相关因素，结合心理测验结果，其主要表现是反复把入伍前后的生活进行对比，总认为选择部队是个错误，特别想逃离部队，并一定程度影响了目前的训练生活。其问题主要是由适应部队生活困难而引起的，为近期发生，反应较强烈，不良情绪持续一个多月，但反应内容尚未泛化，有很好的自知力，也有求治愿望，符合一般心理问题的诊断条件。

咨询方法和建议：

（1）改善情绪。调整心态，认识自己心理问题产生的原因，能把主要精力投入到训练、学习中，解决在适应部队生活、训练中存在的问题，合理评估部队生活和自己内心需要的关系。

（2）增强求助者的自理自立能力，增强适应能力，提高心理素质和调节心理的能力，敢于正视现实，面对生活。

（3）改善睡眠状况。争取熄灯后能按时入睡。

最终目标与长期目标：在达到上述目标的基础上，完善求助者的个性，形成正确的自我观念，提高其适应新环境的能力，促进求助者的心理健康和发展。

本案例主要采用合理情绪疗法，这种疗法旨在通过纯理性的分析和逻辑思辨的途径，改变求助者的非理性观念，以帮助他解决情绪和行为上的问题。该理论认为，使人们难过和痛苦的，不是事件本身，而是对事情的不正确解释和评价。通过利用合理情绪疗法开展咨询，帮助求助者达到三种领悟：①现在情绪行为的后果，不是诱发事件本身；②自己对造成现在情绪和行为负有责任；③只有改变了不合理信念，才能减轻或消除目前存在的各种症状。个体可以通过改变这些因素来改变情绪。在咨询过程中，咨询师协助求助者改变不合理信念，认清现在其适应不良是由于不良的认知引起的。通过双方的努力合作，使求助者学会分辨自己的想法与现实之间的差距，进而了解合理信念对情绪和行为的影响力。当求助者了解到不切实际的负面想法如何影响自己后，可以学会以实际、正确的解释去取代偏差的不合理信念，并逐步适应部队生活。

【案例9】忍受不了的“好朋友”

问题类型：成长与发展性问题/情绪问题。

个人描述：还有两个月就考研了，不能静下心来复习，晚上睡眠质量差，想看书看不进，不看心里又不踏实睡不好，因此想通过咨询增强信心。其原因是，近两周来同宿舍的好朋友因恋爱问题心情不好，总向我倾诉，因被其好朋友反复说“你是我唯一的朋友，我只能跟你说”的观念所困，每次在紧张的复习中都要强迫自己耐下心来听其哭诉，之后自己的情绪受到影响不能认真复习。其实心里并不想听，很想拒绝她，不想和她做好朋友了，已经忍了她三年多了……对这位好朋友也有很多看法，如，在别人面前表现得很单纯，其实不然；故意影响自己复习；谈恋爱很功利；送生日礼物很随便，感觉对自己不够尊重；好朋友的男朋友家里有关系，不用为毕业分配发愁，自己没有关系只能靠考研寻找一条好出路，等等，心里充满了对这位朋友的怨气。

严重程度：一般。

咨询师分析：

（1）来访者的社会功能——学习受到较大影响，睡眠不好，时间近两周，有明显原因——朋友的情绪干扰并由此引发积累已久的对朋友的怨气。

（2）其主要问题是情绪问题，一直没有表达过对朋友的诸多不满，想断绝朋友关系的决定也没表达，由此影响了学习。

（3）咨询目标在于释放来访者压抑已久的内心真实情绪和表达真实想法。

咨询方法和建议：

（1）使用格式塔的空椅子技术引导来访者发泄对好朋友的不满以疏泄情绪，并表达自己真实想法。

（2）待情绪恢复后确认是否决定断绝朋友关系，运用新行为主义的想象技术练习如何拒绝朋友关系。

（3）处理完上述问题后，调动其内部积极资源找到适合其特点的提高复习效率的方法。

【案例10】**社交恐惧咨询案例**

问题类型：人际关系问题/战友关系。

个人描述：自小就比较不会与人打交道，特别是入伍到部队以后，认为部队生活太累、太枯燥，很多事情都要自己处理。目前最大的苦恼就是我认为“自己的能力太差，连一点小事都做不好，怕被人笑话”，所以就很少与人交往，害怕交往，而缺乏了交往，战友们对我很冷淡，我自己内心越来越感到空虚、孤独，情绪时好时坏，学习训练成绩和效率明显下降。

严重程度：一般。

咨询师分析：求助者的心理问题都是在成长经历的背景下和个性特点的基础上，不断习得和形成的，这其中无论是情绪的变化，还是行为的异常，也都同样存在着个体认知的偏差和能力的欠缺。所以应及时地采用操作性、时效性、目标性很强的认知疗法和行为疗法，使求助者尽快摆脱目前的困境。家庭环境和部队环境之间的转换，再加上部队集体生活适应不良的催化，所以应加强战友之间相互支持心理疗法，能尽快地融入到部队正常的学习、生活中。

咨询方法和建议：

（1）通过电话联系，增强感情交流。

（2）找出求助者对人际关系的非理性认知，针对求助者的认知，在对他的观点表示理解的基础上，进行了提问，促进求助者对正确认知进行领悟，让他领悟在生活中他人对于他的一些说辞也是对他的一种帮助和关心，而不是他所认为的嘲弄和轻视。

（3）鼓励求助者要相信自己，自己是最棒的，要相信战友的感情和友谊。

（4）鼓励其与战友交流，大胆尝试，树立自信心。

【案例11】**我怎么如此压抑**

问题类型：人际关系问题/母子关系。

个人描述：我最近感到特别压抑，做什么事情都没有兴趣。每天脑子里昏昏沉沉，好像喘不过气。有时一个人躲在被子里哭，也不知道自己怎么变成这样。我家在湖南一个边远的小城镇，从小家庭就不和睦，家人经常吵架，小时候我和爷爷奶奶一起生活。七岁时我回到了父母身边，妈妈很严厉，爸爸很疼我，但他们常常吵架。后来爸爸不知什么原因，据说是受不了每天无休止的争吵，在我上高一时自杀了，奇怪的是，奔丧期间我没有掉过一滴眼泪。从此以后，妈妈的攻击矛头就转向了我，经常因为一点小事骂我，甚至打我。记得有一次，我贪玩没写作业，她就一整天不给我吃饭。后来在叔叔婶婶的帮助下，我鼓起勇气参加了高考。因为没考上理想大学，我就报名参军，在叔叔家等待通知时，叔叔看不惯我抽烟、喝酒，当着别人的面批评了我，我觉得很没面子，和叔叔吵起来。当时感觉这个世上一个亲人也没有了，即便以前对我很好的叔叔也开始讨厌我。我很苦恼，学习、训练精力都不集中，有时还经常走神。我觉得自己长这么大，从来没有过快乐，有的都是烦恼和苦闷，生活没有意义。对部队生活也不太适应。我发现部队管理太严了，当新兵时，班长就老训我，说我脑子笨、闷葫芦、反应慢，现在是第三年兵了，还总被排长批评，说我做事不认真、不积极。其实我挺认真的，这段时间总是走神，感到郁闷，什么事都不想做，话也不想说，来医院检查又正常，我好难受，真不知道该怎么办了。

严重程度：一般。

咨询师分析：小江无疑是一个恶劣家庭关系的受害者，因为从小没有得到父母的关爱，懂事后给他印象最深的是父母的争吵，乃至亲眼目睹父亲的离世。而与母亲的僵硬关系像毛虫一样一点点侵蚀着他的情感需要，他感到没有人真正关心自己，找不到可以信赖倾诉的知己。日积月累压抑的情绪不断在心头积存，压得他喘不过气，并由此影响了平日的学习和训练。同时，因为母亲对他的态度刻薄，使他产生了一种强烈的防卫机制，以致把他叔叔善意的批评当做故意找茬，认为外界一切都是“灰暗色”。来到部队后，面对现实和理想的差距，挫折感增大，更觉悲伤孤独，失去对生活的信心和热爱。

咨询方法和建议：

首先，对小江进行自我情绪疏导。让他把长期积郁在心头的种种不愉快的感受、委屈、怨恨、失望和悲观的情绪、想法，全部发泄出来，想哭就哭，让自己心情适当放松。可采取“空椅子”疗法，在他的对面放上一把椅子，代表他最爱最信任的人（他的父亲），然后让他对着“父亲”倾诉生活中种种烦恼，宣泄自己压抑已久的苦闷情绪。

其次，进行认知疗法。使求助者认识到在人生中遇到矛盾、挫折是常事，增强挫折的自我承受能力；应勇敢面对生活中各种困难，学会积极解决矛盾，而不是一贯忍让回避。

第三，正确看待自己。遇到挫折，应先从自己的主观方面去寻找原因。用自己的勤奋特长去弥补不足之处，坚信“人无完人”“天生我才必有用”。接纳自己，确立自强、自信、自立的心态。

第四，多参加集体活动。许多沮丧的人放弃了他们最喜欢的业余活动，这只会让事情弄得更糟。为了扭转心情，不妨主动热情地参加单位组织的一些活动，体会到他人对自己的关心和尊重。并从他人对自己的积极关注中，感受到自己存在的价值，增强自我意识和责任感，创造出适当的人际关系，改变压抑行为，进而理解生活的意义，最大限度地开发自己的潜能。

【案例12】**当爱已成往事**

问题类型：婚恋问题/失恋问题。

个人描述：前些天，相恋了快五年的女友和我提出分手。大学期间的我非常受人欢迎，按自己的话说，却选择了当时各方面都很一般的女友，而且作为初恋，爱得很认真、很投入，并且认为她就是我要厮守一生的人。大学毕业之后，女友考上了南京一所高校的研究生，而我被部队特招入伍，成为军人。由于职业特殊，毕业后一年多两人未曾见面，只是以电话联系，但关系还算良好。直到半月前，女友突然提出分手，借口是我很优秀，但不适合她。我多方打听，知道女友是和同学校的同学好上了，而且那个男的我也认识，觉得他各方面条件都不如自己，但是女友居然还选择了他。从此之后，我就变得郁郁寡欢了，而且开始失眠、早醒，越想越看不起自己，内心非常痛苦。一方面对女友十分气愤，觉得自己不应该被抛弃；另一方面又认为是自己没本事，居然都比不上当年的同学，看什么都不顺眼。最近一段时间工作受到严重影响，经常受到领导批评。

严重程度：一般。

咨询师分析：求助者是家中唯一男孩，家里还有两个姐姐。从小父母对其最为疼爱，一直都很自信，经过这件事，自信心受到严重的打击。突遭失恋，使他感到很烦恼、痛苦。半个月以来，饮食明显减少，经常失眠，与周围人际关系紧张，工作中经常走神。求助者内心冲突有现实意义，并且智能完整，感知觉正常，无器质性损伤。对照症状学标准，求助者表现出愤怒、自我怀疑、情绪低落、睡眠障碍等症状；从严重程度标准看，该求助者心理问题因现实负性事件引起，反应强度不甚强烈，不良情绪反应未超过理智控制之外，没有影响逻辑思维，没有对社会功能造成严重影响。从病程标准看，病程只有半个多月，时间比较短。诊断为一般心理问题。

咨询方法和建议：

（1）咨询目标。

近期目标：帮助求助者理解自己并解决自己的问题，通过引导使其能获得自我成长，消除失眠、食欲不良等问题，帮助求助者树立正确的恋爱观，使其对恋爱问题有一个正确的认识，正确看待恋爱。

远期目标：帮助求助者提高心理承受能力，促进其心理健康与人格的完善发展。

（2）治疗方法。

通过协商，主要采用求助者中心疗法，这是由美国的卡尔·罗杰斯创立，认为人是完全可以信赖的，他们有很大的潜能理解自己并解决自己的问题，人有追求自我价值实现的共同趋向，强调人的自我指导能力。相信经过引导人能认识自我实现的正确方向，这成为他的心理治疗和咨询以及教育理论的基础。卡尔·罗杰斯认为，精神障碍的根本原因是背离了自我实现的正常发展，咨询和治疗的目标在于恢复正常的发展。他的疗法原称非指示疗法，后改称来访者中心疗法。这种方法反对采取生硬和强制态度对待患者，主张咨询员要有真诚关怀来访者的感情，要通过认真的倾听达到真正的理解，在真诚和谐的关系中启发来访者运用自我指导能力促进本身内在的健康成长。强调在一种特别的咨询关系中引导来访者自我成长，并把咨询师的态度和个性以及咨询关系的质量作为首要决定因素。在本案例中，由于来访者自我认识能力存在矛盾，但个人能力素质较好，分手处在一种极度的敏感自卑状态，需要在别人的关心下获得自我成长，所以此处用求助者中心疗法。

【案例13】任务压力导致焦虑情绪

问题类型：情绪问题。

个人描述：一个月前，团里把我从三营副教导员位置提升到二营教导员岗位。二营是全团标兵营，现任团长就出自二营。二营每年的军事训练强度、迎检任务等都比其他营大得多，我原本想在提升的岗位上大展拳脚，但当团里突然明确二营代表全团参加集团军专项对抗考核时，我却担心自己胜任不了工作，刚调整到自己追求的职位，如果考核成绩不佳，害怕自己今后就提升无望了。近一个月以来，我白天、晚上都在想着这些事情，觉也睡不好，胃口也不好，工作效率下降，整个人感到焦躁不安。

严重程度：一般。

咨询师分析：根据求助者的自我陈述、咨询师的初步观察以及心理测试结果，综合其相关因素，家庭中无精神病史，本人无重大疾病史，求助者因为岗位提升后担心完成不了任务造成思想困扰，根据郭念锋教授提出的判断心理正常与异常三原则，该求助者主客观世界统一，精神活动内在协调、一致，人格相对稳定，对自己的心理问题有自知力，能主动求医，无逻辑思维混乱，无幻觉妄想等精神病性症状，因此，可以排除精神病性问题，属于心理咨询的范畴。

对该求助者的资料进行整理，得出该求助者产生问题的原因是：

（1）生物学原因：无明显的生物学原因。

（2）社会原因：①提拔到新的工作岗位，接受上级执行有挑战性的任务；②朋友较少，缺乏社会支持系统的帮助。

（3）心理原因：①个性因素。内向、敏感，自信心不足；②认知因素。存在错误认知，认为自己没有能力完成上级交给的任务。

诊断及依据为：

（1）根据区分心理正常与异常的心理学原则，该求助者产生情绪困扰有明显的原因，情绪性质和强度与现实处境相符合，有良好的自知力，也有求治愿望；心理活动协调；人格没有发生明显变化，心理状态正常，可排除精神病性问题。

（2）该求助者的内心冲突与现实处境相符，属常形冲突，可排除神经症性问题。

（3）该求助者的焦虑情绪仅局限于工作调整后的任务完成这件事情上，没有泛化，可排除严重心理问题。

（4）该求助者的主导情绪是焦虑情绪，持续时间一个月，没有严重影响社会功能。

综合以上依据，对求助者的初步诊断是：一般心理问题（焦虑情绪）。

咨询方法和建议：

（1）心理诊断阶段。根据合理情绪疗法 ABC 理论对求助者的问题进行初步分析和诊断，找出他情绪及行为的结果（C）以及与这些反应相对应的诱性发事件（A），并对两者之间的不合理信念（B）进行分析，让求助者了解到自己问题的主要原因在于他对事物的看法和信念。

（2）领悟阶段。进一步明确求助者的不合理信念，让求助者领悟到：①信念引起了情绪及行为后果；②只有改变了不合理信念，才能减轻或消除他目前存在的各种症状；③他对自己的情绪及行为反应负有责任。

（3）修通阶段。通过布置家庭作业、与不合理信念辩论等方法，让求助者学会用合理的信念来代替不合理的信念。

（4）再教育阶段。主要是巩固前几阶段的咨询效果，达到重建的目的，帮助求助者在认知方式、思维过程以及情绪和行为表现等方面重新建立起新的反应模式，减少他在以后生活中出现情绪困扰和不良行为的倾向。

【案例 14】亲人去世引发成长困扰

问题类型：情绪问题。

个人描述：两个月前，我的爷爷因病去世，当接到家里的电话时，就如晴天霹雳一般，当时脑子里一片空白。回到家时，家族已经聚集了好多亲朋在张罗爷爷的后事，我不知道自己是麻木了还是悲伤得已经没有了感觉，总觉在回家后到爷爷下葬这段时间我的生活都非常不真实，甚至都觉得那是在梦中。爷爷和当地其他人不一样，并不重男轻女，自小爷爷就特别疼爱我，这样也形成了家族中男女平等的一种观念（有别于当地一般的传统观念），经常和我玩，教我做人做事的道理，爷爷和蔼可亲，慈祥而严厉，可是现在已经不在了，没有爷爷，我不知道今后该怎么办？爷爷在父亲意外去世后，对我的感情就更深了，更加关心我和我的学习，当我考上军校后，爷爷是那样高兴。

我是家族中最大的，也是第一个上大学本科的，因为我上军校，全家族的人在村里都很自豪，因为我们村里上大学本科的比较少，都对我寄予了比较高的期望，因为我们家族在爷爷到父亲这一代衰落了下来，家族人们都希望有人能重新振兴家族，本来指望我的父亲，我的父亲在世的时候也非常努力，但是却因为一次意外而溺水过世，全家族的人似乎都失去了希望。这一个多月的时间以来，只要我一想到爷爷的去世，想到爷爷在世时对我的关心，甚至我每次都能在脑子里呈现出爷爷坐在屋前的桌上，抚摸我的头，告诉我要好好念书，将来做个有用的人的这个场景，我真的好难过。我真的不知道我该怎么办，在宿舍里我情绪这样又会影响到其他人的学习与休息，我现在都不能安静下来学习，睡眠也不如以前好，看到书不自觉就想到爷爷，如果一直这样子，我担心都不能正常工作了。老师，我该怎么办才能让自己恢复正常的生活？

严重程度：一般心理问题。

咨询师分析：根据初步观察，以及心理测试结果，综合其相关因素，家庭中无精神病史，本人无重大疾病史，因为亲人去世造成情绪异常，表现出哭泣悲伤的情绪，程度不是很严重，思维正常，在一定程度上影响了工作与生活，没有泛化，症状持续一个月以上，有较好的自知力，求助愿望强烈，根据精神活动正常与异常三原则，可排除有精神疾病，属于心理咨询范围。

咨询方法和建议：

采用认知行为疗法。适用原理：认知行为治疗是一组通过改变思维和行为的方法来改变不良认知，达到消除不良情绪和行为的短程心理治疗方法。贝克和雷米的认知疗法认为错误的认知和观念是导致情绪和行为问题的根源。因此，认知疗法认为其根本目标就是要发现并纠正错误观念及其赖以形成的认知过程，使之改变到正确的认知方式上来。

来访者因为不知道如何处理爷爷去世与继承家族振兴责任的关系，担心因为长时间的悲伤情绪，导致其出现情绪低落，烦躁，睡眠不好的症状，影响她自己的学习与生活，根据上述分析和来访者的实际情况采用认知行为治疗比较适合。

【案例15】**强迫症**

问题类型：强迫症。

个人描述：有一天午休时，我侧身看见墙角下有两条电线，其中一条包裹的胶布脱落露出铜线，另一条包的也不紧。我脑子里感到一惊，现在部队老是强调安全稳定，万一两条裸露的铜线碰在一起，不就引起电线短路了吗？电线一短路，必然引起火灾，四层楼就会全烧了。而自己曾在接口处用电炉煮鸡蛋，上级肯定会查出来，把自己关禁闭。年底就要转业退伍，如果受了处分，那一辈子便完了……为了断绝可怕的后果，我找来电工把这两段电线剪断了。但过了几天，我从电视看到某地有火灾，是电线短路造成的，于是又想到残留的电线，心情又紧张起来，结果又把电工叫来把残留的电线也剪了。尽管电工告诉我已很安全了，但脑中"电线短路引发火灾"的场面，始终出现在我脑子里。对此我非常苦恼，希望医生帮我把这个场面从脑子里赶走。

严重程度：一般心理问题（强迫症）。

咨询师分析：这是一个典型的以强迫联想为主要症状的强迫症患者。强迫症又称强迫性神经症，是以强迫观念和强迫动作为主要症状和体征的神经症。患者常为重复出现的强迫现象所苦恼，虽努力克服，但无法摆脱。强迫联想时强迫症常见的症状之一，当患者见到、听到某一事物时，总会联想到不详、不愉快或可怕的情景。如见"十"，即联想到"死""教堂""坟墓"；见到香烟，即联想到"火""火灾""灾难"。

强迫症患者常有的性格特征为：深思熟虑，富有思想，喜欢思考，谨慎细心，缺乏灵活性。他们有很高的道德标准，总过分要求自己，平时工作喜爱整齐、清洁，有条理，有秩序，一丝不苟，做事固执，动作刻板。

咨询方法和建议：

（1）解释性心理治疗：包括消除病人对本病的不正确认识和各种疑虑，树立战胜疾病的信心。

（2）意念转移法：症状出现时，去想或做别的工作。建议患者在强迫联想出现时，用橡皮圈套在手腕上弹拉并计数，以转移其注意力。

（3）森田疗法：要求患者对症状采取不怕、不理、不对抗的态度，顺其自然，带着症状工作、训练和生活。森田疗法是目前治疗强迫症很有效的一种心理治疗手段。该理论认为：强迫症之类的神经症主要是患者对人、对己、对事过分敏感所致，患者虽有克服这些症状的强烈愿望，但苦于无法摆脱，以致给生活、学习、工作造成障碍。该疗法的关键是打断强迫症的中间环节，主张患者接受症状、顺其自然。黄铎香教授曾把森田疗法概括为 11 个字，即“不怕、不理、不对抗，顺其自然”，实践证明效果很好。

（4）性格改造：摒弃过分认真、要求尽善尽美的强迫性格，也是很重要的，最好是“大事清楚，小事糊涂”。“大事”指原则问题，“小事”指非原则问题。“糊涂”是说对任何原则的事，是对是错、是好是坏、是多是少都不要去判断，不要去计较。

（5）环境治疗：如有可能，患者向连队提出调换宿舍，离开原来居住的房间，转换环境，加强体育运动，也有一定消除症状的作用。

【案例 16】应激性适应障碍

问题类型：应激性适应障碍。

个人描述：新兵连结束，自己下连队不到四个月，近一个多月来出现心慌、无力、喘不过来气等症状，头部紧绷、头疼已经两个星期了，已经不参加正常训练也有一个星期了。下了连队后，老兵都处处看我不顺眼，每次干完活都批评我。现在听见他们的声音我就头疼。曾多次来医院检查，脑电图、脑 CT 检查均无异常。

严重程度：一般。

咨询师分析：该同志属于适应障碍。主要是新兵下连队后，面临着“第二适应期”的考验。这是由于多数新兵的尚不成熟出现的心理异常。像这样的情况，也是现在新战士中常见的心理障碍。新兵“第二适应期”的症状背后的心理问题如下：

一是畏难型。新兵下连队后，训练的强度、难度加大了，执勤任务重了，工作要求高了。有的新兵做一日和尚撞一天钟，产生了畏难心理，导致情绪低落，试图回避现实，消极对待工作和生活。

二是焦虑型。有些上进心较强的新兵，由于缺乏自信心，担心自己跟不上，产生了怕掉队的焦虑心理。

三是表现型。一些新兵有一定的特长，有较强的表现欲望，担心别人忽视自己的存在，一旦受到“冷落”，容易产生沮丧、自暴自弃的心理。

四是偏执型。有的新兵对连队的管理还不够适应，对自己该做什么、不该做什么心里没有数，所以不能正确地对待干部骨干的批评，听不进别人的意见，固执己见。

五是冲动型。有的新兵有热情、有干劲，言语行为无所顾忌，容易与战友产生矛盾和冲突。

六是孤僻型。有的新兵性格内向，不善于与他人交流，特别是下连队后压力骤然增大，更加沉默寡言，难以融入集体，严重时甚至会对自己和他人构成危害。

咨询方法和建议：

一要问、察，在摸清新兵的情况上下工夫。“问”，是通过找新兵，找新兵连的带兵干部骨干问询，找老乡战友了解，与新兵家长取得联系等办法，探寻他们的心理世界，了解心理需求，掌握内隐的心理活动。“察”，带兵要做到见微知著，一叶知秋，善察觉新兵的心理渐变过程。可以利用不同场合和时机，采用纵向观察、横向观察和随机观察等方法，及时准确捕捉新战士心理变化信息。

二要引、爱，在稳定新兵的心理状态上做文章。“引”，是要有针对性地组织新兵学习心理学知识，让他们了解“第二适应期”的不同情况，引导好新兵正确对待训练、工作和生活中的各种困难和不适，诱导他们进行自我调节，减轻心理负担。“爱”：干部骨干要端正对士兵的根本态度，耐心细致地讲明道理、持之以恒地做工作，达到深知兵、真爱兵的目标。对心理问题较突出的新兵要予以更多的关爱，做到“随风潜入夜，润物细无声”，尽量用最自然的办法消除他们的心理障碍。

三要帮、带，在提高新兵的心理承受能力上花气力。①通过“帮”，通过一对一帮助后进新兵共同进步。在训练中，可以找素质好的老兵帮助他们战胜困难，有意识地培养他们吃苦耐劳、不惧艰险的精神，克服畏难、胆怯心理，尽快适应完成部队任务的需要。②注重“带”，使新兵步入正轨。干部骨干既要让新兵知道“做什么”，更要让他们懂得该“怎么做”，针对新兵模仿性强，喜欢向干部和老兵骨干看齐的心理特点，干部和骨干要严于律己，言传身教，为新兵做好榜样。

相信如果我们在了解新战士心理特点、摸索科学带领上多下功夫，自然会帮助新战士们顺利渡过“第二次适应期”。

【案例 17】**我的自控力为什么这么弱**

小贺，某步兵连班长，二级士官，近段时间，排长发现小贺经常对班里的战士发火，出现了体罚战士的情况，便找其谈心。小贺也表示自己要是一遇到什么不顺的事情就抑不住自己的情绪，班里的战士哪个稍稍做得不好，他就控制不住自己的情绪大发雷霆。时间一长，同志们对他的这种脾气都有看法。为此，他自己也很苦恼。

咨询治疗：

我们常常说心理治疗并不是有了疾患才来救治，其实，心理咨询涉及我们生活的方方面面。像小贺这样很想控制好自己的情绪，完善自己的性格，这也属于心理治疗的范围。

发火，称之为怒。这是人对自己不满意的事情产生的一种心理状态。人在愤怒的时候，常常容易找发泄对象迁怒于他人。怒在特殊的时候有它的积极一面，但在多数情况下，怒更多的是消极一面。当人在发怒的情况下，既危害了自己的身心，又容易失去理智做出一些过激事情来，我们在平时的生活中，如果不能很好地控制自己的情绪，经常发火，不仅会影响同志间的团结，影响工作，还容易激化矛盾，无助于问题的解决。因此，努力去克服发怒，控制好自己的情绪很重要，我们可以从以下几个方面去试一试：

第一，心理学家忠告我们说：“气量大一点吧，如果我们每件事情都要计较，就无法在这个大千世界上生活下去。”我们要保持克制情绪，就必须不断提高自己的修养，有修养的人才有克制自己的能力。一个人胸怀坦荡，就不会因为琐碎小事而随意发火。即使遇到有不顺心的事情或遇到不公平待遇时，也能做到心平气和地讲道理，平静地处理矛盾。所以，不断提高自我修养是我们要不断努力的。

第二，当遇到冲突事件时，一个制胜法宝是什么呢？是沉默。沉默是最安全的策略。当你意识自己要发火时，最好约束好自己的嘴巴，让自己强制性保持沉默，可以在心中默数 30 下，如果 30 下不行至少再默数 10 下。举个简单的例子，我们吃饭的时候，吃完一点后还很饿但此时停一段时间后再继续，你就发现好像没那么饿了。所以，当你要发怒的时候，也可以试一试这个法宝。

第三，转移注意力的方法。心理学研究表明，在受到令人发火的刺激时，大脑会产生强烈的兴奋灶，这时如果有意识地在大脑皮质里建立另外一个兴奋灶，用它去取代、抵消或削弱引起发火的兴奋灶，就会使火气逐渐缓解平息。例如，转移话题，找其他开心的事情去做，听一些舒适的音乐，等等。

等平心静气后，再理智地处理问题，你就发现你不断地成熟和更好地控制自己的情绪。

【案例 18】谁偷走了我的睡眠

小卢，三级士官，来自农村，今年是服役的最后一年，这段时间，吃不好睡不好，晚上常常失眠，白天一点精神没有，只有到了中午可以多睡会，可是稍稍睡上一个小时，晚上就根本无法入睡，这两天来门诊看病，想拿点治疗失眠的药。

咨询治疗：

在初始访谈中，了解到小卢现在主要是为自己离开部队后自己未来的发展犯愁。到部队已经十多年了，感觉自己和这个社会距离越来越远，现在突然要回到地方，适应社会，一时间，也不知道自己能做些什么，怎么做，心里很没底，感到前途一片渺茫。每次一想到这里，就犯头疼，吃也吃不了睡也睡不着，已经有半个多月了。

小卢目前的状态需要药物治疗缓解他失眠的状态，因为失眠已经严重影响了他第二天的工作和生活，长期下去会大大影响他的身心健康。

当然，我们说解铃还须系铃人，药物治标不治本。关键还是要和小卢一起讨论一下他目前面临的问题，让他能够在回到地方有人生目标，不至于渺茫不知所措。

可以说小卢面临的问题，也是我们大部分士官复员退伍时会困惑的问题。我想大家可以通过下面的思考来处理好这个问题：

当然首先是要坚定信心，充分地给予自己自信心。我们可以客观地思考一下，入伍这么久，部队锻炼了我们哪些优秀的品质。大家可以拿出一张大白纸，把在部队学到的拥有的优秀品质、性格、优势一一列出来，看看都有哪些。这是合理地认识自己，也是在回到地方之前给自己一个积极的自我画像，这画像会激励大家有坚定的信心接受未来一切的挑战。

接下来，大家可以根据自己目前的资源，想好自己应该怎么选择和安排自己离开部队后的生活工作。有的人可以希望能再学点文化课，有的也许家里有某些资源可以帮自己解决下一步的就业问题，还有的也许想自己到地方闯闯看看，挑战一下自己。这些都是具体的、可行的，也是很好的。那么，我们可以设想一下，如果我们接受了一份工作，我们可以怎样去做？可以虚心请教、可以勤学苦练，等等，我想这些都是我们在部队练就的好的品质，将它用到以后的工作中，发挥自己的优势弥补自己的不足，这样无论我们做什么都会从不会到会，从会到做得更好。那么，我们将会对我们的未来充满希望。

通过和小卢聊聊了这些，他焦虑的情绪缓解多了，自己也充满了信心。最后，小卢拒绝开药，决定依靠自己克服焦虑，重回正常的睡眠状态。

【案例 19】**遭遇创伤性生活事件**

金班长，二级士官，前不久在参加部队的演习时，接到父亲病逝的消息，因为演习任务无法请假回家，强忍着完成了演习任务。请了探亲假回家处理了父亲的丧事便归队了。归队回来后，就像变了个人似的，原来一向积极的他，现在对什么事情都没有了激情和兴趣，连长很担心他，带他来看心理医生。

咨询治疗：

对于金班长的事情，的确是让人感到同情。生活中突然遭遇重大的变故，有时往往会影响甚至改变一个人的性格及行为方式。虽然普通人碰上这种极端情况的几率不高，然而，即使是那些不期而遇的小小的突发事件，如果处理不当，也会对我们产生不小的影响。

中国有句俗谚：一朝被蛇咬，十年怕井绳。细细品味，不难发现其中渗透着许多心理学的知识。本来被蛇咬是件小事，把伤口处理好就没事了，可后遗症却大了。为什么会出现这种现象？恐怕逃脱不了“外界刺激—内心体验—暗示强化—习惯反应”这一由应激事件而形成情景性习惯反应的心理模式，其形成过程通常具备以下几个条件：首次遭遇此类应激事件，没有心理准备或存在片面认知；伴随强烈的负面情绪和生理体验；消极暗示，快速盲目归因；通过自我心理泛化、强化与放大形成情景性习惯反应。

那么面对生活中的突发事件，我们应该如何调整心理状态呢？

第一，正确对待。在情绪没有完全平静下来时，不要盲目定性，可以试着去回想事件本身，如事情是怎样发生的，周围的人有没有遭遇此类事情，如果有，是如何做出反应的，等等。

第二，慎重归因。偶发事件在伴随强烈负面情绪时，应尽量归因到外界因素或偶然因素中，比如当出现过度考试焦虑时，告诉自己是因为最近身体欠佳或过于贪玩，没有像往常一样准备造成的，等等。

第三，自我积极暗示。比如告诉自己这没有什么，只要积极面对，明天一切都会好。

第四，出现不良情绪体验时，采取一些有效方式缓解。比如找朋友和亲人倾诉、写日记宣泄、做一些放松练习、做平时喜欢的事，等等。

相信当我们积极合理地去应对这些应激事件，就很快能从阴影中走出来。

【案例 20】**猜疑心理**

小夏，一级士官，一周前无意听到指导员与连长议论自己，怀疑自己超假外出给领导留下了坏印象，想着以后就算表现再好也没有用。于是，终日萎靡不振，疑神疑鬼，易躁易怒，性格孤僻，直到连队领导一时也不知道怎么回事，就建议他来看心理医生。

咨询治疗：

了解了小夏的情况后，咨询师首先对他担心的心情表示理解，这表明他很在意领导对自己的印象，有强烈的进步心。但目前的痛苦，并不是别人施加于你的，而是你通过自思自想折磨自己的。主要是因为你对人有疑心，这种疑心是依据某种个别的、表面的现象，没有任何事实的根据进行的判断和推理，并把这种主观想象变为成见，无端地背上了心理负担，而自寻烦恼和痛苦。

心理学认为，猜疑心理的人，在认识事件上预先主观地设定了一个框框，继而无中生有地创造出很多“信息”，以使自己的主观推测得到验证，并陷入难以自拔的恶性循环之中。猜疑心理一旦产生，其消极作用很多，看人看事就会失去客观态度，一时不但会造成长时间的不和，久而久之，既会影响内部团结，又会影响自己的情绪，有损心理健康，并且还可能引起一系列错误行为，给自己的工作生活带来不良后果。

那么，怎样消除猜疑心理呢？

首先，要与领导战友赤诚相见。相互了解，彼此信任，是人际交往的基本准则。一个人对别人没有信任，那他心中也就没有宽容和理解。互相猜疑是分裂的苗头，真诚相待是感情之根。战友之间的情谊、和睦，来自于你的信任和真诚。不妨静下心来，在适当的时候，以适当的方式，主动地与你所猜疑的对象心平气和地谈一谈，如果是对领导抱有猜疑的态度，也可以坦诚地把你的担心讲出来，彼此交换看法，沟通思想。他也许会给你指点迷津，帮你理清迷乱的思绪，指明努力的方向。这样，不但可以消除误会，驱散疑云，还能更加增进彼此间的友谊。

当然，更重要的是要培养豁达大度的胸怀。一个心胸宽广，胸襟豁达，与人为善的人，一般总是用好心思去对待和评估别人，对别人既不能胡乱猜疑，也不会心存戒备，遇事多从自身上查找不足，找原因。这样许多不尽人意的事就可以想得开，化解了的，就不会有很多的疑虑和忧心了。

【案例 21】说不清道不明的“性”

小陈，一级士官，近段时间情绪低落，动不动就一个人躲在一边，一个人待着。连长找他聊天，他也支支吾吾不说，最后，向连长请假来看心理医生。

咨询治疗：

在诊室里，小陈仍然支支吾吾不开口，咨询师向他介绍了心理咨询的保密性，又耐心多次引导他，最后，他才红着脸说了自己的情况：原来，小陈近几个月来，常常晚上梦见很不健康的东西。咨询师又引导他，大胆讲出来到底是什么不健康的梦，最后得知小陈所谓“不健康的梦”是性梦。就此，咨询师给小陈进行了一次性知识的普及。

任何男女到了性成熟后都会有性梦。性梦可以是情节完整的，也可以是支离破碎的；有时它是直观的和明确的，有时又是暗示性的和隐喻性的。

许多中国人存在封建思想，认为性梦是“狐狸精缠身”的结果。现在人们虽然不再把性梦看做是鬼怪作祟，但总难免对此充满疑虑或心理压力，总觉得“反正不是好事”。

尤其是男性青年官兵容易出现心理压力。青年官兵此时正是青春期，面临一生中性能力最强的时期，但往往因为没有受过正规的科学的性教育，所以对自己身体发育和一些生理现象缺乏正确认识，产生种种困惑。会对自己在睡眠中梦到的色情场面感到内疚和不安，“自己怎么这么下流，这么坏”，认为这是“本性的大暴露”，于是丧失自信，容易自暴自弃。

据国外调查结果表明，男女在 45 岁以前有过性梦的人分别占

100% 和 75%，所以是十分普遍的，是毫不奇怪的事。女性性梦多发生在 30 ～ 50 岁，而男性的性梦高峰则在 15 ～ 30 岁之间，所以性梦容易给青年人带来恐慌和困惑。女性每年性梦的次数不过 3 ～ 4 次，而男性则较多，可为女性的 2 ～ 3 倍，老年后性梦次数明显减少。

男性对性梦感到更多困惑的另一个原因是他们常在性梦中发生遗精，尤其是首次遗精往往与性梦相伴随。性梦与遗精的双重困惑会或轻或重地影响他们的正常生活，有的人则一蹶不振，这主要还是性教育不及时、不充分的后果。

性梦与道德品质毫无关系。人们在成长过程中学会种种自我控制和自我禁忌，但到了睡熟之后，大脑皮层的这种强有力的抑制将暂时消失，于是性的本能反应和欲望在梦中得到反映。男性的性梦一般比较直露，女性的性梦多停留在温存阶段，而且往往只扮演参观者的角色。女性更容易被性梦中的情形惊醒，醒后能回忆起梦的内容，有的人甚至把梦与现实相混淆并影响到自己的情绪和行为。

经过这样的科普教育后，小陈焦虑内疚的情绪得到缓解，心情也像以前那样明朗了。

附录1

心理医生须具备的素质

从事任何职业的人都需要具备一定的条件。心理咨询被认为是一种特殊的助人工作。从事这个工作的心理咨询师不但要用他的知识和技术为来访者服务，还要了解来访者的内心世界，洞悉来访者的生活隐私，帮助其认识心理困难的真正原因并改正适应不良的行为，促进心理的成长。因此，他必须具备一些特殊的条件。

一、人格素养基础

许多学者都提到心理咨询师的人格条件是做好心理咨询工作的最重要因素，也是心理咨询师应当具备的首要条件。心理咨询师的人格是心理咨询工作的支柱，是咨询关系中最关键的因素。如果一个心理咨询师不具备助人的人格条件，他的知识和技术就不会有效地发挥作用，而且可能有害；心理咨询师如果仅仅具有广博的理论知识和咨询技巧，但缺乏同情人、关心人的品格，不能坦诚待人，缺乏对人际关系的敏感性，他就只能是一个技术工匠。

所谓人格是指一个人的整个精神面貌，是具有一定倾向性的、稳定的心理特点的总和，包括气质、性格、兴趣、信念和能力等。心理咨询师应当具备的人格条件是指哪些内容呢？

1. **心理相对健康**

心理咨询师的健康水平至少要高于来访者。心理咨询师本人也是人，也有许多欲望，如希望得到爱，希望被接受、被承认、被肯定，希望有安全感。但他有能力在咨询关系以外来求得这些欲望的满足，以保证有效地完成心理咨询师这一社会角色的任务，不致引起角色紧张。

心理咨询师也生活在和他的大多数来访者相同的社会环境里，也会有各种生活难题，也会出现心理矛盾和冲突，但他可以保持相对的心理平衡，而且能在咨询关系以外来解决他的心理矛盾和冲突，不至于因为个人的问题干扰咨询工作。

一个合格的心理咨询师应当是一个愉快的、热爱生活、有良好适应能力的人。那些情绪不稳定的人，经常处于心理冲突状态而不能自我平衡的人，是不能胜任心理咨询工作的。

2. **乐于助人**

只有乐于助人的人才能在咨询关系中给来访者以温暖，才能创造一个安全、自由的气氛，才能接受来访者各种正性和负性的情绪，才能进入来访者的内心世界。“乐于助人”这个条件说起来容易，但并非任何人都具有这种品质。一个外科医生尽管他手术技巧很高明，可以治好病人的外科疾病。但他不一定在心理上乐于帮助他的病人。那些只关心自己的事情的人，那些性格孤僻、寡言少语、缺乏热情的人，是难以胜任心理咨询工作的。

3. **责任心强**

心理咨询师要能耐心地倾听来访者的叙述，能精力集中不分心，使来访者感到对他们的困难表示关心；要能诚恳坦率地和来访者谈心，使他们愿意暴露内心的隐私和秘密，值得他们信任。那些工作马虎，不能专心致志的心理咨询师，那些办事拖拉、不负责任、又不能和来访者谈心的心理咨询师，是做不好心理咨询工作的。

以上这些人格条件是在先天素质基础上和环境的长期影响下形成的，是相对稳定的心理特点，不是仅靠学习理论知识可以得到的。因此，从事心理咨询工作的人，要想很好地胜任这项工作，应考虑自己的人格条件。

4. **真诚地关心来访者**

心理咨询师应该理解来访者，热情地关心他们、爱护他们，真心愿意提供帮助。这种人才能得到来访者的信任，使来访者有安全感，感到放心。

5. **不断地改善自我**

心理咨询师应该有自知之明，了解自己的长处和短处，不断地提高、改善自我；应该谦虚、正直、诚实、坦荡，不断进取，不断拓宽自己的知识面，提高教养水平，永不停滞，永不满足。

6．**为理解人的本质而不懈努力**

心理咨询师应该不断地去探索人的本质。理解人的本质是一种难事，也许一生探索和努力也达不到完全理解的程度。咨询是一种新的人际关系的建立、新的人性体验的过程。这就要求心理咨询师不断扩展自己有限的对人的认识，努力探究人的本质。

7．**与人协作配合的能力**

心理咨询师应该善于与他人建立良好的合作关系，这不仅是咨询过程必需的基本能力，而且也是开展咨询活动必不可少的能力。因为咨询者常常需要和其他人员相配合才能有效地解决问题，优越感和自卑感对于心理咨询师应承担责任的完成是不利的。

8．**亲切、和蔼、平易近人**

心理咨询师应该是这样一种人，无论谁都觉得他容易接近，都感到他诚实、可亲、可敬、宽容。

二、知识条件基础

1．**掌握心理咨询的专业理论**

做好心理咨询工作要有必备的理论知识。心理咨询不是仅靠良好的愿望、热情和一般常识来安慰、劝说那些处于困境的来访者或鼓励心理病人向疾病斗争。有时，廉价的安慰反而引起来访者的不解、反感和阻抗。心理咨询和心理治疗是科学工作，要用科学的助人知识来帮助来访者，使他们认识困扰着他们的真正原因，改正或放弃适应不良的行为，使心理成熟起来。心理咨询师必须有普通心理学、儿童心理学、人格心理学、社会心理学、心理卫生学、变态心理学、心理测量学、临床心理学等方面的基本理论知识，并掌握心理助人技能、家庭治疗、行为矫正方法、音乐治疗、认知疗法等咨询治疗的方法与技巧。

2．**发展多方面的知识结构**

在心理咨询过程中会遇到多方面的问题。如，青年的人生观、世界观、价值观问题，人际关系问题，人格发展与社会适应问题，青年官兵的心理特点，青春期生理、心理问题、恋爱婚姻问题等等。这就需要心理咨询师有全面的知识结构。心理咨询师不仅要有心理学专业知识，同时还要以辩证唯物主义和历史唯物主义的世界观和方法论作为思想指导，坚决抵制一切违背科学的迷信思想的侵袭。此外还应有教育学、社会学以及基础医学方面的知识。只有从多方面发展自己的知识结构，才有条件给来访者以正确的启发、教育和指导。

3. **积极参加心理咨询的实践活动**

只有将理论知识与实践能力有力结合起来，才能理解来访者的困难是怎样形成的？才能知道矛盾和冲突的根源在哪里？他们的心理症状的真正意义是什么？又是用什么防御手段来对付内心冲突的？然后才谈得上有针对性地协助来访者分析问题，并引导来访者走出困境，促进人格的成长。

三、技巧条件

心理咨询师要有熟练的助人技巧。其中包括怎样能在最短时间内了解来访者的有关情况，如使他困惑的处境或事件、症状出现的时间及其发展变化等；怎样适时地、机敏地提出问题；怎样发现来访者不自觉的掩饰和阻抗；怎样引导他们逐步认识内心深处的症结；怎样设计一些相应的方法来矫正某些不良行为，尤其对儿童神经症病人；怎样适时地向来访者进行某些解释、解释什么，等等。

1. **心理反应敏感**

出色的咨询师，能够对他人的心理活动特别敏感。无论是语言的还是非语言的（如表情、动作、服饰、发型、肌肉抽动、眼睛等）都反映了一个人的心理活动。对此，咨询师应从整体上予以观察并做出敏感的反应。

心理咨询是咨访双方所构成的一种特殊的人际关系，这一关系过程是通过咨访双方的相互作用最终得以实现的。既然是相互作用，当然除对对方的心理做出敏感反应之外，对自己的心理也总是特别敏感。不仅如此，对于由自己的心理影响所造成的对方心理的活动、变化，也应该敏感地做出反应。可以说，对人际关系敏感本身，是咨询师所需具备的重要的素质和特性。

2．**能认真倾听**

对于因为与己有关的重要问题所烦恼、焦躁不安而出现在心理咨询室的来访者来说，能够有人认真倾听本身，就是一种莫大的欣慰和信赖，这将成为他（她）生活的动力和支柱。

“认真倾听”说起来很简单，可做起来就绝非易事，也不是一朝一夕可以学会的。例如有来访者来到咨询室，因为心理重负而不知所措并处于极度的不安之中。咨询师认真、耐心地倾听来访者的诉说，并加以适当的应答，如简单的复述、首肯和插话，就可以帮助来访者理出问题的头绪，从而感到如释重负，获得一种安慰。

四、高尚的职业道德

心理咨询所遵循的基本模式是教育和医疗，因而心理咨询师应兼有师德和医德两方面的品格。

1．**保护来访者的切身利益，尊重他们的人格和意愿**

咨询师要以自己的态度和行为，使来访者确信他们的自我暴露不会使你感到震惊，而且保密是绝对的。尊重隐私、保守秘密是保护来访者利益的重要内容。绝不能拿来访者所谈的隐私与咨访关系以外的人随意议论取乐，这是咨询师的起码道德。

对待来访者要一视同仁，不管他们的性格气质如何，是否有生理缺陷或某种怪癖，都不得歧视和嫌弃，而要以诚相见、平等待人，尊重来访者的人格。咨询师要善于倾听来访者的意见，了解他们的需求，在可能的情况下尽量满足他们的合理需要。如遇到对咨询师的分析与治疗意见不一致的情况，也要耐心劝告，顺其自然，尊重来访者的意愿，不可强令执行。要维护来防者对其生命和健康的自主权利。

2．**咨询师不在咨访关系中寻求个人需要的满足**

心理咨询是帮助来访者摆脱精神上的烦恼和困惑，咨询师绝不允许在咨访关系中寻求自身在爱憎、依恋、欲求等方面的需求和满足。心理咨询是在利他的意义上给人以帮助，在来访者的感情纠葛中，自己是局外人。咨询师不能把个人的情绪带进咨访过程，不能向来访者宣泄自己的烦恼和不幸，也不要对来访者在情感上寄托爱憎和依恋，他对来访者的关怀和帮助是无私的，不求回报的。此外，咨询师亦不应向来访者索求物质回报。即便是来访者自愿奉送，亦应谢绝。在正规的咨询机构中，如实行收费，也只能严格遵守规定，不能在规定之外另收金钱或物质馈赠。

3．**以良好的伦理道德观念指导来访者**

排除心理障碍，恢复心理平衡是心理咨询的重要任务之一。但恢复心理平衡不能以损害他人利益为代价，也不能在咨询过程中通过对他人的贬低、诽谤来达到发泄自己怨气的目的。在帮助来访者克服心理障碍的时候，应以良好的伦理道德观念来加以引导。这对帮助来访者品德和人格的健全发展有重要意义。

青年官兵正处于人生观世界观形成的关键年龄，他们对于人生、事业、友谊、爱情等许多问题的看法还不尽成熟，难免带有某些幼稚和糊涂的观念。心理咨询师在帮助来访者解除心理困惑的同时，要引导他们以积极的态度面对人生。指导他们正确处理在生活中遇到的各种问题，解决好理想与现实、兴趣与专业、个人与集体、个人与他人关系中所遇到的矛盾。使来访者在解除心理障碍的同时，思想境界和道德品质也得到升华。

附录 2

家庭教养能影响人的一生

我曾经接触过一位单身女士，当时年近四十岁，一直没结婚。她是因为严重的抑郁症来找我的。在我们的交谈中，她谈到了自己的童年成长经历。

她父母都是小学教师，对她有很好的早期启蒙教育，在各方面对她的要求也很严格。她在很小的时候就会背很多经典诗文，聪明伶俐，而且认字很早，上小学就读了不少课外书，学习成绩一直很好。但她父母在她童年时期犯一个不可饶恕的错误，这个错误发生在她 5 岁的时候。

起因很简单，就是有一天她尿床了。父母为此大惊失色，说你 2 岁就不再尿床了，现在都 5 岁了，怎么反而又尿床，越活越倒退了。父母的话让小小的她非常羞愧，以至于当天晚上睡觉的时候，心里非常担忧，好久都没睡着。但也许是因为太紧张，也许因为前半夜没睡着，后半夜睡得太香，第二天早上醒来，居然又一次尿床了。这一下，父母特别不高兴，说你是怎么搞的，昨天尿了床，今天怎么又尿了，是不是成心的啊？当时他们住的是大院平房，有很多住户，她妈妈一边抱着湿褥子往外走，一边说，这么大的孩子了还尿床，褥子晒到外面，让别人看到多丢人。她爸爸板起面孔严肃地警告她说，有再一再二，没有再三，这两次尿床我原谅你了，再尿床我可对你不客气了。

父母的话让小小的她内心充满羞辱感和恐惧，所以接下来的一个晚上，她更害怕得不敢睡觉，直到困得坚持不住，昏沉沉地睡去。结果是，她连着第三次尿床了。这令父母简直震怒，不但责骂，而且罚她当天晚上不准吃饭喝水。虽然当天因为空着肚子睡觉，没尿床，但问题从此陷入恶性循环中，从那时起，她开始隔三差五地尿床。父母越是想要通过打骂来让她克服这个问题，她越是难以克服。父母可能后来意识到打骂解决不了问题，就开始带她找医生看病，吃过很多中药西药，都没有作用，直到成年，仍不能解决。

这件事几乎毁了她一生。天天湿漉漉的褥子、尿布以及屋里的异味，是烙进她生命的耻辱印记，她原本可以完美绽放的生命就此残缺了。考大学时，她取得了很高的成绩，完全可以报考北京的名牌大学，但为了避免住集体宿舍的尴尬，第一志愿填报了当地一个学校，以便天天晚上回家。大学四年，她不敢谈男朋友，自卑心理让她拒绝了所有向她求爱的男同学。工作后，谈过两次恋爱，都是男方发现她有这个毛病后，选择了分手。

她对我说，直到上大学前，她一直认为自己这个毛病是个纯生理问题，是一种泌尿系统的慢性病。后来才慢慢意识到是父母的紧张和打骂造成的后果。结束第二段恋情后，她割腕自杀，被救活过来，出院回到家中那天，终于在父母面前情绪暴发，疯狂地向父母喊出她心底积压多年的屈辱，并以绝食逼迫父母向她认错。父母似乎终于也意识到问题的来由，虽然没向她正面道歉，却在她面前无言地流了几天泪，痛悔的样子终于令她不忍，端起了饭碗。经过这件事，父母都一下子苍老了十岁，几天间就显得步履蹒跚了。她知道他们已受到惩罚，心中既有宣泄后的舒畅，又有报复的快感。自此，这个毛病居然奇迹般地开始好转，发生的次数大为减少。

但她的生活却无法改变，周围凡认识她的人都知道她这个毛病。她像一个脸上被刺字的囚犯，丑陋的印记无法擦去，只好在三十多岁时选择“北漂”，来到北京，希望通过环境的改变让自己活得自在些。但骨子里形成的自卑和抑郁无法消退，再加上工作压力比较大，很小的一点事就会让她崩溃，对于爱情和婚姻，完全失去再去碰触的热情和信心，对安眠药和抗抑郁药的依赖越来越严重。后来她信仰了一种宗教，她说宗教是唯一让她感觉安慰并有所寄托的东西。

像一个医生在晚期癌症患者面前束手无策一样，我在她的痛苦面前也同样感到无可奈何。教育中，有太多这样的蝴蝶效应，本来小事一桩，家长完全可以用轻松愉快的态度来解决，甚至不需要去解决，问题也会自行消失。但由于家长用严厉的方式来对待孩子，不但无助于问题本身的解决，还会给孩子留下经久难愈的心理创伤，严重的甚至可以毁灭孩子一生。

我还见过一个四岁的孩子，父母都是高学历，奶奶曾是单位主管会计，也很能干，且非常爱干净。家长从孩子一岁半开始，就因为吃手的问题和孩子纠缠不清。据家长讲，最初阻止孩子吃手，采用的是讲道理，告诉孩子手很脏，不能吃，他们感觉一岁半的孩子能听懂了。后来发现讲道理没用，就来硬的，采用打手的办法，轻打不起作用，就狠狠打，但这只能起一小会儿作用，孩子一停止哭泣，就好了伤疤忘了疼，又把手伸进嘴里。后来，负责照看孩子的奶奶拿出缝衣针，只要孩子的小手一放进嘴里，就用针扎一下，并把针挂到墙上，故意让孩子看到，但这也不能吓住孩子。后来家长还采用过给孩子手上抹辣椒水，每天 24 小时戴手套等各种办法，可是问题始终没能得到解决，并且越来越严重。听家长说，孩子还特别爱发脾气，因为一点小事就大发雷霆，可以连续哭嚎两个小时，甚至会用头猛烈撞墙，全然不知疼痛和危险。

我见到这个孩子时，他两只手的大拇指已被吃得变形，两只小手布满破溃的伤口，伤痕累累，但孩子好像完全没有痛感，还在用嘴啃咬双手，用指甲抠开血痂。更糟糕的是孩子的心理也出现严重障碍，不会和别人交流，别人和他说话，他基本不回应，目光总是回避开来，神情冷漠，拒人于千里之外。

这个孩子的遭遇，让我震惊于家长的无知和残忍。孩子吃手是多么正常的一种现象，婴幼儿最初是用嘴来感知和认识世界的，小手又是离他最近、唯一能让他自主支配的东西，所以吃手几乎是所有孩子的本能，根本不需要、也不应该制止。到孩子可以动用自己的其他感知器官认识世界时，自然就不吃手了，就像人学会站着走路后，自然就不愿意爬着了。对于这样一个自然的认知过程，家长却要想方设法阻止，而且采用打骂、针扎、抹辣椒水等做法，简直就是在刑讯逼供啊！一个弱小的孩子，在人生初期就莫名其妙地遭遇绵延不断的残酷对待，他的生命怎么能正常展开、怎么能不被扭曲呢！

当然有的孩子对吃手表现出固执的喜好，到四五岁，甚至十来岁，还在吃，这种情况往往和孩子的寂寞或自卑有关，是其他教育问题积淀的一个后果，吃手不过是孩子自我安慰的一种方式。遇到这种情况，家长更不该制止孩子吃手。应该做的是反省自己和孩子交流得多不多，相处方式是否和谐，等等，并努力从这些方面去解决。

家长希望用各种规矩培养出孩子各种良好的习惯，而这对孩子来说，却是自由意志被剥夺，活在日复一日的冷酷对待中。他的世界一直以来太寒冷了，已被厚厚的冰雪覆盖，所以他下意识地要把自己严实地包裹起来，回避和外界交流，直到失去正常的沟通能力。这是一个弱小生命对抗恶劣环境的本能反应，畸形的生态环境只能让他变态地成长。

专门研究儿童神经病的蒙台梭利博士说过，我们常常在无意中阻碍了儿童的发展，因此，我们应该对他们的终身畸形负责。我们很难认识到自己是多么生硬和粗暴，所以我们必须时时刻刻尽可能温和地对待儿童，避免粗暴。教育的真正准备是研究自己。

教育学和心理学对于严厉教育所带来的损害的研究已经很成熟了，但时至今日，人们对严厉教育的破坏性仍然没有警觉。在我们的教育话语中，人们仍然特别愿意谈规矩，很少谈自由。哪个青少年出了问题，归结为家长管得不严，太溺爱；相反，哪个青少年成长得比较优秀，尤其在某个方面做得出色，会归功为家长和老师的批评和打骂。

这样的归结非常简单非常肤浅，但越是简单肤浅的东西，越容易被一些人接受。于是，一顿“要么好好弹琴，要么跳楼去死”的威胁可以让孩子成为钢琴家，一根鸡毛掸子随时伺候可以让孩子上北大，一通把孩子骂做“垃圾”的污辱可以逼孩子考进哈佛……诸如此类的“极品”行为最容易得到传播。

人们不肯往深处想一想，严厉教育如果真能让孩子优秀，那么天下将尽是英才。成年人想收拾一个孩子还不是容易的事嘛，谁都会。既威胁不到自己，又能把孩子教育好，省心省力，痛快淋漓——可教育是件“秋后算账”的事，虽然儿童的缓慢成长给了一些人以暂时的幻觉，但栽下罂粟不会结出樱桃，恶果不知会在哪个枝条上结出。

有位家长，听人说孩子有“毛病”一定要扼杀在摇篮中，所以她从女儿一岁多，就在各方面对孩子进行了严格的管教。如果孩子不好好吃饭，妈妈会把孩子碗中的饭全倒掉；如果孩子不好好刷牙，家长会把牙刷一折两半，丢进垃圾桶；不好好背古诗，就用戒尺打手心……在家长的严厉教育下，孩子确实被训练得很乖，按时吃饭，认真刷牙，会背很多古诗。但她发现，刚刚三岁多的孩子，一方面表现得胆小怕事，到外面都不敢跟小朋友玩；另一方面在家里脾气又很大，且表现出令人不可思议的残忍，比如虐待家里的小猫，把猫尾巴踩住用脚跺，或用沙发靠垫把小猫捂到半死，看小猫痛苦的样子，她则表现出满足的神情。一般小女孩都喜欢芭比娃娃，她则对这些娃娃好像有仇，动不动就肢解芭比娃娃，把娃娃的头和四肢揪下来，甚至用剪刀剪破。妈妈不能理解，她的孩子怎么会这样？

儿童天性都是温柔善良的，如果说一个孩子表现出冷酷和残忍，一定是他在生活中体会了太多的冷酷无情。媒体不时地报道家长虐待孩子或子女虐待老人的事件，手段之恶劣，令人发指。同时，追究一些恶性刑事案件的犯罪分子的成长史，几乎全部可以看到他们童年时代极端严厉的家庭教育。可以说，几乎所有的极端残忍者，都有一个精神或肉体严重受虐的童年。

经常被苛责的孩子，学会了苛刻；经常被打骂的孩子，学会了仇恨；经常被批评的孩子，很容易变得自卑；经常被限制的孩子，会越来越刻板固执……“身教重于言传”是教育中的一条被时间和无数事件验证过的真理性的结论，严厉教育本身也是一种示范，如果成年人对孩子拿出的是经常性的批评和打骂，怎么能培养出孩子的自信与平和呢？

放不下严厉教育的人，真正的原因是潜意识放不下莫名的恨意。像一位网友说的，有些人小时候常挨打，痛恨父母打自己，长大了发誓绝对不打孩子，可做父母后还是会打小孩。因为他们根本不知道正常生活是怎样的。推翻父母不难，但修补父母刻在自己童年里的缺陷，非常不易。是否认同打孩子，是块试金石，可测验出人们在教育上的认识水平。

孩子没有错，只有不成熟，如果你动不动认为孩子“错了”，那是你自己错了；如果你遇到的孩子是屡教不改的，那是你所提要求不对或一直在用错误的方法对待他。我相信教育是件“桃李不言，下自成蹊”的事，需要“随风潜入夜，润物细无声”地解决。前苏联教育家马卡连柯说过：“如果家庭生活制度从一开始就得到合理的发展，处罚就不再需要了。在良好的家庭里，永远不会有处罚的情形，这就是最正确的家庭教育道路。”

这里所说的“良好的家庭”并非永远一团和气，而是有矛盾也总能得体地解决。不少人对我从未打过孩子表示惊讶，然后归因于我的女儿分外乖。事实是，我在和女儿的相处中，也有小冲突，但我从不在孩子面前纵容自己的情绪，经常是自己先退一步，想想在哪里没好好理解孩子，自己应该如何改变，也会真诚地向孩子道歉。所以，并不是我的女儿比一般孩子乖，而是她像所有的孩子一样乖，天下的孩子都很乖，没有一个孩子是需要用打骂来教育的——只有成人对儿童有这样的信心，他才能放下心中棍棒，继而放下手中棍棒。

儿童是脆弱的，成长只需要鼓励，不需要惩罚，一切严厉的对待都隐藏着某种伤害。父母不仅应该放下手中棍棒，更要放下心中的棍棒，心中无棍棒是件比手中无棍棒更重要的事。宽容而饱含真诚的教育，总是最美、最动人的，对孩子也最有影响力。

当然，我不希望给家长们太大的压力，大家都是凡人，偶尔火气上来了，实在忍不住，打孩子两下或骂几句，这也不会有太大问题，正像一个偶尔吃多了的人不会成为大胖子一样。身体自有它的调节功能，孩子也自然有他正常的抗挫折能力。并且儿童甚至比成年人更宽容，更能理解并消化父母偶尔的脾气。孩子最受不了的，是父母经常性的严厉和苛刻。

尊重孩子，是大自然的法则，是教育最基本的法则。严厉教育的目的虽然也是想给孩子打造出华美的人生宫殿，到头来却只能制造出一间精神牢笼，陷儿童于自卑、暴躁或懦弱中，给孩子造成经久不愈的内伤。说它是危险教育，一点也不为过。

很多朋友都来感谢我们的分享。其实最应该感谢的就是那些无私把这些文章分享出去的人，你们才是最无私伟大的。是你们把正能量发了出去，传播了出去。赠人玫瑰，手留余香！

真诚的话只有三个字“谢谢您”！

附录3

案例分析报告撰写注意事项

一、案例报告撰写中常见问题及注意事项

（一）如何选择案例报告的题材

（1）重性精神病（精神分裂症、抑郁症，偏执性精神病，躁郁症），基层心理医生一般不要写。

（2）最好写一般心理问题和严重心理问题，神经症里的强迫症和疑病症不好写。

（3）写自己熟悉的题材，例如政工干部写带兵骨干的心理问题，卫生队心理医生写来访者常见的心理问题。

（4）尽量写自己做的案例，没做过案例的也可以借鉴别人的，但是不要生编硬造。

（二）如何撰写具体咨询过程

（1）咨询过程要完整：包括咨询阶段的划分，各阶段的任务与完成情况。

（2）要把每次咨询的情况分开来写清楚，不要按照咨询的每个阶段来写；每次咨询的目的、方法、过程以及布置的家庭作业要详细记录。如果需要写咨询摘录，不要写成流水账，记录精华即可。

（3）咨询的过程最好能体现咨询中咨询师的咨询思路和求助者的心理转变过程；咨询过程也要和你所用的方法相一致。

（4）主要存在的问题。①对咨询方法认识不够，如，主要焦虑的等级评定应该是0～100的；把贝克认知疗法和合理情绪疗法搞混。用一些很偏很少见的咨询方法。②咨询过程克隆范文，千篇一律。③咨询过程不具体，直接引用教材的描述。④咨询过程更像是对求助者的教育或指导。⑤咨询记录体现咨询师的价值不中立。

二、评估诊断部分的具体要求和范例

评估诊断部分包括心理状态的评估、诊断与鉴别诊断、诊断依据以及求助者问题的原因分析。

首先是问题的定性，定性的时候要用“三原则”（写明是哪三条）排除心理异常；诊断要考虑到病程，典型症状等情况；诊断的思路要明确；注意不能用许又新的6分法来排除神经症，神经症和心理问题的区别在于冲突的性质。

（一）评估与诊断

（1）根据划分心理正常与异常的三原则，求助者的主客观统一，知情意协调一致，个性稳定，有自知力，主动就医，并且没有表现出幻觉、妄想等精神病的症状，因此可以排除精神病。

（2）求助者心理问题是由明显的现实原因引起的，对照症状学标准，比如求助者表现出焦虑、烦躁、睡眠障碍等症状。从严重程度标准看，该求助者的反应强度不甚强烈，反应也只局限在找工作的范围内，没有影响逻辑思维等，无回避和泛化，没有对社会功能造成严重影响。病程只有1个多月。

根据以上依据诊断为一般心理问题。

主要表现为（举例）：①焦虑、烦躁、担心找不到好工作。②注意力不集中、工作学习效率下降。③入睡困难、食欲下降。

对求助者需要做的鉴别诊断有：

（1）与重性精神病相鉴别：根据病与非病的三原则，求助者的知、情、意是统一的，对自己的心理问题有自知力，有主动求医的行为，无逻辑思维的混乱，无感知觉异常，无幻觉妄想等精神病的症状，因此可以排除精神病性障碍。

（2）与严重心理问题相鉴别：严重心理问题的初始反应强度强烈，反应已泛化，对社会功能造成严重影响，病程大于2个月。而该求助者的心理问题并不严重，没有对社会功能造成严重影响，持续的时间也较短，因此可以排除严重心理问题。

（3）与焦虑症相鉴别：焦虑症是“以广泛性焦虑或发作性恐

怖状态为主要临床相的神经症”，是一种内心紧张不安，预感到似乎将要发生不利情况而难以应付的不愉快情绪，常伴有头晕、胸闷、心悸、呼吸困难、出汗和运动性不安等。而该求助者虽然也以焦虑为主要症状，但未严重影响社会功能和逻辑思维，心理冲突未变形、没有泛化，而且持续时间只有1个多月，因此可以排除焦虑性神经症。

三、案例报告论文摘要的写作要求

摘要又称概要、内容提要。摘要是以提供案例报告内容梗概为目的，不加评论和补充解释，简明、确切地记述报告重要内容的短文。摘要应具有独立性和自明性，并且拥有与文献同等量的主要信息，即不阅读全文，就能获得必要的信息。摘要不容赘言，故需逐字推敲。内容必须完整、具体、使人一目了然。

摘要的写作注意事项：

（1）摘要中应排除本学科领域已成为常识的内容；切忌把应在引言中出现的内容写入摘要；一般也不要对论文内容作诠释和评论（尤其是自我评价）。

（2）不得简单重复题名中已有的信息。比如一篇文章的题名是《一例士官人际焦虑的咨询案例报告》，摘要的开头就不要再写：“本文是一例士官人际交往焦虑的咨询案例”。

（3）结构严谨，表达简明，语义确切。摘要先写什么，后写什么，要按逻辑顺序来安排。句子之间要上下连贯，互相呼应。摘要慎用长句，句型应力求简单。每句话要表意明白，无空泛、笼统、含混之词，但摘要毕竟是一篇完整的短文，电报式的写法亦不足取。摘要不分段。

（4）用第三人称。建议采用“咨询师了解到”、“采用了……疗法”等记述方法，不必使用“本文”“作者”等作为主语。

（5）要使用规范化的名词术语。

（6）摘要一般不宜超过300字。

如下例：

摘要1　求助者李某是一名护士，两个多月前因为在工作中出现失误受到了领导批评，之后出现工作时紧张、总担心出错，因此反复检查，工作效率下降，同时有睡眠差、生活兴趣减退等症状，心理测验结果显示求助者有中度焦虑和轻度抑郁，其心理问题符合严重心理问题的诊断标准。咨询师在和求助者商议后，根据其个性特征和问题的特点采用了合理情绪疗法对其进行干预，经过4次咨询，求助者情绪好转，工作也比较自如，取得了比较好的咨询效果。

关键词 严重心理问题；合理情绪疗法

摘要2 一个高中女同学丽丽，三个月前因上课未正确回答上老师提问的问题时，被老师当众指责和同学哄笑，心理受到极大的伤害，以致产生了对学校的恐怖。咨询师在了解了丽丽的基本情况后，有针对性地进行了SCL－90测验，发现其躯体化障碍、人际关系敏感、抑郁、焦虑、恐怖因子分明显高于常模。在与丽丽及其母亲商定后，咨询师主要运用认知疗法帮助丽丽调整认知观念，并用系统脱敏法消除了丽丽的适应不良情绪和行为，解除了对学校的恐怖，咨询效果明显。

关键词 学校恐怖症；认知行为疗法；系统脱敏法

四、范例

一例恋爱受挫所致焦虑情绪的咨询案例报告

摘要 求助者李某是一名女大学生，与男友发生恋爱危机导致其出现一般心理问题，情绪非常焦虑，睡不好觉，总想着这件事情，咨询师根据求助者的情况采用了合理情绪疗法，经过4次咨询，求助者认识到自己的爱情观过于绝对化，其情绪基本好转，睡眠问题基本解决，咨询效果明显。

关键词 一般心理问题；焦虑；合理情绪疗法

一、一般资料

李某，女，22岁，大学四年级学生，身高1.66米，五官清秀，体态苗条，装扮时尚。独女，父母为大学教师，家庭和睦。从小学习成绩优秀，一直担任班干部，高中毕业考入某重点大学。无重大躯体疾病史，家族无精神病史。小提琴获国家业余8级证书。

心理测验结果：

1. EPQ：E58；P53；N69；L45；显示求助者的个性为胆汁质

2. SAS：标准分62分，为中度焦虑

二、主诉与个人陈述

主诉：一周来心情极度痛苦，睡不着觉，反复想男友出轨的事。

个人陈述：男朋友吴某24岁，天津某名牌大学研究生，二人是邻居，从小就在一起学小提琴，确定恋爱关系后，双方父母都很满意。虽然他们没在同一城市上大学，但感情非常好，亲戚、朋友和同学都非常羡慕他们，李某也深感骄傲和自豪，认定他们的爱情有如神话一般美丽。

但是，1周前，两人的恋情爆发了一场严重危机。起因是吴某因为导师要求暑假未结束就提前返回学校，未答应李某一同出游的请求，李某不开心。几天后，李某和一直对她有好感的大学男同学秦某及另外两个同学到一家歌厅进行所谓的“告别暑假的最后狂欢”，那天李某和秦某喝了不少酒，在送她回家的出租车上，两人的亲昵越过了普通同学关系，自此后，秦某向李某展开了猛烈的爱情攻势，李某十分后悔那天晚上的草率和失态。

国庆节期间，吴某回北京与李某团聚，无意之中发现了秦某写给她的一封火辣情书，其中提到了那天晚上的事。吴某气愤难忍，不管李某如何解释自己那天晚上是酒后乱性，之后并没再犯，仍然不能原谅她，第三天就回学校了。

吴某为了报复李某，接受了一个长期追求他的女孩，很快消息传到李某耳中，她马上赶到天津，找到吴某和其新女友，她冲着他们一阵歇斯底里的发作之后，不顾吴某的极力解释和劝阻，当天就回到了北京。

之后李某痛苦极了，精神几乎要崩溃了，满脑子里想的尽是那天他们俩手拉手的样子，晚上也睡不着觉。虽然吴某向她道歉了，说他只是想报复她。但是，李某发现她一直期待的完美的爱情没有了，她担心即使和好了，以后还是会出现问题，现在是和男友和好，还是接受秦某的感情，李某不知道该怎么办了？所以前来咨询师处求助。

三、咨询师观察到的情况

咨询师观察到求助者装扮很精心，是一个十分注意自己形象的女孩。在谈话过程中情绪激动，有时全身发抖，说话时偶尔有哭腔，面容显憔悴，此外，咨询师还注意到，求助者在叙述男朋友的过错时，情绪反应强烈，但是，在说到自己过错的时候却比较平和。

四、评估与诊断

根据对李某临床资料的收集，综合其相关因素，家庭中无精神病史，本人无重大疾病史，李某本人对症状自知，有主动求医行为，根据精神活动正常与异常的三原则判断，可排除李某有重性精神病。

根据李某的症状结合心理测验结果诊断为焦虑情绪，其问题的产生是由恋爱遭受挫折引起的，为近期发生，其反应强度是可以理解的，不良情绪持续才一周，反应内容未泛化，有很好的自知力，也有求治愿望，符合一般心理问题的诊断。

主要表现为：

(1) 反复想自己和男友之间的事情，难以决断。

(2) 情绪不稳定，睡眠不好。

鉴别诊断：

(1) 与严重心理问题相鉴别：严重心理问题的初始反应强度强烈，反应已泛化，对社会功能造成严重影响，病程大于2个月。而该求助者的心理问题并不严重，没有对社会功能造成严重影响，持续的时间也较短，因此可以排除严重心理问题。

(2) 与焦虑症相鉴别：焦虑症是“以广泛性焦虑或发作性恐怖状态为主要临床相的神经症”，是一种内心紧张不安，预感到似乎将要发生不利情况而难以应付的不愉快情绪，常伴有头晕、胸闷、心悸、呼吸困难、出汗和运动性不安等。而该求助者虽然也以焦虑为主要症状，但未严重影响社会功能和逻辑思维，心理冲突未变形、没有泛化，而且持续时间只有1周，因此可以排除焦虑性神经症。

原因分析：

（1）生物因素：不明显。

（2）社会因素：和男友的恋爱出现了问题。

（3）心理因素：求助者自幼深得到师长、家人的宠爱，个性追求完美。

五、咨询目标的确定

根据以上的评估与诊断，经与求助者协商，初步确定如下咨询目标：

（1）具体目标与近期目标。

①帮助求助者接受爱情受挫的事实，降低情绪反应，改善睡眠；

②帮助求助者理清思路，正确处理与男朋友的关系。

（2）最终目标与长期目标：完善求助者的个性，学会容忍他人的不足，并不再苛求自己，增强其社会适应能力。

六、咨询方案的制定

（1）主要咨询方法与适用原理：合理情绪疗法。

这种疗法旨在通过纯理性的分析和逻辑思辨的途径，改变求助者的非理性观念，以帮助他解决情绪和行为上的问题。该理论认为，使人们难过和痛苦的，不是事件本身，而是对事情的不正确解释和评价，个体可以通过改变这些因素来改变情绪。

本案例求助者的心理问题表面上似乎是由于遭受恋爱挫折后，才导致了高强度的痛苦、紧张、焦虑的情绪，实际上，真正原因是来自求助者本身对事情的不合理认识和评价所引起的，比如，求助者可能存在："他不应该背叛我""我的爱情应该完美无缺"等一些"绝对化要求"，对生活事件"过分概括"和对生活挫折"反应过分强烈"，导致了她的自我挫败感。因此，运用合理情绪疗法，帮助求助者以合理的思维方式代替不合理的思维方式，以合理的信念代替不合理的信念，帮助求助者减少或消除情绪困扰及行为障碍。

（2）双方各自的特定责任、权利与义务。

求助者的责任、权利和义务：

责任

①向咨询师提供与心理问题有关的真实资料；

②积极主动地与咨询师一起探索解决问题的方法；

③完成双方商定的作业。

权利

①有权利了解咨询师的受训背景和执业资格；

②有权利了解咨询的具体方法、过程和原理；

③有权利选择或更换合适的咨询师；

④有权利提出转介或中止咨询；

⑤对咨询方案的内容有知情权、协商权和选择权。

义务

①遵守咨询机构的相关规定；

②遵守和执行商定好的咨询方案各方面的内容；

③尊重咨询师，遵守预约时间，如有特殊情况提前告知咨询师。

咨询师的责任、权利和义务：

责任

①遵守职业道德，遵守国家有关的法律法规；

②帮助求助者解决心理问题；

③严格遵守保密原则，并说明保密例外。

权利

①有权利了解与求助者心理问题有关的个人资料；

②有权利选择合适的求助者；

③本着对求助者负责的态度，有权利提出转介或中止咨询。

义务

①向求助者介绍自己的受训背景，出示营业执照和执业资格等相关证件；

②遵守咨询机构的有关规定；

③遵守和执行商定好的咨询方案各方面的内容；

④尊重求助者，遵守预约时间，如有特殊情况提前告之求助者。

七、咨询过程

(1) 咨询阶段大致分为以下阶段。

①诊断评估与咨询关系建立阶段；

②心理帮助阶段；

③结束与巩固阶段。

(2) 具体咨询过程。

第一次咨询 时间： 年 月 日

目的：

①了解基本情况；

②建立良好的咨询关系；

③确定主要问题；

④探询改变意愿；

⑤进行咨询分析。

方法 合理情绪疗法、心理测验

过程：

①填写咨询记录表，询问基本情况，介绍咨询中的有关事项与规则；

②做心理测验；

③摄入性谈话收集临床资料，探询求助者的心理矛盾及改变意愿；

④将心理测验结果反馈给求助者，并作出初步问题分析；

⑤确定咨询目标；

⑥简单介绍合理情绪疗法的基本理论模型（ABC 模型）；

⑦布置咨询作业强化求助者对 ABC 之间关系的理解

——要求求助者按照下列表格的模式，尝试把自己所有的问题都表示出来：

诱发事件 A：昨天考试不及格。

不良情绪 C：心烦、沮丧。

不合理信念 B：我应该是一个出色的好学生，这次不及格真是太糟糕了。

——告诉求助者，家庭作业是咨询的重要组成部分，对自己的问题思考、检查越认真、全面，咨询的进步就会越快。

第二次咨询　时间：　　年　月　日

目的：

①加深咨询关系；

②寻找和确认求助者的不合理信念；

③帮助求助者领悟自己的问题与不合理信念的关系。

方法　合理情绪疗法

过程：

①反馈咨询作业：求助者很认真地列出了自己的许多不合理信念，但涉及此次情绪问题的不合理信念并没有完全列出。

同时，求助者的情绪反应仍比较强烈，一再追问与男朋友的关系到底应该如何处理。咨询师表示理解与接纳，但没有正面回答。

②要求求助者进一步详谈她与吴某的恋爱经历，曾经有过的冲突、解决的过程和事后的感觉，打破求助者心目中认为自己的爱情如童话般美丽的完美主义倾向，从深层次上挖掘自己的不合理信念。

③要求求助者进一步详谈她与秦某交往的过程，打破求助者心目中认为自己没有任何责任的自我中心倾向，目的仍然是从深层次挖掘自己的不合理信念。

④通过交谈、启发与引导，最后，帮助求助者列出与此次问题有关的容易受挫和愤怒的不合理信念：

a. 我们俩是如此的优秀，我们的爱情完美无缺，所以不能有半点瑕疵；

b. 我是很完美的，因此我男朋友必须全心爱我、呵护我、依从我；

c. 我对自己的感情是很负责的，即使我有什么错误，也不是我自己故意造成的，不应该由我来承担责任；

d. 如果不是我男朋友看见了那封信，我们之间的关系会一帆风顺；

e. 我爸爸妈妈之间是那么相爱，我永远也不会拥有父母的那种幸福婚姻了。

⑤布置咨询作业

①要求求助者对上述列出的不合理信念进行认真思考，目的是

为了帮助求助者把注意从过分关注自己的情绪和诱发事件转移到关注自己的不合理信念上来，并领悟自己的问题与不合理信念的关系。

②要求求助者与父母就他们的婚姻进行沟通，帮助求助者了解爱情的真谛。

第三次咨询　时间：　年　月　日

目的：

①帮助求助者修正或放弃原有不合理信念。

②帮助求助者建立合理信念，减轻或消除情绪困扰。

方法　合理情绪疗法

过程：

①反馈咨询作业：求助者与父母进行了认真交谈，得知父母的婚姻并不是像她所想象中的那样完美，他们在年轻的时候，也有一段时间出现过很深的裂痕，如果不是考虑到女儿的存在，有可能会离婚，经过一段时间的调整后，才和好如初，交谈结果对求助者触动很大，并表示对于上次所列出的不合理信念进行过认真思考。

求助者的情绪反应强度降低，但仍然探问与男朋友的关系该如何处理，咨询师表示接纳和理解，仍然没有正面回答。

②针对上次列出的不合理信念，咨询师运用“黄金规则”与求助者进行商讨与辩论，让求助者分清合理与不合理信念，并帮助她学会以合理信念代替不合理信念。

③经与求助者进行商讨与辩论，得出如下建设性信念：

a. 我们的爱情并非完美无缺，实际上，我们俩之间已经出现了一些裂痕，那封信只不过是一根导火索；

b. 即使我再完美，也不能把别人爱我、呵护我、依从我看作是理所当然的事；

c. 不管出于什么原因，那晚与秦某的行为和我自我放纵有关，我对此负有责任；

d. 我父母的感情曾经出现过问题，他们现在如此幸福，说明爱情和婚姻中需要宽恕与容忍。

④布置咨询作业

——要求求助者将原来列出的不合理信念与此次提出的建设性

信念列表一一对比，并进行认真思考；

——确认自己情绪比较稳定后，与男朋友电话沟通一次，谈话内容自行决定，如果情绪不够稳定，则暂不打电话。

第四次咨询　时间：　年　月　日

目的：

①巩固咨询效果；

②结束咨询。

方法　合理情绪疗法、心理测验法

过程：

①反馈咨询作业：求助者经过认真思考后，与男朋友通了一次电话（实际上，男朋友已经多次打电话给她，但她拒绝接听），对自己以前所犯的错误和上次的歇斯底里大发作表示道歉。男朋友大感意外，非常激动，告诉她自己已经不和那个女生来往了，并请求她原谅，同时表示尊重她所作出的任何决定。

求助者的情绪有些起伏，但显然和初始时的负性情绪有本质区别，属正常反应。

②在对求助者进行正面积极鼓励的基础上，进一步引导求助者将此次的认识转变扩展到生活的其他领域中。

③鼓励求助者自己决定与男朋友关系的取舍。指导求助者深刻领会“人不是被事情本身所困扰，而是被其对事情的看法所困扰”的含义。

④做 SAS 测验，标准分为 39 分，基本结束咨询。

八、咨询效果评估

（1）求助者的评估：“我的情绪已经基本平静下来了，我知道我该怎么做了”“我的睡眠状况已经好转，上课也不再走神了”。

（2）咨询师的评估：经过回访和跟踪，发现咨询已经基本达到预期目标，求助者后来专程到了一趟天津，与男朋友沟通后，两人发誓好好珍重彼此，不再轻易伤害对方。咨询的近期目标基本已经达到，咨询过程完整。

（3）心理测验评估：求助者的 SAS 测验得分从 62 分降到了 39 分，说明焦虑情绪基本消失，求助者的心理问题基本得到了解决。